방법서설

이성을 잘 인도하고
학문에서 진리를 찾기 위한

Discours de la méthode
pour bien conduire sa raison, et chercher la verité dans les sciences

방법서설

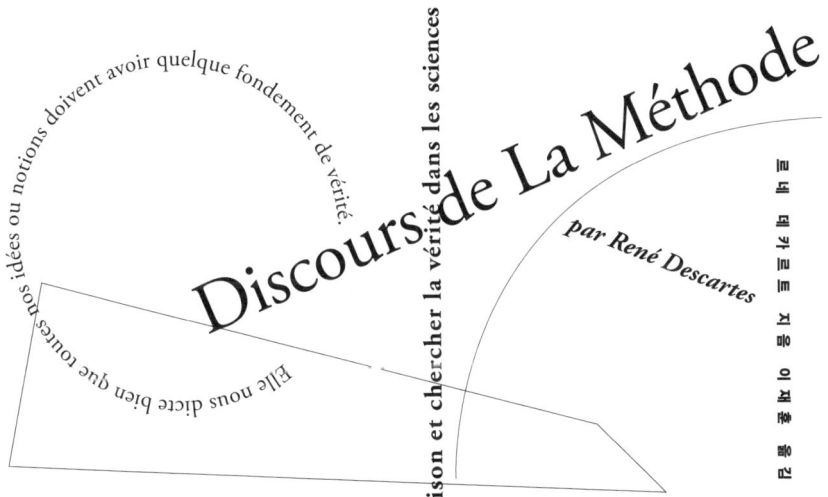

르네 데카르트 지음 이재훈 옮김

Car ce n'est pas assez d'avoir l'esprit bon, mais le principal est de l'appliquer bien.

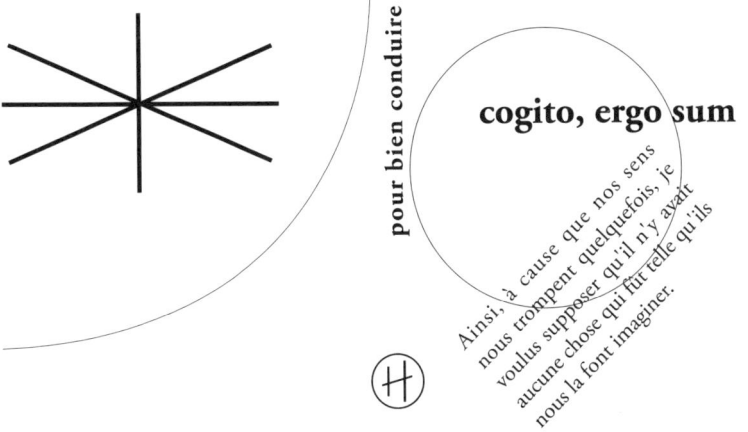

cogito, ergo sum

Ainsi, à cause que nos sens nous trompent quelquefois, je voulus supposer qu'il n'y avait aucune chose qui fût telle qu'ils nous la font imaginer.

일러두기

1. 이 책은 아당(Charles Adam)과 타네리(Paul Tannery)가 편집한 데카르트 전집 René Descartes, *Œuvres*, publiées par Charles Adam et Paul Tannery, nouvelle présentation en coédition avec le CNRS, 11 tomes, Vrin, 1964~1974의 VI권에 수록된 "Discours de la méthode"를 번역한 것이다. 본문 여백에 원전의 쪽수를 표기했다.
2. 본문의 각주는 모두 옮긴이의 것이다. 각주에서 데카르트 전집은 관례에 따라 AT로 축약했고, 권수는 로마자로, 쪽수는 아라비아 숫자로 표기했다.

서문

이성을 잘 인도하고* 학문에서 진리를 찾기 위한 방법서설**

만일 이 서설이 너무 길어 한번에 전부 읽을 수가 없다면 당신들은 이것을 여섯 부분으로 나눌 수 있을 것이다. 당신들은 첫 번째 부분에서 학문과 관련된 다양한 고찰을 발견할 것이고, 두 번째 부분에서는 저자가 찾은 방법의 주요한 규칙들을 발견할 것이며, 세 번째 부분에서는 그가 이 방법에서 끌어낸 몇몇 도덕 규칙을 발견할 것이고, 네 번째 부분에서는 그가 형이상학의 토대인 신의 현존과 인간의 영혼을 증명하는 데 사용한 근거들을 발견할 것이며, 다섯 번째 부분에서는 그가 찾은 자연학에 관한 질문의 순서를, 특히 심장의 운동에 대한 설명과 의학에 속하는 몇 가지 다른 난점에 대한 설명을, 그리고 또 인간의 영혼과 짐승의 영혼*** 사이의 차이를 발견할 것이고, 마지막 부분에서는 자연의 탐구에서 더 전진하려고 그가 어떤 것들이 필요하다고 생각했는지를, 그리고 그가 어떤 이유로 이 서설을 쓰게 되었는지를 발견할 것이다.

[1]

- 질송(Étienne-Henry Gilson, 1884~1978)이 언급했듯이, 데카르트가 개혁한 철학의 중요한 지점은 자연적 선물인 이성에 대한 맹목적 신뢰를 정신을 잘 사용하는 기예 내지는 방법에 의한 진리 탐구로 대체한 것이다. 이 생각은《정신지도규칙》(이하《규칙》)에서 시작해서《제일철학에 대한 성찰》(이하《성찰》)을 거쳐《철학의 원리》에 이르기까지 일관되게 유지된다. René Descartes & Étienne Gilson, *Discours de la méthode: texte et commentaire par Étienne Gilson*, Vrin, 1925, pp.79~80을 참조할 것. 아래에서 이 책을 인용할 경우 Gilson(1925)으로 축약하고 쪽수를 표기한다.

●● 데카르트는 1636년에 메르센(Marin Mersenne, 1588~1648) 신부에게 보낸 편지에서 앞으로 출판할《방법서설》의 제목을 알려준다. 이 제목은 그의 철학적 기획을 표현한다. "우리의 본성을 가장 높은 정도의 완전성으로 높여줄 수 있는 보편 학문의 기획."(AT I, 339) 그러나 1636년의 이 제목은 1637년 출판 시에는 삭제된다. 왜 데카르트는 1636년의 제목을 포기했는가? 왜 그는 1637년에 출판된《방법서설》의 제목에서는 '우리의 본성을 가장 높은 정도의 완전성으로 높이는 것'에 대해 말하기를 단념하고 '이성을 잘 인도하고 학문에서 진리를 찾는 것'에 대해 말하는 것으로 만족했는가? 데카르트 자신은 그 이유를 분명하게 설명하지 않는다. 화이(Emmanuel Faye, 1956~)는 하나의 가설을 제시한다. "만일 데카르트가 그의 첫 제목을 포기했다면 …… 그것은 그의 책이 신학자들에 의해 단죄되는 위험을 피하기 위해서다."(Emmanuel Faye, *Philosophie et perfection de l'homme*, Vrin, 1998, p.327)
스콜라 신학 전통에서 인간의 궁극적인 완전성은 오직 지금 여기서의 삶 이후에 구원을 받아 천국의 행복을 누리는 자들에게만 가능하다. 또 데카르트가 1637년에 제시한 철학적 기획은 당대 스콜라주의자에 의해 펠라기우스주의

(pélagianisme)로 단죄될 위험이 있었다. 펠라기우스(Pelagius, 354?~420?)는 인간은 원죄에 의해 타락되지 않은 자유의지를 가지고 있으며, 신의 은총에 의지하지 않고서도 선과 악을 판단할 수 있는 자유의지의 올바른 사용을 통해 도덕적으로 완전한 삶에 이를 수 있다고 주장했다. 가톨릭은 펠라기우스주의를 이단으로 단죄했다. 데카르트가 살던 17세기에 이 오래된 고발과 단죄가 빈번히 재등장했다. 이런 상황에서 그는 자신의 철학이 펠라기우스주의로 낙인찍히고 단죄될 가능성이 있다고 판단했다. 1637년 4월 27일 메르센에게 보낸 두 편지는 이를 보여준다. "그리고 내가 말하는 '잘 행위한다'는 은총에 대해 말해지는 신학의 관점에서 이해될 수 없고 은총이 전혀 고려되지 않는 도덕철학과 자연철학적 관점에서 이해될 수 있습니다. 따라서 사람들은 이를 이유로 내가 펠라기우스의 오류에 빠졌다고 비난할 수 없습니다. 이는 다음과 마찬가지입니다. 만일 내가 교양 있는 사람이 되려면 양식(bon sens)을 가지기만 하면 된다고 말한다면, 사람들이 나를 여성들과 구분해주는 성 또한 가져야 한다며 내게 반대하지 않을 것입니다. 왜냐하면 이는 전혀 관련 없는 문제이기 때문입니다."(AT I, 366) 마찬가지로 1642년 3월에 메르센에게 보낸 편지(AT III, 544)를 참조할 것.
데카르트는 인간의 완전성이라는 철학적 기획을 1637년 출판된《방법서설》의 제목에서는 표현하지 않았지만 그 기획 자체를 포기하지는 않았다. 그는《성찰》(1641)의 〈네 번째 성찰〉에서 자유의지의 올바른 사용에 "인간의 가장 크고 주요한 완전성"(AT VII, 62)이 있다고 말한다.

●●● 데카르트가 동물과 짐승을 같은 의미로 쓰고는 있지만, 서로 다른 단어를 사용해 이를 반영했다. 데카르트는 여기서 마치 동물이 영혼을 가진 것처럼 서술한다. 그러나 여기서 영혼(âme)은 그것의 본질이 사유인 비물질적인 영혼이 아니라 물질적인 숨이나 숨결을 의미하는 라틴어 단어 anima의 프랑스어 번역으로 이해되어야 한다. 이에 대해서는 5부의 각주 34를 참조할 것.

Discours de la méthode
pour bien conduire sa raison, et chercher la verité dans les sciences

차례

서문 005

1부 011

2부 033

3부 055

4부 075

5부 103

6부 139

옮긴이 해제 168
옮긴이의 말 186
참고 문헌 188
르네 데카르트 연보 192
찾아보기 197

Discours de la méthode

1부

양식[1]은 세상에서 가장 잘 분배되어 있다. 실제로 누구나 자신이 양식을 아주 잘 갖추고 있다고 생각한다. 그래서 다른 모든 것에서 [2] 쉽사리 만족하지 못하는 사람들조차 양식만큼은 자신이 가진 것보다 더 많은 것을 바라지 않곤 한다. 이 점에 있어 모두의 생각은 잘못되지 않았다. 오히려 이것은 잘 판단하고 참과 거짓을 구분하는 능력, 즉 사람들이 올바르게 양식 혹은 이성이라 부르는 능력이 모든 인간에게 자연적으로 동등하다는 사실을 보여준다.[2] 그리고 의

---

1) 데카르트에게 양식(良識, bon sens)은 '잘 판단하는 능력, 자연의 빛 그리고 이성'을 의미한다. 양식이라는 개념은 스토아적 기원을 갖는다. 그러나 데카르트는 모든 사람이 동등하게 양식을 가지고 있다는 생각을 몽테뉴(Michel de Montaigne, 1533~1592)에게서 받아들인 것으로 보인다. "사람들은 자연이 자신의 은총으로 우리에게 가장 적절하게 나누어준 것은 분별력(sens)이라고 공통되게 말한다. 실로 자연이 자신에게 준 분별력에 만족하지 않는 사람은 없다."(Michel de Montaigne, *Essais*, éd. Villey-Saulnier, PUF, 2004, p.657) 앞으로 몽테뉴의 이 책을 인용하는 경우 *Essais*로 축약하고 쪽수를 쓴다. 라틴어로 양식은 'bonas mens'이며, 데카르트는 라틴어로 작성된 《규칙》에서 이것을 보편적 지혜와 동일시한다(AT X, 360을 참조할 것). 양식은 모든 지식의 대상에 적용되면서도 스스로를 동일하게 유지하는 아프리오리(a priori)한 능력이다. 그러므로 양식은 대상에 대한 지식과 구분되는 그것의 가능 조건이다. 데카르트 철학에서 양식 혹은 이성의 자연의 빛은 느껴지거나 전제되는 것이지 증명되어야 하는 대상이 아니며 형이상학적 회의의 대상에도 속하지 않는다. bon sens의 기존 번역어 양식(良識)에서 良은 '좋다, 어질다' 등을 의미하고 識이 '알다, 판별하다' 등을 의미하기에 이 번역어는 bon sens의 의미를 잘 드러낸다. 라틴어 단어를 따라 문자 그대로 "좋은 정신"으로 번역하는 것도 괜찮겠지만 이 문장 뒤에 나오는 "좋은 정신(esprit bon)"과 구분하려고 기존의 우리말 번역을 따라 "양식"으로 옮긴다.

2) 데카르트의 철학은 모든 인간에게 "좋은 본성(bonne nature)"을 부여하는 르네상스의 휴머니스트 전통에 충실하다. 기독교 신학의 원죄 개념은 그의 철학의 고려 대상이 아니다. 그리고 휴머니스트 전통에서 좋은 본성이라는 생각은 타인에 대한 존중과 예의(civilité) 개념과 긴밀하게 연결되어 있다. 예의는 타인의 좋은 본성을 존중

견의 다양성은 어떤 사람이 다른 사람보다 더 이성적이라는 점에서 오지 않고 단지 우리가 생각을 다양한 길을 통해 이끌고 동일한 사물을 고려하지 않는다는 사실에서 온다. 그도 그럴 것이 좋은 정신을 지니는 것만으로는 충분하지 않으며 그것을 잘 적용하는 것이 가장 중요하다. 가장 위대한 영혼은 가장 큰 덕을 행할 수도 있지만 가장 큰 악행을 저지를 수도 있다. 그리고 아주 천천히 걷는 사람은 언제나―올바른 길을 따르기만 한다면―그 올바른 길에서 벗어나서 달리는 사람보다 더 멀리 나아갈 수 있다.

나에 대해 말하자면, 나는 내 정신이 보통 사람의 정신보다 어떤 점에서도 더 완전하다고 과대평가하지 않았다. 나는 신속한 생각이나 선명하고 판명한 상상력, 혹은 풍부하고 생생한 기억력을 다른 사람들만큼 갖기를 자주 바라기도 했다. 그리고 나는 이것들 말고는 정신의 완전성에 기여하는 어떤 성질도 알지 못한다.[3] 이성 혹

하는 것에 기초한다. 이 주제에 대해서는 Frédéric Lelong, *Descartes et la Question de la Civilité*, Honoré Champion, 2020, pp.60~63을 참조할 것.

3) 데카르트는 〈네 번째 성찰〉에서 "인간의 가장 크고 주요한 완전성"(AT VII, 62)은 의지를 잘 사용하는 것에서 성립한다고 쓴다. 그러나 여기서 주목할 것은 의지의 자유로운 사용이 인간이 가진 유일한 완전성이 아니라 단지 "가장 크고 주요한 완전성" 내지는 "하나의 최고의 완전성"이라고 말한다는 사실이다. 그렇다면 인간의 완전성에는 의지의 자유로운 사용보다 낮은 등급의 완전성도 속한다고 추측할 수 있다. 실제로 그는 《방법서설》 1부에서 정신의 완전성에 상상력과 기억의 완전성이 속한다고 쓴다. 더 나아가 데카르트는 이성이 정신뿐 아니라 신체에 속하는 완전성을 획득하는 데 사용되어야 한다고 말한다. "삶의 영역과 관련한 진정한 이성의 사용은 오직 정념 없이 모든 완전성, 즉 우리의 행위를 통해 획득될 수 있는 신체에 속할 뿐 아니라 정신에도 속하는 모든 완전성을 검토하고 고려하는 데 있다."(AT IV, 286) 그러므

은 분별력[4])에 대해 말하자면, 이것이 우리를 인간으로 만들어주고
짐승과 구분해주는 유일한 것인 만큼 나는 그것이 각각의 사람에게
전체로서 온전히 있다[5])고 믿고 싶고 이것에 대한 철학자들의 공통   [3]
된 의견을 따르고 싶다. 이 의견에 따르면 하나의 같은 종에 속하는
개체들의 우연적 성질 사이에는 '더'와 '덜'의 차이가 있으나 그것들
의 형상이나 본성 사이에는 차이가 없다.[6])
그러나 나는, 감히 말하건대, 많은 행운을 가졌다고 생각한다. 나
는 젊은 시절부터 어떤 길에 들어서게 되었는데, 이 길들은 나를 어
떤 고찰과 준칙으로 이끌었고, 이로부터 나는 방법을 형성했다.[7]) 그

로 1636년 데카르트의 철학적 기획, 즉 "우리의 본성을 가장 높은 정도의 완전성으로 높여줄 수 있는 보편 학문의 기획"의 대상은 "우리 안에 진성으로 존재하는 완전성" (AT IV, 292) 전체다.

4) "분별력"은 sens를 옮긴 것이다. 《방법서설》의 라틴어 번역에서 sens는 삭제된다. 이 단어가 감각을 의미하는 것으로 오해될 소지가 있기 때문이다. 프랑스어 sens는 감각뿐 아니라 분별력을 뜻한다. 몽테뉴는 sens를 데카르트의 양식(bon sens)과 동일한 의미로 사용한다. 이 단어는 판단력과 같은 뜻을 가지지만 판단력으로 옮기는 "puissance de juger"와 구분하려고 분별력이라고 옮긴다.

5) 데카르트는 이성에는 단계나 위계가 존재하지 않는다고 생각한다. 이성은 모든 인간에게 동등하게 분배되어 있다.

6) 종, 우연적 성질 그리고 형상은 데카르트의 용어가 아니라 당시 스콜라학파의 용어들이다. 종이나 형상은 질료에 결합하여 실체를 구성한다. 질료적인 것은 우연적 성질로서 개체화의 원리가 된다. 인간 이성은 인간의 실체적 형상으로서 모든 인간에게 동일하다고 말해진다.

7) 일반적으로 파리 시기인 1620년대 중후반에 그의 방법 이론이 만들어졌다고 말해진다. 이에 대한 두 가지 증거가 존재한다. 먼저 수학자 코르니에(Robert Cornier)가 1626년 3월 22일에 메르센에게 보낸 편지는 다음과 같은 내용을 담고 있다. "내가 그의 아름다운 방법과 아름다운 발명을 공유할 수 있게 해주신 것에 대해 당신과 데

리고 이 방법을 통해 나는 지식을 단계적으로 증가시키고 인식을
내 정신의 평범함과 삶의 짧은 기간이 도달하도록 허락한 최고의
높은 정도까지 점차로 높일 수 있는 수단을 가지게 된 것처럼 보였
다.[8] 실제로 나는 그 방법을 통해 아주 많은 결실을 이미 얻었다. 그

카르트에게 아주 감사드립니다."(Mersenne, *Correspondance* I, p.429, BNF, MS, NAF 6205, pp.159~160) 또 데카르트가 1627년에 암스테르담에서 빌레브레시외(Etienne de Villebressieu, 1626~1660)에게 보낸 편지는 그해 여름 파리에서 있었던 중요한 사건을 증언한다. 그는 베륄(Pierre de Bérulle, 1575~1629)과 메르센이 있던 한 콜로키움에 참석해서 샹두(Nicolas de Villiers, sieur de Chandoux, ?~1631)가 자신의 방법에 대해 말하는 것을 들었다. "당신은 나의 아름다운 규칙 혹은 자연적인 방법의 두 열매를 보셨습니다."(AT I, 213) 이처럼 데카르트는 적어도 1626년에는 방법을 소유하고 있었고, 1627년에는 그것을 공개적으로 설명했다. 그러나 방법 이론은 점진적으로 형성된 결과다. 데카르트에 의한 방법의 형성은 그가 청년기 이래 관심을 가지고 연구한 새로운 수학과 분리될 수 없으며, 이 책의 2부에 나오는 1619~1620년의 독일에서의 성찰과 3부에 나오는 임시 도덕과도 연결된다.

8) 이 문장은 1년 뒤인 1637년에 출판될《방법서설》의 미래의 제목으로 데카르트가 1636년에 제시한 "우리의 본성을 가장 높은 정도의 완전성으로 높여줄 수 있는 보편 학문의 기획"(AT I, 339)을 떠올리게 한다. 이 보편 학문은《규칙》의 보편적 지혜와 연속적이다. "왜냐하면 모든 학문은 그것이 적용되는 대상들이 아주 다양할지라도 언제나 동일하게 유지되는 인간적 지혜이기 때문이다. 인간적 지혜는 태양의 빛이 자신이 비추는 대상들의 다양성으로 인해 다양해지지 않는 것만큼이나 그것이 적용되는 다양한 대상에 의해 다양해지지 않는다."(AT X, 360) 그리고 데카르트에게 지혜는 신학과 분리된 순수하게 인간적인 지혜를 의미한다. 질송은 데카르트의 인간적 지혜 개념이 르네상스, 정확히 말해 기독교적 스토아주의와 몽테뉴의 유산이라고 올바르게 지적한다. 그런데 질송은 르네상스의 지혜를 "내용 없는 지혜", 즉 학문과 대립하는 지혜로 규정한다. 이에 대해서는 Gilson(1925), p.93을 참조할 것.
먼저 몽테뉴는 학문의 가능성에 대해 회의적인 태도를 지녔고 지식을 축적하는 것에 열중하는 기억에 의존하는 학문을 배격한다. 그는 자신을 "내가 책을 좀 읽은 사람이라면 기억력은 전혀 없는 사람"(*Essais*, p.408)으로 묘사한다. 그는 당대 스콜라학파의 교육과 학문이 지식을 담아놓는 기억만을 늘린다고 비판한다. 그는 당시 박학다식함을 자랑하던 지식인들을 "책들에 대한 기억 속에만 사는"(*Essais*, p.156) 인

결과 나는 스스로에 대한 판단을 내릴 때 자만하기보다는 불신하려 항상 노력하고, 철학자의 눈으로 바라볼 때 모든 사람의 다양한 행

간들이라고 비판하고 "책을 짊어진 당나귀"(*Essais*, p.177)에 비유한다. 그는 철학은 기억이 아니라 판단력을 키우는 것에 집중해야 한다고 주장한다. "판단력과 품행을 형성시키는 것으로서 학생들의 주요 학과가 될 철학은 모든 것에나 개입할 특권을 가졌기 때문이다."(*Essais*, p.164) 그는 학문에 대한 무분별한 탐욕에 즐거운 학문을 대립시킨다. "나는 책에서 적당하게 즐기면서 즐겁게 몰두하는 것 외 다른 것을 찾지 않는다. 또는 내가 책을 연구한다면 내가 거기에서 찾는 것은 나 자신에 대한 인식을 다루고 잘 죽고 잘 사는 것을 가르쳐주는 지식뿐이다."(*Essais*, p.409) 몽테뉴에 이어 샤롱(Pierre Charron, 1541~1603)도 학문과 지혜를 구분한다. 그는 "학문과 지혜는 아주 다른 것들이다. ······ 이것들은 거의 함께 가지 않고 대개 하나는 다른 하나를 방해한다."(Pierre Charron, *De la sagesse*, Fayard, 1986, p.687)라고 말한다. 그리고 그는 지혜와 학문을 다음과 같이 구분한다. "학문은 다른 사람의 선의 축적이고 저장이다. ······ 지혜는 영혼을 부드럽게 조율하면서 다루는 것이다."(같은 곳) 그는 지식만을 산뜩 쌓는 사람을 잘 판난하는 현자에 대립시킨다. 그에 의하면, 현학적인 자가 되려면 읽고 들은 것을 채우는 기억을 늘리는 것이 필요하지만 현자가 되려면 판단력을 도야하는 것이 필요하다.
이런 이유로 질송은 르네상스의 지혜를 '학문 없는 지혜'라고 말한다. 그에 의하면, 데카르트의 철학 및 학문의 기획은 르네상스가 갈라놓은 학문과 지혜를 종합하는 것에 있다. 데카르트는 "기억의 학문에서 이성으로 나아간다."(Gilson[1925], pp.93~94) 알키에(Ferdinand Alquié, 1906~1985)는 《방법서설》 1부에서 데카르트가 지혜가 아니라 지식의 증대에 대해 말한다는 점을 지적하면서 《방법서설》의 저자가 학문에 적대적인 르네상스적 지혜와 단절했다고 주장한다(René Descartes, *Œuvres philosophiques*, textes établis, présentés et annotés par Ferdinand Alquié, II. Garnier, 1963, pp.554~555). 이와 달리 화이는 데카르트가 자신의 철학적 기획에서 표현하는 인간의 완전성(perfectio hominis) 개념은 보벨(Charles de Bovelles, 1475~1566)에서 시작해 몽테뉴와 샤롱을 거치면서 프랑스 르네상스 철학에서 형성된 인간의 완전성 개념과 연속적이라고 주장한다. 이에 대해서는 Emmanuel Faye, *Philosophie et perfection de l'homme*, Vrin, 1998, pp.325~335를 참조할 것. 물론 학문과 이것의 토대들을 탐구하는 형이상학에 대한 입장에서 데카르트는 르네상스 철학자들과 구분된다. 우리는 데카르트가 르네상스적 지혜와 르네상스에 형성된 인간의 완전성 개념을 새로운 학문들과 이것들의 형이상학적 토대 위에 세웠다고 해석할 수 있다.

동과 계획 중에 헛되고 무익하지 않게 보이는 것은 거의 없음에도 불구하고 내가 진리 탐구에서 이미 성취했다고 생각한 발전에 크게 만족하지 않을 수 없고 또 순수하게 인간적인 일들[9] 가운데 확고하게 좋고 중요한 어떤 것이 있다면 그것은 바로 내가 선택한 것이라 감히 생각할 정도로 미래에 대한 큰 희망을 갖지 않을 수 없다.

물론 나의 착각일 수 있으며, 내가 금이나 다이아몬드라고 생각한 것이 어쩌면 구리나 유리 조각에 불과할 수도 있다. 우리가 우리 자신에 대해서 잘못 생각하는 경향이 얼마나 큰지, 또 친구들이 우리에 대해 내린 호의적인 판단이 얼마나 의심스러운 것인지 나는 잘 [4] 안다. 그러나 나는 이 서설에서 내가 따른 길들이 무엇인지 보여주고 나의 삶을 하나의 그림 안에서처럼 보여주는 것에 만족한다. 이

---

9) "순수하게 인간적인 일들"은 신학의 초자연적 계시로부터 독립적이다. 데카르트는 철학을 종교와 신학으로부터 독립적인 순수한 자연의 빛(이성)을 따르는 진리 탐구로 이해한다. 그에 의하면, "철학자에게는 인간을 현재 그의 자연적 상태에 있는 그대로 고려하는 것으로 충분하다."(AT V, 159) 그의 대화편《자연의 빛에 의한 진리 탐구》의 부제는 인간에 의한 진리 탐구를 종교와 스콜라학파의 신학적 철학으로부터 독립적인 것으로 제시한다. "전적으로 순수하고 종교나 철학으로부터 도움 받지 않는 자연의 빛에 의한 진리 탐구."(AT X, 494) 또 그는 "나는 신학에 연루되고 싶지 않습니다."(AT I, 150)라고 말한다. 그는 자연적 이성에 의해 증명되는 한에서만 신학적 진리를 받아들인다. 그런데 신학과 구분되는 철학은 몽테뉴와 샤롱의 생각이기도 하다. 몽테뉴는 자신의《에세》가 "순수하게 인간적이고 철학적인, 신학과 섞이지 않은"(*Essais*, pp.322~323) 작품이라고 말한다. 마찬가지로 샤롱도 자신의 철학을 신학과 구분되는 "인간에 대한 참된 학문"(Pierre Charron, *De la sagesse*, Fayard, 1986, p.33)으로 정의한다. 그는 철학을 즐거운 삶을 위해 요구되는 지혜로 이해한다. 그에 의하면, 지혜에 대해 "보통 사람들, 철학자들 그리고 신학자들이 다르게 말한다."(같은 책, p.27)

렇게 하는 것은 내가 보여준 것을 각각의 독자가 판단할 수 있게 하기 위해서이며, 공중의 반응으로부터 이것에 대해 사람들이 갖게 될 의견을 알게 된다면 이것이 나를 지도하려고 사용해온 수단들에 덧붙일 새로운 수단이 될 수 있게 하기 위해서다.

이처럼 나의 계획은 이성을 잘 인도하려고 각자가 따라야만 하는 방법을 가르치려는 것이 아니라 단지 나의 이성을 인도하려고 내가 어떻게 노력했는지를 보여주는 것이다. 교훈을 전달하려는 사람은 자신을 교훈을 받는 사람보다 더 유능하다고 평가해야 한다. 그리고 교훈을 전달하려는 사람이 아주 작은 실수라도 한다면 그들은 비난받을 만하다. 그러나 이 글을 단지 하나의 이야기로서 혹은—당신들이 이것을 더 선호한다면—사람들이 모방할 수 있는 여러 예 중에 어떤 것은 따르지 않을 이유가 있는 하나의 우화[10]로 제시하면

---

10) 《방법서설》은 데카르트가 자신에 대해 쓴 이야기(histoire)다. 그는 자신의 자전적인 이야기를 하나의 우화처럼 제시한다. 그런데 《방법서설》이라는 우화의 목적은 데카르트의 삶의 역사를 충실하게 서술하는 것이 아니라 그의 철학적 사유의 여정을 보여주는 것이다. 이를 위해 우화의 저자 데카르트는 어떤 다른 부분들을 그늘지게 만들면서 자신이 밝히고 싶은 부분들을 잘 나타나게 한다. "하나의 평평한 캔버스 위에 고체적 사물의 모든 다양한 측면을 동등하게 잘 재현할 수 없어서 주요한 측면 중 밝게 놓을 한 측면을 선택하고 다른 측면들을 그늘지게 하여 모든 측면을, 우리가 밝은 측면을 바라보면서 어두운 측면들을 볼 수 있게 하는 것으로서, 나타나게 만드는 화가들처럼"(AT VI, 41) 말이다. 우화적 글쓰기는 데카르트 자연학의 서술 방법이기도 하다. 우화 또는 이야기로서의 《방법서설》에 대해서는 Jean-Marie Beyssade, *Etudes sur Descartes: L'Histoire d'un esprit*, Points, 2001, pp.28~38을 참조할 것.
이야기로서 "내 삶을 보여주기"는 몽테뉴의 《에세》의 기획이다. "내 삶의 이야기를 드러내기."(*Essais*, p.980) "왜냐하면 내가 여기에 쓰는 것들은 내 기분과 의견이기 때문이다. …… 나는 여기서 나 자신을 드러내는 것만을 목표로 한다."(같은 책,

서, 나는 이 글이 어떤 사람에게도 해롭지 않으면서 어떤 사람에게는 유익하기를, 그리고 모두가 나의 솔직함[11])에 대해 고마워하기를 희망한다.

나는 어린 시절부터 고전어로 쓰인 책들로 교육받았다. 이것을 통해 삶에 유용한 모든 것에 대한 분명하고 확실한 인식을 획득할 수 있다고 사람들이 나를 설득했기 때문에 나는 그것들을 공부하려는 큰 욕망을 가졌다. 그러나 이 모든 과정을 마치고 학자의 일원으로 받아들여지자마자 나는 의견을 완전히 바꾸었다. 지나치게 많은 의심과 오류에 당황한 나머지 내가 배우려고 애쓰면서 얻은 이익이라고는 내가 점점 나의 무지를 발견했다는 것 말고는 아무것도 없는

---

p.148) 그는 《에세》가 자신에 대해 솔직하게 쓴 책이라고 말한다. "나는 사람들이 여기서 나의 단순하고 자연스럽고 그리고 일상적인, 일부러 꾸미지 않은 나의 모습을 보길 바란다. 왜냐하면 내가 그리는 것은 바로 나이기 때문이다. 이처럼, 독자여, 나 자신이 내 책의 재료다."(같은 책, p.3)

11) 솔직함은 몽테뉴 사유의 중요한 주제 중 하나다. 그는 양심을 자신을 솔직하게 꾸밈없이 드러냄으로 이해한다. 그에 의하면, 독실한 믿음은 양심 없이는 가능하지 않다. 그는 기도가 윤리적 조건을 갖는다고 말한다. "신의 정의와 전능은 불가분적이다. 나쁜 동기로 그의 힘에 간청해봐야 소용없다. 적어도 그에게 기도하는 순간에는 깨끗하고 사악한 정념에서 벗어난 영혼을 가져야 한다."(Essais, p.319) 몽테뉴는 기도를 하려면 깨끗한 영혼을 가져야 한다고 주장한다. 그에게 깨끗한 영혼을 갖는다는 것은 자신을 솔직하게 드러내는 일이다. 그런데 기도가 윤리적 조건을 갖는다는 생각과 양심 없는 기도에 대한 거부는 전혀 신학적이지 않다. 니체는 몽테뉴적인 솔직함을 찬양한다. "그런데 정직이라는 문제에서 쇼펜하우어와 비슷하거나 그보다 더 정직한 작가 한 사람을 알고 있는데, 바로 몽테뉴. 그런 사람이 글을 썼다는 사실로 인해 이 지상에 사는 즐거움이 배가되었다."(프리드리히 니체, 〈반시대적 고찰 III. 교육자로서의 쇼펜하우어〉, 《비극의 탄생·반시대적 고찰》, 이진우 옮김, 책세상, 2011, 404쪽)

것처럼 보였기 때문이다. 그럼에도 나는 이 땅 위의 학식 있는 사람들이 틀림없이 모여있을 법한 유럽의 가장 유명한 학교 중 하나[12]에 있었다. 나는 다른 사람들이 이곳에서 배우는 모든 것을 배웠다. 나는 사람들이 가르쳐주는 학문에 만족하지 못해서 내 수중에 들어올 수 있었던, 사람들이 가장 기이하고 희귀하다고 평가하는 학문들을 다루는 모든 책을 편력하기도 했다. 그리고 나는 다른 사람들이 나에 대해 내리는 판단을 알고 있었다. 나는, 내 동료 중 몇 명이 스승의 자리를 채울 것으로 이미 정해져 있었음에도, 사람들이 나를 내 동료들보다 낮게 평가한다고 생각하지는 않았다. 마지막으로 우리 시대는 이전의 어떤 시대만큼이나 좋은 정신에 있어 번영하고 비옥한 시대로 보였다. 이것은 내가 다른 것에 대해 스스로 판단하는 자유를 취하게 했고, 이전에 사람들이 내게 희망을 품게 했던 그런 학설은 세상에 존재하지 않는다고 생각하게 만들었다.[13]

[5]

------

12) 1604년 설립된 라플레슈(La Flèche) 왕립학교를 가리킨다.
13) 청년 데카르트는 18세까지 논리학·자연학·형이상학·윤리학을 포함하는 교육과정을 밟았다. 그리고 2년 동안 푸아티에(Poitier)대학에서 법학 학위를 취득하려고 공부했다. 《방법서설》 1부의 이 구절은 학문, 특히 책에서 얻은 지식이 가진 한계에 대해 말한다. 그에 의하면, 책들은 의심과 오류로 가득 차 있고, 서로 모순되어 독자들을 당황시킨다. 타인에게서 빌려온 지식이 아니라 자기 정신의 내적 풍요로움에 근거한 지혜의 형성은 몽테뉴와 샤롱 그리고 데카르트의 공통된 주제다. 그리고 데카르트의 현학(pédantisme)에 대한 거부는 17세기의 교양인 개념과 관련이 있다. 교양인(honnête homme)은 라틴어 '명예로운', '존중받을 만한'이라는 의미를 가진 라틴어 단어 honestum에서 유래한다. 여기서 존중의 근거는 운이나 재산, 유용한 것들이 아니라 정신의 내적 풍요다. 17세기에 교양인은 인간의 완수라는 교육적 이상을 의미했다. 이 개념에 의하면, 인간의 완수는 윤리적 영역에서뿐만 아니라 인간

[6] 그렇지만 나는 학교에서 배우는 교과목들의 가치를 인정했다. 학교에서 배우는 언어는 고전을 이해하려면 필수적이고, 우화의 기교는 정신을 일깨우며, 역사책에 나오는 기억될 만한 행위들은 정신을 고양시키는 것은 물론 신중하게 읽는다면 판단력을 형성하는 데 도움이 되고, 모든 좋은 책을 읽는 것은 지난 시대 가장 교양 있는 사람인 저자들과의 대화와 같은데 우리는 이 잘 준비된 대화에서 그들의 생각 중 가장 좋은 것들을 발견할 수 있다. 웅변술은 비교될 수 없는 힘과 아름다움을 가지고 있고, 시는 아주 매혹적인 섬세함과 부드러움을 가지고 있으며, 수학은 호기심이 많은 사람을 만족시킬 뿐 아니라 모든 기예를 쉽게 만들고 인간의 노동을 줄여주는 데 쓰일 수 있는 매우 정교한 발명품들을 가지고 있으며, 도덕을 다루는 글들은 매우 유용한 가르침과 덕에 대한 권고를 포함하고, 신학은 천국에 이르는 길을 가르쳐주며, 철학은 모든 것에 대해 그럴듯하게 말하면서 학식이 적은 사람들에게 찬탄받게 하는 수단을 제공하고, 법학과 의학을 비롯한 다른 학문은 그것에 힘쓰는 사람들에게 명예와 부를 가져다주며, 끝으로 아주 미신적이거나 거짓된 학문까지 포

의 모든 행위의 영역에서 이루어져야 한다. 또한 교양인은 좋은 판단을 가진 사람을 뜻한다. 교양인은 "다른 것들에 대해 스스로 판단하는 자유"를 잘 사용하는 사람이다. 《자연의 빛에 의한 진리 탐구》의 제목은 이 대화편이 이 교양인의 형성을 목표로 한다는 것을 분명히 보여준다. "사유를 차지할 수 있는 모든 것과 관련해서 교양인이 가져야 하는 의견들을 규정하고 가장 호기심 있는 학문들의 비밀로까지 파고드는 전적으로 순수하고 종교나 철학의 도움을 빌리지 않는 자연의 빛에 의한 진리 탐구." 교양인 개념에 대해서는 Frédéric Lelong, *Descartes et la Question de la Civilité*, Honoré Champion, 2020, pp.178~179를 참조할 것.

함해 학문 모두를 검토하는 것은 그것들의 정당한 가치를 인식하고 그것들에 기만당하지 않기 위해서 좋다는 것을 알았다.

그러나 나는 언어를 익히고 고전을 읽고 고전에 나오는 역사와 우화를 배우는 데 충분한 시간을 이미 사용했다고 생각했다. 다른 시대의 책들과 친하게 지내는 것은 여행하는 것과 거의 같다. 우리의 풍습을 올바르게 판단하려면 다양한 민족의 풍습에 대해 어느 정도 아는 것이 좋다. 이는 아무것도 보지 않은 사람처럼 자신의 방식에 반하는 모든 것이 어리석고 비이성적이라고 생각하는 것을 방지하기 위해서이기도 하다.[14] 그러나 한 사람이 여행에 너무 많은 시간을 쓰면 자신의 나라에서는 낯선 자가 된다. 또한 지난 세기에 실천된 것들에 너무 호기심을 가지면 지금 일상적으로 실천되는 것들에 대해 무지하게 된다. 게다가 우화는 전혀 가능하지 않은 여러 사건을 가능한 것으로 상상하게 만든다. 그리고 아주 충실한 역사책 [7] 조차, 비록 사람들이 읽기에 더 적합하게 만들려고 사건의 가치를 변화시키거나 과장하지는 않는다고 해도, 적어도 가장 하찮고 가장 무가치해 보이는 상황을 거의 항상 생략한다. 이 결과 나머지 부분은

---

14) 몽테뉴와 샤롱 역시 관습의 다양성과 상대성을 강조한다. 몽테뉴는 다음과 같이 말한다. "나는 이 거대한 세계가 내 학생들의 책이 되기를 바란다. 너무도 많은 기질·종파·의견·생각·법·관습이 우리의 것들을 올바르게 판단하게 가르치고 우리 판단력의 불완전성과 자연적인 허약함을 인정하도록 가르친다."(*Essais*, p.157~158) 샤롱은 몽테뉴와 유사하게 다음과 같이 쓴다. "삶을 형성하기 위한 최고의 학교는 끊임없이 다른 삶의 다양성을 보고 우리 본성의 형식의 항구적인 변화를 음미하는 것 외 다른 것이 아니다."(Pierre Charron, *De la sagesse*, Fayard, 1986, p.696)

그 자체로 나타나지 않으며, 그 사건으로부터 끌어낸 예를 통해 자신의 품행을 지도하는 사람들은 소설에 나오는 편력 기사들의 괴상함에 빠지고 그들의 능력을 넘어서는 기획을 품는 경향을 갖게 된다.

나는 웅변술을 높이 평가했고 시를 사랑했다. 그러나 나는 이 두 가지는 연구를 통해 얻는 열매라기보다 정신의 재능이라고 생각했다. 아주 강한 추론 능력을 소유하고 있고 자신의 생각을 분명하고 이해될 수 있는 것으로 만들려고 그것을 아주 잘 정리하는 사람은 비록 브르타뉴어[15]밖에 말하지 못하고 수사학을 전혀 배우지 않았다고 하더라도 가장 설득력 있게 자신의 생각을 제시할 수 있다. 그리고 아주 멋있고 새로운 생각을 가지고 있고 이것을 최선의 미사여구로 부드럽게 표현할 수 있는 사람은 시학을 전혀 모르더라도 가장 훌륭한 시인일 것이다.

나는 특히 수학에 만족했는데, 이것은 수학의 근거의 확실성과 명증성 때문이었다. 그러나 나는 아직은 수학의 참된 용도를 발견하지 못했었다. 그리고 나는 수학이 기계학을 응용한 기술을 위해서만 사용되고 있다는 것을 생각하면서 그것의 토대들이 그렇게 확고하고 단단함에도 사람들이 그것 위에 더 높은 것을 아무것도 세우지 않았다는 사실에 놀랐다.[16] 이와 반대로 나는 도덕에 관한 고대

---

15) 프랑스 브르타뉴(Bretagne) 지방에서 사용되는 켈트어 계열의 언어로 소멸 위기에 처해 있다.
16) 《규칙》에서 데카르트는 수학을 넘어서는 수학을 모델로 하는 보편적인 학문을 '보편 수리학(Mathesis universalis)'으로 제시한다. 이를 개별 수학과 구분하려고 백주

이교도들[17])의 글들을 그저 모래와 진흙 위에 세워진 아주 화려하고 웅장한 궁전들에 비교했다. 그들은 덕을 아주 높이 올려세웠고, 세 [8] 계 안에 있는 모든 것보다 더 가치 있는 것으로 나타나게 했다. 그러나 그들은 덕을 인식할 수 있도록 충분히 가르치지 않았다. 그리고 그들이 자주 덕이라는 아주 아름다운 이름으로 부르는 것은 그저 무감각, 또는 오만, 혹은 절망, 또는 친족 살해에 불과하다.[18])

진의 번역을 따라 보편 수리학으로 번역한다. 백주진, 〈데카르트 『정신지도규칙』에서 '보편 수리학'(Mathesis universalis)과 순수 지성의 자율성〉, 《철학연구》 122권, 철학연구회, 2018, 209~233쪽을 참조할 것. 데카르트의 보편 수리학에 대해서는 2부 각주 19를 참조할 것.

17) 세네카(Seneca, 기원전 4?~기원후 65)와 키케로(Marcus Tullius Cicero, 기원전 106~기원전 43)의 같은 스토아학파의 사상가들을 가리킨다.
18) 무감각(insensibilité)은 스토아학파의 아파테이아(apatheia)와 무감동을 부정적으로 묘사하는 말이다. 절망은, 예를 들어 탑수스 전투(Battle of Thapsus) 후 자살한 카토(Marcus Porcius Cato, 기원전 95~기원전 46)의 절망을 가리킨다. 친족 살해는 브루투스(Marcus Junius Brutus, 기원전 85~기원전 42) 또는 만리우스(Titus Manlius Torquatus, 기원전 208~기원전 133)의 경우를 가리킨다. 데카르트는 스토아학파의 아파테이아를 인간적 조건을 넘어서는 요구로 보고 정념의 사용을 긍정한다. "내가 가꾸는 철학은 정념들의 사용을 거부할 정도로 무정하고(barbare) 거칠지(farouche) 않다. 반대로, 나는 이 삶의 모든 부드러움과 기쁨을 그것 안에 놓는다."(AT V, 135) 이 생각은 몽테뉴의 생각과 연속적이다. 몽테뉴는 기독교 윤리와 달리 성욕을 비롯한 육체적 욕망과 쾌락 자체를 타락한 것, 불완전한 것 그리고 악한 것으로 여기지 않고 다만 그것의 정신과 신체의 건강을 해칠 정도의 과도함을 문제 삼는다. "무절제는 쾌감에 해로운 것이지만, 절제는 쾌감의 재앙이 아니라 맛을 돋우는 것이다." (Essais, p.1110) 쾌락의 문제에서 몽테뉴에게 중요한 것은 금욕이 아니라 절제의 형식을 부과하는 능동성, 다시 말해 쾌락의 흐름에 무릎 꿇지 않는 자기 지배의 능동성이다. 그는 나쁜 감정을 끊고 기쁨을 창조하기 위한 자기 지배의 능동성을 강조한다. "나는 영혼에게 고통과 쾌감을 똑같이 일정하고 …… 확고한 시선으로 바라보고, 하지만 고통은 즐겁게 쾌감은 엄격하게 바라보며, 할 수 있는 한 고통을 사라

나는 우리의 신학을 존경했고 다른 어떤 사람들만큼이나 천국에 이르길 열망했다. 그러나 그 길이 가장 무지한 사람과 가장 박식한 사람 모두에게 똑같이 열려있다는 것과 우리를 천국으로 인도하는 계시 진리들이 우리의 지성 너머에 있다는 것을 알게 된 뒤 나는 내 추론의 허약함에 그것들을 감히 종속시킬 수 없었으며, 계시 진리들에 대한 검토를 시도하고 이를 성공시키려면 하늘의 특별한 도움이 필요하고 우리가 인간 이상의 것이 되어야 한다고 생각했다.[19]

철학에 대해서는 이것만을 말하겠다. 여러 세기 동안 가장 뛰어난 정신들이 철학에 열중했음에도 철학에는 논쟁의 가능성에서 자유로운 것이 하나도 없고, 그 결과 의심스럽지 않은 것이 하나도 없다. 이를 보며 나는 다른 사람들보다 철학에서 더 성공하는 것을 주제넘게 희망하지 않았다. 그리고 하나의 동일한 주제에 대해 참된 것은 결코 하나 이상 존재할 수 없지만 그것에 대해 얼마나 다양한 의견이 학자들에 의해 제시되는지를 고려하면서 나는 그저 그럴싸하게 보이는 모든 것은 거의 거짓으로 간주했다.

[9] 그리고 다른 학문에 대해 말하자면, 나는 그것들이 철학으로부터

....
지게 하고 쾌감을 늘리라고 지시한다."(같은 책, pp.1110~1111)
19) 데카르트는 계시 진리에 기초한 신학과 이성의 자연적 빛을 따르는 철학을 구분한다. "성경의 구절들에 대해 말하자면, 나는 그것들의 나의 고유한 의견들과 대립하는 경우가 아니라면 그것들에 답할 필요가 없다고 판단한다."(AT VII, 428) 마찬가지로 디네(Dinet) 신부에게 보낸 편지(AT VII, 598)를 참조할 것. 데카르트는 버만(Frans Burman, 1628~1679)과의 대화에서 "나는 신학 연구에 전혀 관여하려 하지 않았다."(AT V, 176)라고 말한다.

자신의 원리들을 빌려오는 만큼 그렇게 확고하지 못한 토대들 위에는 단단한 어떤 것도 세워질 수 없다고 판단했다.[20] 그리고 학문이 가져다주는 명예나 이익은 내가 그것을 배우도록 하기에 충분하지 못했다. 왜냐하면 나는 다행스럽게도 돈을 벌려고 학문을 직업으로 삼아야 하는 조건에 놓여있지 않았고, 견유학파처럼 명예를 경멸한다고 공언하지 않았음에도 부당하게만 얻을 수 있는 명예를 전혀 바라지 않았기 때문이다. 끝으로 사이비 학설들에 대해 말하자면, 나는 연금술사의 약속에 의해서도, 점성술사의 예언에 의해서도, 마술사의 기만에 의해서도, 그리고 자신이 알고 있는 것보다 더 알고 있다고 공언하는 사람들의 계략 혹은 허풍에 의해서도 더는 속지 않을 정도로 그것들의 가치를 이미 충분히 알고 있다고 생각했다.

이런 이유로 나는 스승에 대한 복종에서 벗어날 수 있는 나이가 되자마자 고전어로 쓰인 책들에 대한 연구를 그만두었다. 그러고 나서는 내 안에 혹은 세계라는 커다란 책[21] 안에 존재할 학문 외에 다

---

20) 여기서 데카르트가 말하는 철학은 자신이 계획한 철학이 아니라 바로 앞에서 설명한 논쟁의 가능성에서 자유롭지 않은 전통적인 철학을 가리킨다. 이와 유사한 표현은 《자연의 빛에 의한 진리 탐구》의 제목에서도 나타난다. "자연의 빛에 의한 진리 탐구. …… 철학이나 종교의 도움을 빌리지 않고……."(AT X, 495)

21) 고대 그리스 철학에서는 세계를 책에 은유하는 것이 가능하지 않았다. 플라톤과 아리스토텔레스에게 사물의 진상을 파악하는 것은 이데아나 형상을 정신에 현전하게 만드는 일이었다. 이들에게 인식은 읽기가 아니었다. 쉽게 말해, 고대 그리스인들에게 세계는 사물들의 형상이 발하는 빛으로 반짝이는 가시적인 공간이었기 때문에 그것을 읽고 해독할 이유가 없었다. 플라톤의 대화편에서 볼 수 있듯이, 책은 죽은 지식의 매개체였다. "…… 그대[글자의 아버지]는 배우는 사람들에게 지혜로워 보이는 의견을 제공하지 진상을 제공하지 않소."(플라톤, 《파이드로스》, 김주일 옮김,

른 학문을 찾지 말자고 결심하면서 남은 청년 시절을 여행하고[22]),

이제이북스, 2012, 136쪽) 이 관점에서 볼 때 관조는 독해에 대립한다. 사람들이 무엇인가를 읽으려 한다면 그것은 그 대상의 의미가 직접 현전하지 않기 때문이다. 블루멘베르크(Hans Blumenberg, 1920~1996)에 의하면, 세계의 가독성이라는 생각은 기독교 사상에 의해 불충분하게나마 처음 마련되었다. Hans Blumenberg, *Die Lesbarkeit der Welt*, Suhrkamp, 2020, 3장을 참조할 것. 실제로 중세 기독교의 세계는 책-은유에 대해 열려있었다. 기독교의 신은 언어를 통해서 세계를 창조했다. 태초에 말씀이 있었고, 신은 그것으로 세계를 창조했다. 그런데 말을 통해 창조된 것은 읽힐 수 있어야 한다. 이런 이유로 기독교 교리는 세계를 신의 손가락으로 쓰인 책으로 이해할 가능성을 허용했다.
그러나 동시에 자연 자체에 무엇인가 읽고 해석해야 할 것이 있다는 생각을 인정하기는 어려웠다. 왜냐하면 기독교적 관점에서 자연은 성서라는 첫 번째 책에 근거해서 읽히고 해석되어야 하기 때문이다. 즉, 자연 혹은 세계는 계시의 빛과 성서가 제공하는 가독성 안에서만 읽힐 수 있었다. 자연 안의 모든 사물은 성서에 쓰인 신의 섭리 내지 지혜를 가리키는 기호들에 불과하다. 실제로 자연에 대한 이해는 자연 외부의 초월적 기의인 신을 참조해서만 가능하다고 생각되었다. 그러므로 자연은 그 자체로 해석되어야 할 가치가 있는 것으로 고려되지 않았다.
그럼에도 기독교가 자연 혹은 세계를 악한 신이 창조한 전적으로 부정적인 것으로 간주하는 그노시스주의를 거부한다는 것에는 자연에 대한 긍정적 가치 부여가 함축되어 있었다. 물론 이 긍정은 앞서 본 이유로 제한적일 수밖에 없었다. 그렇지만 기독교는 분명 세계를 책에 은유할 수 있는 가능성을 열어 두었고 이것은 신비주의 전통에서 실현되었다. 기독교 교리는 신이 자연의 작품들 안에서 자신을 드러낸다는 점을 인정해야 했다. 이 가능성은 기독교 신비주의 전통과 쿠자누스(Nicolaus Cusanus, 1401~1464)와 같은 신플라톤주의에 영향 받은 표현주의 신학에서 제한 없이 실현되었다.
쿠자누스의 표현주의 철학에 신비주의가 끼친 영향은 잘 알려진 사실이다. 그에게 세계는 신성의 직접적인 자기 전개 내지 펼침(explicátio)이다. 당연히 이 생각에는 자연 내지는 세계의 지위의 상승이 전제되어 있다. 자연은 신이 쓴 책이며, 그것의 의미는 그 자체로 독해될 가치가 있다. 그러나 쿠자누스의 자연-책 은유는 아직 세속적 형태를 띠지 않는다. 책 은유가 세속적이고 과학적인 형태를 띠려면 다빈치를 거쳐 갈릴레이, 몽테뉴 그리고 데카르트를 기다려야 했다. 이들에게 자연의 의미는 경험적이거나 논리적 언어로 해석되거나 해독되는 것이다. 예를 들어, 갈릴레이는 "우주는 수학적 언어로 쓰여있다."라고 말한다. 그리고 몽테뉴는 세계를 책에 비궁전과 군대를 보고, 다양한 기질과 조건의 사람들과 교제하고, 다양한 경험을 모으고, 운이 내게 마련해준 상황 속에서 나 자신을 시험하고, 그리고 어느 곳에서나 내 앞에 나타나는 것들에 대해 성찰하여 그것으로부터 어떤 이익을 끌어내는 데 사용했다. 그도 그럴 것이 어떠한 실천적 결과도 생산하지 않는 사색에 관해 학자가 서재에서 행하는 논증에서보다―학자가 이 사색에서 얻어낼 수 있는 결과는 이 사색이 상식으로부터 멀어지는 만큼 그가 더 큰 허영심을 갖게 된다는 것뿐이다. 그는 이 사색을 더 그럴듯하게 만들려고 시도하는 데 정신과 기교를 그만큼 더 사용해야만 하기 때문이다―각자에게 중요하고 만일 잘못 판단한다면 그 결과가 곧바로 자신에게 [10] 반드시 대가를 치르게 하는 일들에 관해서 행하는 논증에서 더 많은 진리를 만날 수 있을 것처럼 보인다. 나는 언제나 내 행위를 분명히

    유한다. "이 거대한 세계 …… 나는 이것이 내 학생들의 책이 되길 원한다."(*Essais*, I, p.36) 그리고 데카르트는 《방법서설》 1부에서 몽테뉴와 유사한 방식으로 "세계라는 커다란 책(le grand livre du monde)"이라는 생각을 전개한다. 빅토르·보나벤투라·파라켈수스·쿠자누스에 등장하는 책 은유에 대해서는 Ernst Robert Curtius, *Europäische Literatur und lateinisches Mittelalter*, Francke Verlag, 1993, pp.323~329를 참조할 것. 세계-책 은유의 발생에 표현주의 신학과 신비주의가 끼친 영향에 대해서는 블루멘베르크의 앞의 책 5장을 참조할 것. 이 주제에 대해서는 이재훈, 〈데카르트 『방법서설』 1부의 책 은유와 르네상스 철학: 세계라는 책과 나라는 책〉, 《철학》 156집, 한국철학회, 2023b, 27~48쪽을 참조할 것.
22) 데카르트가 책들의 세계에서 발견한 것은 책들이 서로 대립되고 모순된다는 사실이다. 이런 이유로 그는 진리를 책들의 세계에서가 아니라 "세계라는 커다란 책"에서 찾기로 결심한다. 그는 세계라는 커다란 책을 여행한다. 몽테뉴는 데카르트에 앞서 세계라는 커다란 책을 여행하는 것에 특별한 의미를 부여했다.

바라보고 이 삶에서 확신을 가지고 전진하려고 진리와 거짓을 구분하는 것을 배우려는 아주 큰 욕망을 가졌다.

사실 나는 다른 사람들의 풍습을 관찰하기만 했을 때 그것에서 확신을 주는 어떤 것도 찾지 못했고, 예전에 관찰했던 철학자들 사이에 있는 의견의 다양성만큼의 다양성을 발견했다. 그 결과 내가 이 관찰에서 얻은 가장 큰 소득은, 비록 우리에게는 아주 기이하고 우스꽝스러운 것처럼 보이지만 다른 위대한 민족들에게 공통적으로 받아들여지고 승인되는 많은 것을 보면서, 실례와 관습에 의해서만 확신하게 된 어떤 것도 너무 확고하게 믿지 않아야 함을 배운 것이었다.[23] 그리고 나는 이렇게 우리의 자연의 빛을 흐릿하게 만들고 이성에 귀를 기울이지 못하게 만드는 수많은 오류로부터 조금씩 벗어났다.[24] 이처럼 세계라는 책 속에서 연구하고 경험을 쌓는 데 몇 년

---

23) 몽테뉴와 데카르트에게 여행은 판단에 대한 경험적 비판, 즉 이성의 경험적 정화를 의미한다. 몽테뉴가 보기에 존재하는 모든 것은 우연적이고 가변적이며 이것들에 대한 우리의 판단도 그러하다. **나의 판단은 나의 신체적·정신적 조건과 내가 놓여 있는 사회의 관습 등에 의존적이며 이것들은 전부 우연에 의해 지배받는다.** 여행의 목적은 바로 이와 같은 내 조건의 한계 너머를 경험하는 것에 있다. 그리고 몽테뉴는 여행에서 다양한 삶의 방식을 경험하는 것에서 오는 즐거움에 대해 이야기한다. "나라마다 다른 삶의 방식은 내게 다채로움에서 오는 쾌감을 준다."(*Essais*, p.964) 여행은 몽테뉴 사유 방식에 적합한 경험의 형식이다. 몽테뉴 사상에서 여행의 의미에 대해서는 Hugo Friedrich, *Montaigne*, Gallimard, 1984, pp.265~270을 참조할 것. 여행은 단단한 형식 속에 숨어 들어가려는 정신에 대한 비판이다. 몽테뉴에게 인생은 부단한 운동 중에 있는 책이다. 세계라는 책에 대한 경험의 과정은 곧 운동과 변화 속에서의 나를 기록하고 써가는 과정이다. 불확실성과 다양성으로 가득 찬 세계-책 속에서 끝없이 움직이는 **나**에 대한 서술이 곧 그의 《에세》다. 이런 의미에서 그는 서문에서 "나 자신이 내 책의 재료다."라고 쓴다.

을 보낸 뒤 나는 어느 날 나 자신 안에서도 연구하기로[25], 그리고 내 정신의 모든 힘을 내가 따라야만 하는 길을 선택하는 데 사용하기로 결심했다. 이는 만일 내가 나의 조국과 나의 책들로부터 멀어지지 않았을 경우에 이루었을 성과보다, 내가 보기에, 더 큰 성과를 내게 가져다주었다. [11]

24) 데카르트에게 세계라는 책을 여행하는 것은 이성에 귀를 기울이려고 요구되는 예비적인 단계, 즉 이성에 귀를 기울이지 못하게 하는 오류들을 제거하는 이성과 판단력의 정화 작용이다.
25) 몽테뉴에게 나라는 책은 경험적이고 이 책은 다양성·운동·변화로 가득 차 있다. 몽테뉴는 자신을 재료로 삼은 나-책인 《에세》를 멈추지 않고 쓰고 또 고쳐 쓴다. 데카르트는 몽테뉴의 경험적 책에서 진리를 발견할 수 있다고 보지 않았다. 그는 세계라는 커다란 책에서 발견한 다양성뿐 아니라 확실하고 명증한 것을 찾길 열망했다. 그러나 세계라는 책의 여행은 그 열망을 충족시키지 못했다. 실제로 그는 자신이 세계라는 책의 여행에서 얻은 것은 확실한 진리가 아니라 의견의 다양성뿐이라고 말한다. 그에게는 세계라는 책을 읽는 또 다른 방식이 필요했다. 그는 세계라는 책을 떠나지 않으면서 그것을 경험의 한계를 넘어서는 방식으로 연구하기로 결심한다. 이성의 말에 귀를 기울인다는 것은 나 자신 안에서 탐구한다는 것을, 그리고 그것은 자연의 빛을 따라 세계-책을 탐구한다는 것을 의미한다.
데카르트는 더는 "나 자신을 시험(탐구)하는 것"이 아니라 "또한 내 안에서 연구하기"로 결심한다. '나 자신을 시험 혹은 탐구하는 것'은 나를 세계-책 안에서 경험하는 것을 의미한다. 반면에 '내 안에서 연구하기'는 세계-책을 내 안에서 혹은 나로부터 연구하는 것을 의미한다. 달리 표현하면, '내 안에서 연구하기'는 이성 혹은 '자연의 빛' 안에서 세계-책을 연구한다는 것을 의미한다. 그러므로 '내 안에서 연구하기' 혹은 나-책 안에서 연구하기는 세계라는 커다란 책과의 단절을 뜻하지 않는다. 1619년 청년 데카르트는 세계-책 속에서뿐 아니라 내 안에서 또한(aussi) 탐구하길 결심한 것이다. 몽테뉴적 나-책이 경험적이라면 데카르트적 나-책은 세계라는 책의 경험을 위한 책, 다시 말해 세계라는 책을 그 안에서 비추는 책이다. 요컨대 나는 책의 책, 즉 세계의 가독성을 가능하게 하는 자리다.

Discours de la méthode

2부

나는 독일에 있었다. 아직 끝나지 않은 전쟁의 상황이 나를 그곳
으로 불렀다. 황제의 대관식에 참석한 후 군대로 돌아올 때 겨울
이 시작되어 나는 어떤 마을에 머물게 되었다.[1] 그곳에서 나는 주
의를 돌리는 어떠한 화제도 발견하지 못했다. 게다가 다행히도 나
를 동요시키는 걱정이나 정념도 없었기에 나는 온종일 난로가 켜져
있는 방에 혼자 머무르며 내 생각에 대해 나 자신과 대화를 할 충분
한 여유를 가졌다.[2] 내가 처음에 깨닫게 된 것 중 하나는 다양한 장

---

1) 1618년에서 1648년까지 독일에서 벌어진 신교와 구교 간의 30년전쟁을 가리킨다. 이 전쟁은 1648년 베스트팔렌조약과 함께 끝이 난다. 데카르트는 네덜란드를 떠나면서 바이에른 선제후 막시밀리안 1세(Maximilian I, 1573~1651)의 가톨릭 군대에 합류할 계획이었다. 그는 군대로 향하면서 1619년 7월에서 9월까지 프랑크푸르트에서 있있던 황제 페르디난트 2세(Ferdinand II, 1578~1637)의 대관식에 참석한다. 그리고 그는 군대로 향하던 중 1619~1620년 겨울을 독일 도나우(Donau)의 노이부르크(Neuburg)라는 마을에서 지낸다. 그곳은 전쟁 중이지 않았다.

2) 1619~1620년 겨울의 성찰은 데카르트의 철학에서 매우 중요한 사건이다. 그 시기 그는 "놀라운 학문의 토대들(mirabilis scientiae fundamenta)"을 발견한다. "1619년 10월 10일, 나는 영감에 사로잡혀 놀라운 학문의 토대들을 발견했다."(AT X, 179) "1620년 나는 놀라운 고안(발명)의 토대를 이해하기 시작했다."(AT X, 216) 경탄할 만한 학문의 기획은 정신 안에 숨겨져 있는 학문의 씨앗 혹은 지혜의 씨앗을 드러내는 일이다. "학문들은 지금 가려져 있다. 가면들이 벗겨지면 학문들은 아름답게 나타날 것이다."(AT X, 214~215) 데카르트가 영감에 사로잡혀 발견한 놀라운 학문은 첫 번째 학문, 즉 학문들의 단일성을 위한 첫 번째 원리에 대한 학문이다. 그러므로 1619~1620년의 데카르트의 영감은 수학적 학문에 관한 것이 아니라 학문의 단일성의 근거로서의 정신의 단일성에 관한 것이다. 정신의 단일성에 근거하는 놀라운 학문이라는 생각은 르네상스 철학을 배경으로 가지며, 그것의 선행자로는 크롤(Oswald Croll, 1563~1609), 쇠렌센(Peder Sørensen, 1542~1602), 리바우(Andreas Libau, 1550~1616), 케플러(Johannes Kepler, 1571~1630) 등이 있다. 이에 대해서는 Édouard Mehl, *Descartes en Allemagne*, Presses universitaires de Strasbourg, 2001, pp.15~83을 참조할 것.

인의 손에 의해 만들어진 여러 조각의 작품들에는 단 한 사람이 만든 작품에서만큼의 완전성이 자주 존재하지 않는다는 사실을 고려해야 한다는 점이었다. 이처럼 우리는 한 건축가가 지으려 시도하고 완성한 건물이 다른 목적을 위해 세워진 오래된 성벽들을 이용하여 여러 건축가가 개조한 건물보다 대개는 더 아름답고 더 잘 정돈되어 있다는 것을 보게 된다. 처음에는 그저 작은 마을이었지만 시간이 흘러 큰 도시가 된 고대 도시들은 대개 한 기술자가 벌판 위에 자기 마음대로 설계한 반듯한 모양의 도시에 비해서 매우 나쁘게 구성되어 있다. 저 고대 도시의 건물 각각에서 다른 도시의 건물

그런데 학문의 단일성 혹은 보편 학문은 아리스토텔레스 철학의 전통에서는 가능하지 않았다. 아리스토텔레스는 《형이상학》 E장에서 학문을 그것의 대상이 되는 사물들의 본성에 따라서, 그리고 이 사물들이 존재하는 것들 전체의 질서 안에서 차지하는 지위에 따라 분류한다. 이와 달리 데카르트에 의하면 학문의 단일성은 정신의 단일성에 근거한다. "왜냐하면 모든 학문은 그것이 적용되는 대상들이 아주 다양할지라도 언제나 동일하게 유지되는 인간적 지혜이기 때문이다. 인간적 지혜는 태양의 빛이 자신이 비추는 대상들의 다양성으로 인해 다양해지지 않는 것만큼이나 그것이 적용되는 다양한 대상에 의해 다양해지지 않는다."(AT X, 360)《규칙》의 〈규칙 1〉에서 데카르트는 양식 혹은 좋은 정신(bona mens)과 보편적 지혜(universalis sapientia)를 동의어로 사용한다. "좋은 정신 혹은 이 보편적 지혜에 대해"(AT X, 360). 그런데 데카르트가 지혜를 태양에 비유하는 것은 분명히 샤롱의 영향 아래에서다. 샤롱은 《지혜에 대하여(De la Sagesse)》에서 현자가 가진 정신의 보편성을 태양에 비유한다. Pierre Charron, *De la sagesse*, Fayard, 1986, p.89를 참조할 것. 지혜와 덕의 문제에서 샤롱과 데카르트의 친화성에 대해서는 Denis Kambouchner, De la prud'homie à la générosité, *Cheminer avec Descartes*, Garnier, 2018, pp.393~406; Emmanuel Faye, *Philosophie et perfection de l'homme*, Vrin, 1998, pp.280~286; Michel Adam, René Descartes et Pierre Charron, *Revue philosophique de la France et de l'Étranger* 182(4), 1992, pp.467~483을 참조할 것.

에서 발견되는 것 이상의 혹은 그만큼의 기예가 발견될지라도, 어떻게 건물들이 정돈되어 있는지를 보면 여기의 어떤 것은 크고 저기의 어떤 것은 작으며 이 건물들이 길을 구불구불하고 불규칙적으로 만들기 때문에 우리는 건물을 이렇게 배치한 것은 이성을 사용하는 어떤 사람들의 의지라기보다는 운이라고 말할 것이다. 그리고 [12] 공공장소의 미관을 위해 개인의 사적인 건물을 관리하는 관료가 예로부터 언제나 있었다는 것을 고려하면 우리는 타인의 작품에 대해서만 작업해서는 사물들을 완전하게 만들기 어렵다는 것을 알 수 있을 것이다. 이와 마찬가지로 나는 예전에 거의 반-야만 상태에 있다가 점차 개화되었으며 오로지 범죄와 분쟁의 불편함 때문에 법을 제정한 민족은 모이기 시작한 순간부터 어떤 신중한 입법자의 기초 법률들을 준수한 민족만큼 문명화될 수 없다고 생각했다. 이는 신이 혼자 그것의 율법을 명령한 참된 종교가 다른 종교에 비해 비교할 수 없을 정도로 잘 정돈되어 있을 수밖에 없다는 것과 마찬가지다. 인간의 일들에 대해 말하자면, 스파르타가 번성했던 것은 개별적 법률 각각의 훌륭함 때문이 아니라—스파르타의 여러 법률은 아주 이상했고 올바른 풍속에 반대되는 것처럼 보였으니—법률이 단 한 사람에 의해 고안되어 그것 모두가 같은 목적을 향했기 때문이다. 그리고 이와 마찬가지로 책에 담겨있는 학문들, 적어도 그것의 근거가 그저 개연적이고 어떤 증명도 가지지 않은 학문은 여러 다양한 사람의 의견으로 구성되고 그 의견이 점점 늘어나기 때문에, 양식을 가진 한 사람이 자신에게 나타나는 모든 일에 대해 자연스럽게 할 수 있는 간단한 논증보다도 결코 진리에 가깝지 않다고

[13] 나는 생각했다. 또한 우리는 모두 어른이 되기 전에 아이였고 우리의 욕구에 의해, 그리고 서로 자주 대립하고 그들 중 누구도 우리에게 항상 최선의 것을 권고하지 않았던 스승들에 의해 오랫동안 지도받아야 했기 때문에 우리의 판단이 태어나서부터 이성을 전적으로 사용하고 이성에 의해서만 인도되었더라면 가졌을 순수함과 견고함을 결여하고 있다고 생각했다.[3]

사실 우리는 도시를 다른 방식으로 만들거나 길을 더 아름답게

---

3) 이와 유사한 생각이 《자연의 빛에 의한 진리 탐구》에서 발견된다. "그러나 그는 무지한 상태로 세계에 들어왔고 어린 시절의 지식은 감각과 선생님들의 권위에만 의존해 있었기 때문에, 이성이 지식을 인도하기 전에는 그의 상상이 무한한 거짓된 생각으로 가득 차 있지 않기란 거의 불가능하다."(AT X, 495~496) 데카르트는 인간 정신의 "순수함과 견고함"의 결여를 원죄론과 인간 본성의 타락의 관점에서 이해하지 않는다. 기독교 신학은 원죄로 인해 인간이 타락의 상태에 처해 있으며 아무리 이성적이라 할지라도 인간 정신은 오류를 완전하게 피할 수 없다고 가르친다. 그러나 데카르트 철학은 원죄론을 전제하지 않는다. 그는 현재의 자연적 상태에 있는 그대로의 인간을 고려해야 한다고 생각한다. 또한 〈네 번째 성찰〉에 의하면 인간은 분명하게 인식되지 않는 것에 대한 판단을 유보하는 것을 통해 오류를 피할 수 있다(AT VII, 61~62). 이처럼 데카르트는 인간의 자연적 능력 혹은 본성을 신뢰한다.
이는 샤롱에게서도 마찬가지다. 그의 철학은 인간의 본성에 대한 신뢰를 토대로 세워졌다. 그는 인간의 타락에 대해 말하지만, 그것을 기독교 신학이 전제하는 원죄론의 문제가 아니라 윤리와 실천의 문제로 고려한다. 그에 의하면, 인간의 타락은 인간이 자신의 자연적 본성과 일치하지 못했을 때 발생하며 인간은 자신의 타락 상태를 철학의 도움을 받아 벗어날 수 있다. 그러므로 "인간들은 자연적으로(본성상) 선하다."(Pierre Charron, *De la Sagesse*, p.425) 인간 안의 자연은 결코 타락할 수 없다. 그러므로 인간이 지혜롭지 못한 상태에 놓여있다면 혹은 타락한 상태에 놓여있다면 그것은 인간의 본성이 타락했기 때문이 아니라 의지의 자유가 자연과 이성이 아닌 다른 것으로 향했기 때문이다. 이 관점에서 샤롱은 이성과 자연의 소리를 따르려는 의지의 확고함을 주요한 덕 중 하나로 제시한다.(같은 책, p. 421, 431)

하기 위한 계획으로 한 도시의 집 모두를 무너뜨리지 않는다. 그러나 다시 지으려고 자신의 집을 부수는 사람들이 존재한다. 그들은 집이 무너질 위험에 처해 있거나 토대가 튼튼하지 않을 때도 이따금 그렇게 하고야 만다. 이 예로 인해 나는 한 개인이 그것의 모든 것을 토대들에서부터 변화시키고 다시 세우려고 국가를 붕괴시키면서 개혁하려는 계획을 갖는 것은, 또 마찬가지로 학문의 체계나 학문을 가르치려고 학교에 세워진 질서를 개혁하려는 계획을 갖는 것은 이성에 적합하지 않다[4]고 확신하게 되었다.[5] 그러나 내가 [14]

---

4) 프랑스어 문장을 그대로 옮기면 "…… 질서를 개혁하려는 계획을 가질 수 있을 것 같지 않다(il n'y aurait point d'apperance)."이다. 의미를 더 잘 살리려고 이 문장의 라틴어 번역 "non rationi esse consentaneum"을 우리말로 옮겼다.

5) 데카르트의 이 견해는 개혁에 대한 몽테뉴와 샤롱의 비판과 유사하다. 몽테뉴는 다음과 같이 말하면서 국가를 개혁하려는 시도를 비판한다. "혁신보다 더 국가를 짓누르는 것은 없다. 변화는 불의와 폭정이 형태를 갖추도록 할 뿐이다. 어떤 부분이 떨어져 나가면 우리는 그것을 떠받쳐줄 수 있다. 우리는 모든 사물의 자연스러운 변질과 부패가 우리를 시작과 원리로부터 너무 멀어지게 하지 않는 것에는 맞설 수가 있다. 그러나 이처럼 거대한 덩어리를 고치고 그렇게 큰 건물의 토대들을 변화시키려고 시도하는 것은 때를 벗기려고 지워버리고 부분적 결점들을 전체적인 혼동으로 개선하고 죽음으로 환자들을 치료하는 것과 같다. '국가를 변화시키기보다 그것을 파괴하려는 욕망.'(키케로)"(*Essais*, p.958) 이 주제에 대해서는 같은 책, I, XXIII, pp.108~123을 참조할 것.
그러나 몽테뉴가 법을 절대적으로 변화될 수 없는 것으로 여긴 것은 아니다. 그는 법은 법 자체를 명령하는 힘에 의해 변화될 수 있다고 말한다. "…… 법이 자신이 원하는 것을 할 수 없으므로 법이 자신이 할 수 있는 것을 원하게 하는 것이 나을 것이다. …… 플루타르코스가 필로포이멘을 찬양하는 이유는 이 때문이다. 명령하려고 태어난 그는 법에 따라 명령할 줄 알았을 뿐 아니라 공적인 필요가 그것을 요구한다면 법 자체에 명령할 줄 알았다."(같은 책, p.123) 이처럼 몽테뉴는 법을 변경해야 할 필요성이 있는 경우를 인정한다. 그런데 이 변경의 힘은 법 자체를 명령하는 힘으로,

그때까지 믿어왔던 모든 의견에 대해서 말하자면, 그것들을 이성의 수준에 부합하게 만들 때 나중에 더 나은 다른 것들이나 같은 것들로 대체하려면 단번에 그것 모두를 제거하는 것보다 더 좋은 방법은 없었다. 그리고 나는, 낡은 토대들 위에 기반을 둘 때보다, 그리고 그것이 진리인지 아닌지 검토하지도 않은 채 어린 시절에 믿게 된 원리에 의지했을 때보다, 이 방법을 통해 삶을 이끌어 나가는 것에서 더 성공할 것이라고 굳게 믿었다. 이 과정에 다양한 어려움이 있었지만 그것은 대책이 없는 것은 아니었고, 공적인 일과 관련한 아주 사소한 것의 개혁에서 발견되는 어려움에도 비할 바가 아니었다. 이 거대한 체제는 일단 무너지면 다시 세우기 쉽지 않고, 흔들렸을 때 고정시키기도 쉽지 않으며, 그 추락은 매우 혹독하다. 그것의 불완전성—다양성만으로 여러 체제가 불완전하다는 사실이 보장되기 때문에 만일 그것들이 불완전성을 가진다고 가정하면—에 대해 말하자면, 그 체제의 사용이 불완전성을 틀림없이 매우 완화

....

이미 설립된 법에 규정되지 않는 힘이다. 몽테뉴는 법의 본질 내지는 기원을 법 외부에서 법을 명령하는 힘으로 이해한다. 데리다(Jacques Derrida, 1930~2004)는 몽테뉴를 해석하면서 이 힘을 '권위의 신비한 토대'라고 부른다. "법을 정초하고 창설하고 정당화하는 작용, 법을 만드는 작용은 어떤 힘의 발동, 곧 그 자체로는 정당하지도 부당하지도 않은 폭력 ······ 이것은 바로 내가 몽테뉴와 파스칼이 권위의 신비한 토대라고 부르는 것을 단순한 주석을 넘어서 해석해보려고 하는 방향이다."(자크 데리다, 《법의 힘》, 진태원 옮김, 문학과지성사, 2004, 31~32쪽) 법의 신비한 토대는 샤롱이 한 말이기도 하다. "······ 법들과 관습들은 그것들이 정의롭기 때문이 아니라 법들이고 관습들이기 때문에 신뢰를 얻는다. 이것은 그것들의 권위의 신비한 토대다." (Pierre Charron, *De la sagesse*, Fayard, 1986, p.497)

시켰다. 그리고 사용은 많은 불완전성을 서서히 피하거나 고치기도 했는데, 우리는 신중함을 가지고도 이것에 아주 잘 대처할 수는 없을 것이다. 그리고 끝으로 체제를 변화시키는 것보다 그것의 불완전성이 거의 항상 더 견딜 만하다. 이는 산 사이를 돌아가는 큰길들이 사람들이 자주 다닌 덕분에 점차 하나가 되고 평탄해져서 그것을 따르는 것이 바위를 기어오르고 절벽 아래로까지 내려가면서 곧장 가는 것보다 훨씬 더 나은 것과 마찬가지다.

이것이 그들의 출생에 의해서도, 운에 의해서도, 공적인 일을 다루는 일에 임명된 것이 아니면서도 항상 어떤 새로운 개혁을 생각하는, 멋대로 행동하고 불안한 기질을 가진 사람들에게 내가 동의할 수 없는 이유다.[6] 그리고 만약 내가 이 글로 사람들에게 내가 이 같은 광기를 가진 것이 아닌지 의심하게 할 만한 아주 작은 가능성이라도 남겼다면 나는 이 글의 출판을 허용한 것을 유감스럽게 생각할 것이다. 나의 계획은 내 생각을 개혁하고[7] 전적으로 내 안에

[15]

---

6) 여기서 데카르트가 개혁에 비판적인 몽테뉴의 견해를 떠올리게 하는 말을 하는 것은 그가 철학의 개혁에 성공했다는 소문이 떠돌았기 때문이다. 소문에 의하면 데카르트는 독일 체류 시 장미십자회(Rose-Croix)에 결합했으며 장미십자회의 구성원들이 요구하는 개혁에 성공했다. 장미십자회는 학문에서뿐만 아니라 공적인 일에서도 개혁을 요구했다. 데카르트는 여기서 장미십자회가 주장하는 공적인 일에 있어서의 "개혁"에 대한 자신의 입장을 밝히고 있다. 그리고 그는 《방법서설》 3부의 끝부분에서 장미십자회가 주장하는 학문의 개혁과 자신이 무관하다는 것을 밝힌다.
7) 데카르트는 공적인 일에서와 달리 학문에서는 개혁이 필요하다고 생각했다. 그의 철학은 학문의 개혁으로 이해될 수 있다. 실제로 그는 자신의 철학적 사유가 가진 개혁적인 성격을 잘 인식하고 있었다. 그는 자기 철학의 새로움을 다음과 같은 말로 표현했다. "나에 앞서서는 아무도(*a nemine ante me*)······."(AT VII, 549) 또 《자연의 빛에 의

있는 토대[8] 위에 그것들을 구성하는 것 너머로 나아가지 않았다. 내가 이 일에 만족해 당신들에게 이 모델을 보여주지만 어떤 사람에게도 그것을 모방하라고 충고하고 싶지는 않다. 신의 은총을 더 많이 받은 사람들은 아마 더 높은 목표를 가질 것이다. 그러나 나는 나의 계획이 이미 많은 사람에게 너무 대담한 계획이 아닌지 두렵다. 그동안 우리가 믿음 안으로 받아들인 모든 의견을 버릴 결심은 각자가 따라야만 하는 예가 아니다. 그리고 세계는 서로 전혀 일치하지 않는 두 가지 종류의 정신으로만 거의 구성되어 있다. 먼저 실제보다 더 자신이 유능하다고 믿으면서 서둘러 판단하는 것을 억제하지 못하고 생각을 순서에 따라 이끌 충분한 인내심을 가지지 못

한 진리 탐구》의 집필 목적에서도 자기 사유의 개혁적인 성격을 드러낸다.

[8] "내 안에 있는 토대(fonds)"는 삶을 지도하는 데 필요한 인식과 윤리의 원천이다. 이것은 《자연의 빛에 의한 진리 탐구》에서는 "우리 영혼의 진정한 풍요로움"으로 표현된다. "나는 이것들을 이 작품에서 알려주고자 했고, 각자에게 자기 안에서 타인의 도움 없이 삶을 인도하는 데 필요한 모든 학문을 찾을 수단들을 제시하면서 우리 영혼의 진정한 풍요로움을 분명하게 보여주려고 했다."(AT X, 496) 정신의 자연적 풍부함(naturelles richesses)은 쿠자누스, 몽테뉴, 샤롱 그리고 데카르트의 공통된 주제다. 쿠자누스에 의하면 사람들은 책이 아닌 "자연적인 영양분으로부터(naturali alimento)" 지혜에 도달한다. Nicolas de Cues, *Dialogues de l'Idiot. Sur la sagesse et l'esprit*, PUF, 2011, p.40을 참조할 것. 그리고 몽테뉴는 다음과 같이 말한다. "정신은 스스로 자기 능력을 깨어나게 할 힘을 가졌다. 자연은 다른 모든 이의 정신과 마찬가지로 내 정신에게도 혼자 쓰기에 충분한 그 몫의 소재를 주었고, 착안하고 판단하는 데 쓸 만한 그 몫의 주제들을 넉넉히 주었다."(*Essais*, III, p.61) 마찬가지로 샤롱은 인간의 자연적 본성을 우리 삶의 충분하고 부드러운 주인으로 묘사한다. "확실히 우리 각각의 안의 자연은 모든 것에 있어 충분하고 부드러운 주인이다."(Pierre Charron, *De la sagesse*, Fayard, 1986, p.425) 그리고 그에 의하면, 자연의 빛을 따르는 것은 "내 안에 있는 가장 고상하고 풍요로운 것에 따라 행위하는 것"(같은 책, p.429)을 의미한다.

한 사람들이 있다. 이로부터 이 사람들이 단 한번이라도 그들이 받아들인 원리들을 의심하고 일반적인 길에서 벗어날 자유를 취한다면 그들은 결코 곧장 나아가려고 취하는 길을 택하지 못하고 평생 길을 잃은 채 살아갈 것이라는 결론이 나온다. 그리고 자신들을 가르쳤던 사람들보다 자신이 참과 거짓을 더 잘 구분할 수 없다고 판단할 만큼의 충분한 이성과 겸손함을 갖추고 있어서 스스로 최선의 의견을 찾기보다는 다른 사람들의 의견을 따르는 것에 만족해할 사 [16] 람들이 있다.

나에 대해 말하자면, 만일 내가 단 한 명의 선생만을 가졌거나 혹은 가장 학식 있는 사람들의 의견 사이에 언제나 존재하는 차이들에 대해 전혀 몰랐더라면 나는 의심의 여지 없이 후자 부류의 사람에 속했을 것이다. 그러나 나는 학교에 다니던 시절 이래로 우리가 어떤 철학자에 의해 말해지지 않은 아주 이상하고 터무니없는 것을 상상할 수 없다는 것을 배웠기 때문에, 또한 우리와 아주 반대되는 의견을 가진 모든 사람이 야만스럽거나 미개하지 않으며 그들 다수는 우리만큼 혹은 우리보다 더 이성을 사용한다는 사실을 여행을 다닌 이래로 인정하게 되었기 때문에, 또 어려서부터 프랑스인 혹은 독일인 사이에서 자란 한 사람이 동일한 정신을 가지고 중국인이나 식인종 사이에서만 살았다면 얼마나 다르게 되는지를 고려하면서, 그리고 우리 옷의 유행에 있어서조차 10년 전에 우리의 마음에 들었고 10년 후 다시 우리의 마음에 들 동일한 것이 지금 괴상하고 우스꽝스럽게 보인다는 것을 고려하면서―그러므로 확실한 인식이 아니라 관습과 선례가 우리를 설득한다. 그렇지만 한 사람이 혼자 그 진리들을 마주쳤다는 것이 하나의 민족 전체가 그것들을 마주쳤다는 것보다 더 그럴듯해 보이기 때문에 다수의 목소리가 발견하기 어려운 진리들을 위한 가치 있는 증거는 아니다—나는 다른 이들의 의견보다 더 선호되어야 할 것처럼 보이는 의견을 가진 어떤 사람도 선택할 수가 없었다고 나 자신을 스스로 이끌어야 했다.

[17] 그러나 나는 혼자 어둠 속에서 걷는 사람처럼 아주 천천히 가고 아주 조금 전진하더라도 최소한 넘어지지는 않을 정도로 모든 일을 조심스럽게 하기로 결심했다. 그리고 나는 내가 착수했던 저작의 기획을 실행하고 내 정신이 획득할 수 있는 모든 것에 대한 인식에 도달하기 위한 진정한 방법[9]을 찾는 것에 먼저 충분한 시간을 쏟기 전에는 이성에 의해 받아들여지지 않은 채 예전에 내 믿음 안으로 스며들어올 수 있었던 지난 의견 중 어떤 것도 전적으로 거부하려 하지 않았다.

나는 더 젊었을 때 철학의 분과 중 논리학을, 그리고 수학의 분과 중 기하학자들의 해석과 대수를, 즉 내 계획에 어떤 점에서 기여할 것으로 보이는 세 가지 기예 혹은 학문을 조금 연구했었다. 그러나 이것들을 검토하면서 나는 논리학의 삼단논법과 다른 도구 대부분

---

9) 〈규칙 4〉에서 방법은 인간 정신의 능력이 획득할 수 있는 가능한 모든 참된 인식을 위한 규칙으로 제시된다. "나는 방법을 확실하고 쉬운 규칙들로 이해한다. 이 규칙들을 정확하게 준수하는 사람은 누구나 어떤 거짓된 것을 참으로 취하지 않을 것이며, 정신의 노력을 쓸데없이 허비하지 않고 언제나 점진적으로 지식을 증대시키면서 그의 능력이 미치는 모든 것에 대한 참된 인식에 도달할 것이다."(AT X, 371~372)

은 어떤 것을 배우게 하기보다는 타인에게 사람들이 알고 있는 것
들을 설명하는 데, 혹은 루예의 기예처럼[10] 사람들이 자신들이 모
르는 것에 대해 아무 판단 없이 말하게 하는 데 쓰인다는 것에 주
목했다.[11] 논리학이 참되고 훌륭한 원칙들을 많이 포함하고 있지만

10) 루예 또는 룰루스(Raymond Lullus, 1232~1315)는 "간단한 기예(ars brevis)"를 통
해 어떤 주제에 대해서든지 원하는 만큼 이야기할 수 있다고 주장했다. 그의 저작
《일반적인 기예의 이미지인 짧은 기예(Ars brevis quae est imago Artis generalis)》
는 1481년 바르셀로나에서 출판되었다. 데카르트는 독일을 여행하던 중 루예의 간
단한 기예를 사용하는 한 사람을 만났다. 데카르트는 이 기예가 무지한 사람에게서
감탄을 끌어내는 것에나 적합하다고 말한다. 데카르트는 1619년 4월 29일에 비크
만(Beeckman)에게 보낸 편지에서 그와의 만남에 대해 다음과 같이 쓴다. "나는 사
흘 전에 도르드레흐트(Dordrecht)의 한 여인숙에서 학식이 있는 한 사람을 만났고
그와 함께 루예의 간단한 기예에 관한 대화를 나눴습니다. 그는 모든 주제에 대해
한 시간 동안 이야기하는 데 성공할 수 있도록 이 기예의 규칙들을 사용할 수 있다
고 자랑했지요. 그리고 같은 주제에 대해 한 시간 동안 더 말해달라고 요구한다면,
그리고 앞서 한 것들과 완전히 다른 설명을 찾아달라고 요구한다면, 그리고 이처
럼 스무 시간 계속해서……. 그는 다소 수다스러운 노인이었고 그의 지식은 책들로
부터 끌어온 것으로 뇌가 아니라 혀의 끝에 있었습니다. 그러나 내가 그에게 이 기
예가 거기서 논증들을 끌어오는 변증술의 부분들을 질서 있게 배치하는 것에서 성
립하는 것이 아니냐고 물었을 때, 그는 그것을 인정했습니다. …… 확실히 나는 그
가 진리를 표현하는 게 아니라 무지한 사람의 경탄을 불러일으키려고 이것을 말했
다고 의심합니다."(AT X, 164~165) 루예는 자신의 간단한 기예를 일종의 보편 학
문으로 제시했다. 카시러(Ernst Cassirer, 1874~1945)의 설명을 따르면, 그의 기예는
개념들을 정해진 종류들로 정리하고 이 개념의 종류들을 결합하는 것을 통해 개념
의 세계 전체를 획득하는 것에서 성립한다. 이 결합은 순전히 외적이고 우연적이다.
루예의 이른바 보편 학문은 개념들의 집적에 불과하다. 데카르트의 논리학과 루예
의 기예의 비교는 Ernst Cassirer, *Descartes*, Cerf, 2011, pp.33~34를 참조할 것.
11) 데카르트는 아리스토텔레스와 스콜라철학의 삼단논법이 내용과 무관하게 추론의
절차를 규정하는 형식논리학이라고 비판한다. 그가 보기에 삼단논법은 이미 알려
진 지식을 설명하는 것에 유용할 뿐 새로운 지식을 산출하지 않는다. 이와 달리 데
카르트의 논리학은 추론의 내용을 직접 산출한다. 그의 논리학에서 형식은 추론의

해롭거나 쓸데없는 다른 것들도 섞여있어서 두 가지를 분리해내는 것은 아직 윤곽이 잡혀있지 않은 대리석 덩어리로부터 디아나의 상이나 미네르바의 상을 끌어내는 것과 거의 마찬가지로 어렵다. 고대인의 해석과 현대인의 대수에 대해 말하자면, 이것들은 아주 추상적이고 유용하지 않을 주제로만 확장되었을 뿐 아니라 첫 번째 것은 항상 도형들을 고려하려 애써서 상상력을 몹시 피곤하게 만들[18] 지 않고는 지성을 사용하지 못한다. 그리고 후자는 몇몇 규칙과 숫자에 너무나 매달려서 정신을 계발하는 학문이 아니라 정신을 당황시키는 혼란되고 애매한 기예가 된다. 이것이 내가 세 가지 기예의 장점들을 포함하면서도 그것들의 결함으로부터 벗어난 어떤 다른 방법을 찾아야만 한다고 생각했던 이유다. 그리고 많은 법이 자주 악행들에 변명거리를 제공하기 때문에 엄격하게 준수되는 아주 적은 법만을 가지고 있는 국가가 더 잘 정돈되는 것과 마찬가지로, 나는 그것들을 단 한번도 어기지 않고 준수하려는 확고하고 지속적인 결의만 가지고 있다면 논리학을 구성하는 많은 수의 원칙 대신에 다음의 네 가지 원칙으로 충분하다고 생각했다.

....
　　형식이 아니라 직관과 연역에 의해 파악된 관념들 사이의 관계를 정신의 운동이 파악하는 것이다. 즉, 데카르트의 논리학은 관념의 내용에 직접 관계한다. "그러므로 변증론자들은 그러한 형식으로는 새로운 어떤 것도 인식하지 못한다. 이런 이유로 통상적인 변증론은 진리를 탐구하려는 욕망을 가진 사람들에게는 완전히 무용하며 기껏해야 가끔 이미 아는 것들을 다른 사람들에게 쉽게 제시하는 데 쓸모가 있을 뿐이다."(AT X, 406) 하지만 데카르트는 삼단논법이 청년의 지성을 훈련시키는 데 유용하다는 사실을 부정하지는 않는다.(AT X, 363~364)

첫 번째 원칙은 분명하게 그러하다고 인식하지 못한 어떤 것도 참으로 받아들이지 않는 것, 즉 성급한 판단과 편견을 철저하게 피하고 내 정신에 아주 명석하고 판명하게[12] 나타나서 내가 결코 의심할 이유가 없는 것만을 내 판단에 포함시키는 것이었다.[13]

두 번째는 내가 검토할 어려움 각각을 가능한 한 작은 부분으로, 그리고 그것들을 가장 잘 해결하려면 요구되는 것으로 나누는 것이었다.

세 번째는 단계에 따라 조금씩 가장 복합된 것에 대한 인식으로까지 올라가려고 가장 단순하고 인식하기 가장 쉬운 대상에서 시작하면서, 그리고 본성상 서로 앞뒤가 전혀 없는 것들에서조차 순서를 가정하면서 내 생각을 그 순서에 따라 이끄는 것이었다.[14] [19]

---

12) 이 두 용어의 기원은 데카르트가 아닌 스콜라철학에 있다. 예를 들면 스코투스(Duns Scotus, 1266~1308)와 생폴(Eustache de Saint-Paul, 1573~1640)에게서 발견된다. "명석하게"는 어둡지 않고 눈앞에 선명하고 확실하게 나타나는 것을 지시하는 단어이고, "판명하게"는 다른 것과 구분되어 나타나는 것을 지시하는 단어다. 이에 대해서는 René Descartes, *Œuvres complètes*, sous la direction de Jean-Marie Beyssade et Denis Kambouchner, III: Discours de la méthode/Dioptrique/Météores/La Géométrie, Gallimard, 2009, pp.629~630을 참조할 것.

13) 첫 번째 원칙은 〈규칙 3〉에서 제시된 직관의 정의와 연결된다. "나는 직관을 감각의 흔들리는 믿음이나 잘못 구성하는 상상력의 거짓된 판단이 아니라 순수하고 집중하는 정신의 개념, 즉 아주 쉽고 판명해서 우리가 인식하는 것에 대한 어떤 의심도 남아있지 않는 개념으로 이해한다. 또는, 같은 것이지만, 그것의 정신은 순수하고 집중하는, 그리고 의심의 여지가 없는 개념으로 이성의 빛에서만 유래한다."(AT X, 368)

14) 두 번째와 세 번째 원칙은 〈규칙 5〉의 제목에서 다음과 같이 설명된다. "방법 전체는 진리를 발견하려고 정신이 시선을 두어야 하는 것들의 순서와 배치에 있다. 그리고 단계적으로 분명하지 않고 모호한 명제를 단계적으로 더 단순한 것으로 환원

마지막 원칙은 아무것도 생략하지 않았다고 확신할 수 있을 정도로 어디서나 완전하게 열거하고 전체적으로 검토하는 것이었다.[15) 매우 어려운 증명에 도달하려고 기하학자들이 사용하는 이 전적으로 단순하고 쉬운 근거들의 긴 연쇄는 내게 인간이 인식할 수 있는 모든 것이 같은 방식으로 서로 잇따르며, 이렇게 잇따르지 않는 것을 참된 것으로 받아들이지 않고 다른 것으로부터 어떤 것을 연역하려고 필요한 순서를 지키기만 하면, 결국 도달하지 못할 정도로 아주 멀고 발견하지 못할 정도로 은폐된 것은 없다고 생각할 기회를 제공했다.[16) 그리고 나는 어떤 것에서 시작해야 하는지의 문제에 관해서는 큰 어려움을 겪지 않았다. 나는 이미 가장 단순하고

....
시키고 그 후에 가장 단순한 모든 것에 대한 직관으로부터 같은 단계를 통해 다른 모든 것에 대한 인식으로 상승하려고 노력한다면 우리는 이 방법을 정확하게 준수하는 것이다."(AT X, 379)

15) 네 번째 원칙은 〈규칙 7〉의 제목에서 다음과 같이 설명된다. "지식이 완결되려면 연속적이고 중단되지 않는 사유의 운동을 통해 우리의 계획에 속하는 전체와 개별적인 것들을 검토하고 모든 것을 충분하고 순서 잡힌 열거 속에 포함시켜야 한다."(AT X, 387)

16) 데카르트는 순서를 이미 주어진 형식이나 자연적인 것으로 고려하지 않는다. 그에 의하면, 정신은 직관에 주어진 가장 단순한 것에서 시작해서 연역을 거쳐 더 복잡한 것으로 나아가면서 순서를 고안 혹은 발견한다. 방법은 사물들을 순서에 따라 배치하는 것에 있다. 데카르트에게 순서의 배치는 존재의 질서 내지는 분류를 따르지 않는다. "이 명제는 모든 사물이 어떤 계열에 따라, 철학자들이 사물을 범주에 따라 나누는 것처럼 존재자의 어떤 유에 관계시키면서가 아니라, 하나의 것이 다른 것으로부터 인식될 수 있는 것으로서 배치될 수 있다는 것을 알려준다."(AT X, 381) 여기서 철학자들은 아리스토텔레스 철학의 전통에 속하는 철학자들이다. 이들에 의하면 존재하는 것은 범주에 따라 여러 가지로 말해진다. 데카르트의 방법은 이 같은 전통적인 존재 이해와 단절한다.

가장 인식하기 쉬운 것에서 시작해야 한다는 것을 알았기 때문이다. 이전에 학문에서 진리를 탐구했던 사람 중 오직 수학자들만이 어떤 증명을, 즉 어떤 확실하고 명증한 근거를 발견할 수 있었다는 사실을 고려하면서, 나는 그들이 검토한 동일한 것들[17]로부터 시작해야 한다는 것을 결코 의심하지 않았다. 나의 정신을 진리에 몰두시키고 잘못된 근거에 결코 만족하지 않는 습관을 갖도록 해주는 것 외에는 다른 유용성을 수학에서 바라지 않았는데도 말이다. 그렇다고 나는 사람들이 일반적으로 수학이라 부르는 개별 학문 모두[18]를 배우려고 계획하지 않았다. 수학의 대상은 다양하지만 모든 [20] 수학이 대상에서 발견되는 다양한 관계와 비례만을 고려한다는 점에서 일치하는 것을 보면서 나는 비례에 대한 인식을 더 쉽게 해줄 대상에만 이를 전제했고, 나중에 비례에 적합한 다른 모든 것에 적용하려고 비례를 이 대상에만 제한하지 않으면서 오직 비례 일반을 검토하는 것이 더 낫겠다고 생각했다.[19] 그리고 이 비례를 인식하

---

17) 확실하고 명증하게 인식될 수 있는 수학적 대상들.
18) 데카르트는 스콜라철학의 전통을 따라 천문학·음악·광학 등을 수학으로 분류했다.
19) 데카르트가 여기서 설명하는 "일반적으로 수학이라 부르는 개별적 학문"과 구분되는 학문은 보편 수리학을 가리킨다. 그는 《규칙》의 〈규칙 4〉에서 보편 수리학에 대한 개념적 정의를 제공한다. "그러나 이것을 주의 깊게 더 고찰해보면 그것에서 어떤 순서 내지 척도가 검토되는 이 모든 것이 수리학에 속한다는 점이—그러한 척도가 수·형태·별·소리 혹은 어떤 다른 대상에서 찾아져야 하는지는 중요하지 않다—그리고 그 결과로 어떤 특정한 주제에 한정되지 않으면서 순서와 척도와 관련해서 찾을 수 있는 모든 것을 설명하는 어떤 일반적인 학문이 있어야 한다는 점이 결국에 밝혀질 것이다. …… 이 학문은 …… 보편 수리학이라 불린다. 왜냐하면 이

려고 때로는 그것 각각을 개별적으로 고려해야 할 것이며, 때로는

....

학문은 그것에 의해 다른 학문들과 수학들이 부분이라 불릴 수 있는 모든 것을 포함하기 때문이다."(AT X, 378)
보편 수리학은 산술학이나 기하학과 구분되며 순서와 척도를 따르는 모든 대상을 자신의 외연으로 갖는다. 다시 말해, 보편 수리학은 순서와 척도에 따르는 모든 대상을 다루는 보편적인 학문이다. 이 학문의 대상은 별, 소리 등과 같은 자연학의 대상도 포함한다. 그러므로 보편 수리학은 수학적 예가 부분을 구성하는 것이 아니라 수학이 모든 다른 영역을 포함하는 학문으로 이해될 수 있다. 다시 말해, 보편 수리학은 수학의 철학적 토대로 이해될 수 있다. 그러므로 보편 수리학은 수학에 한정되는 일반적인 수학을 넘어선다. 데카르트는 1619년 3월 26일에 비크만에게 보낸 한 편지에서 이 일반적인 수학의 프로그램에 대해 설명한다. "내 기획의 목적을 당신에게 보여주려고 나는 대중에게 루예의 간단한 기예가 아니라 새로운 토대들을 가진 하나의 학문을 제공하고 싶습니다. 이 학문은 연속적이거나 불연속적인 양에 관해 우리가 제기할 수 있는 모든 질문을 일반적으로 해결할 수 있게 해줍니다. ...... 믿을 수 없을 만큼 야심적인 기획!"(AT X, 156~158) 비크만에게 알린 1619년의 야심적인 기획은 수학에 한정된 보편적인 학문이다. 이와 달리, 보편 수리학은 수학을 모델로 하는 비례를 갖는 대상에 일반적으로 적용되는 보편적인 학문이다. 그렇다면 보편 수리학과 방법은 어떤 관계에 놓여있는가?
보편 수리학의 규칙들은 순서(ordre)와 척도(mesure) 혹은 비례에 따라 대상을 탐구하는 방법이다. 그것들은 방법의 한 형태로 이해될 수 있다. 또 중요한 것은 데카르트의 보편 수리학이 〈규칙 4〉의 앞부분에서 제시된 "통상적인 수학"과 구분되며 "인간 이성의 첫 번째 기초(싹)들을 포함"하는 "어떤 다른 학문"과도 구분된다는 사실이다(AT X, 374). 이 "어떤 다른 학문"은 모든 가능한 학문과 인식을 정신의 단일성 위에 놓는 보편 학문이다.
2011년에 역사학자 리처드 서전트슨(Richard Serjeantson)에 의해 케임브리지 도서관의 장서에서 데카르트의 《규칙》의 알려지지 않았던 수고가 발견되었다. 그리고 12년의 기다림 끝에 2023년 7월 이 수고에 대한 편집본과 해설이 담긴 *René Descartes: Regulae ad directionem ingenii: An Early Manuscript Version*(Oxford, 2023)이 서전트슨과 마이클 에드워즈(Michael Edwards)에 의해 옥스퍼드에서 출판되었다. 케임브리지 수고는 《규칙》의 초기 버전으로 받아들여진다. 그런데 케임브리지 수고의 발견과 연구를 통해 알려진 가장 흥미롭고 중요한 사실은 케임브리지 수고의 〈규칙 4〉가 보편 수리학에 관한 내용을 포함하지 않는다는 것이다. 이 발견은 데카르트의 보편 수리학 이론이 《규칙》의 출발점도, 그의 방법의 출발점도 아니라는 해

단지 그것들을 기억하거나 여럿을 함께 포착하는 것이 필요할 것이 라는 점에 유념하면서, 나는 비례를 개별적으로 더 잘 고려하려면 그것을 선(線)에 있는 것으로 상정해야만 한다고 생각했다. 왜냐하면 나는 선보다 더 단순한 어떤 것도 발견할 수 없었고, 선보다 나의 상상력과 감각에 더 판명하게 나타낼 수 있는 어떤 것도 발견할 수 없었기 때문이다. 그러나 나는 비례를 기억하거나 여러 비례를 함께 포착하려면 그것들을 가능한 가장 간략한 기호로 설명해야 한다고 생각했다. 이 수단을 통해서 기하학적 해석과 대수의 가장 좋은 점을 얻을 수 있으며, 이 두 가지 학문 중 하나의 모든 단점을 다른 것으로 고칠 수 있다고 생각했다.

내가 선택한 이 원칙들의 정확한 준수는 이 두 학문이 대면하는 모든 문제를 해결하는 데 용이함[20]을 제공했다. 그 결과 원칙들을

석을 가능하게 만든다.

[20] 용이함 혹은 쉬움(facilité)은 데카르트의 방법과 인식에 대한 글에서 자주 등장하는 용어다. 직관은 정신의 쉽고 판명한 개념이다(AT X, 368). 또 방법은 확실하고 쉬운 규칙으로 이해될 수 있다. "나는 방법을 확실하고 쉬운 규칙들로 이해한다. 이 규칙들을 정확하게 준수하는 사람은 누구나 어떤 거짓된 것을 참으로 취하지 않을 것이며, 정신의 노력을 쓸데없이 허비하지 않고 언제나 점진적으로 지식을 증대시키면서 그의 능력이 미치는 모든 것에 대한 참된 인식에 도달할 것이다."(AT X, 371~372) 지성은 모든 종류의 진리를 동등한 쉬움을 가지고 인식한다. "그러나 참으로 알고 있는 사람은 단순한 대상에서 끌어냈든 아니면 모호한 대상에서 끌어냈든 간에 진리를 쉽게 식별해낸다는 점에 유의해야 한다."(AT X, 401) 인식의 쉬움은 무엇에 근거하는가? 명석하고 판명한 관념은 인간 정신의 본성에 적합한 것이기 때문에 쉽게 인식된다. 쉬움은 정신의 좋은 본성과 자발성의 표현이다. 어떤 것이 명석하고 판명하게 그리고 동시에 쉽게 인식되는 것은 이 인식이 우리의 본성에 적합하고 정신의 자발성을 표현하기 때문이다. 요컨대, 인식에서의 쉬움은 정신과 인

[21] 검토하는 데 사용한 두세 달 동안 가장 단순하고 가장 일반적인 것에서부터 시작하면서, 그리고 발견한 각 진리를 나중에 다른 진리를 찾기 위한 규칙으로 사용하면서, 이전에 매우 어렵다고 판단한 여러 문제를 해결했을 뿐만 아니라 마지막에 가서는 내가 알지 못하는 문제들을 어떤 수단을 통해 그리고 어디까지 해결하는 것이 가능한지 결정할 수 있을 것처럼 보였다고 나는 감히 말할 수 있다. 이 점에서 내가 아주 자만하는 것처럼 보이지 않을 것이다. 만일 당신이 각 사물에는 하나의 진리만이 존재하기 때문에 그것을 발견하는 사람이라면 누구나 다른 사람이 그것에 대해 아는 만큼 그것에 대해 안다는 것을, 예를 들어 산술을 배운 아이는 산술의 규칙을 따르면서 덧셈을 한 후에 자신이 검토한 합계에 대해 인간 정신이 발견할 수 있는 모든 것을 발견했다고 확신할 수 있다는 점을 고려한다면 말이다. 그도 그럴 것이 올바른 순서를 따르고 찾고자 하는 것의 모든 요소를 정확하게 열거하게끔 가르치는 방법은 결국 산술의 규칙에 확실성을 부여하는 모든 것을 포함한다.

그러나 내가 이 방법에서 가장 만족한 것은 이를 통해 모든 일에

식된 대상 사이의 적합성을 표현한다. 그리고 《방법서설》 3부에서 데카르트는 인식에서 방법의 사용이 가져다준 만족감에 대해 다음과 같이 쓴다. "이 방법을 사용한 이래로 나는 이 삶에서 이보다 더 부드럽고 순수한 만족감을 가질 수 있다고 생각할 수 없을 정도로 극도의 만족감을 느꼈다."(AT VI, 27) 이처럼 데카르트의 방법과 인식 이론에 의하면 인식은 정서적 차원을 포함한다. 쉬움은 부드러움, 쾌감과 같은 정서와 연결된다. 이 같은 데카르트의 쉬움 개념은 휴머니스트적 전통에서 이해되어야 한다. Frédéric Lelong, *Descartes et la Question de la Civilité*, Honoré Champion, 2020 pp.93~100을 참조할 것

서 나의 이성을 완전하게는 아니지만 적어도 내 힘이 닿는 한 잘 사용하고 있다고 확신할 수 있었다는 점이다. 게다가 나는 이 방법을 실천하면서 내 정신이 점점 더 명확하고 판명하게 대상들을 인식하는 데 익숙해진다는 것을 느꼈고, 어떤 개별적 문제에 이 방법을 제한하지 않으면서 내가 대수의 어려운 문제에 유용하게 이 방법을 적용했던 것처럼 다른 학문의 어려운 문제에도 이 방법을 마찬가지로 유용하게 적용하기를 기대했다. 그렇다고 해서 내가 나타날 수 있는 모든 어려운 문제를 검토하는 것을 처음부터 감히 시도한 것은 아니었다. 왜냐하면 이것 자체가 방법이 규정하는 순서에 반대되기 때문이다. 그러나 학문의 원리를 내가 아직 확실한 원리를 찾지 못한 철학에서 끌어와야 한다는 사실에 주의하면서, 나는 무엇 [22] 보다 우선 철학의 원리를 세우려 노력해야 한다고 생각했다.[21] 그

---

21) 1619년에 스물세 살의 데카르트는 나중에 더 성숙한 나이에 이르면 철학의 새로운 원리들 혹은 토대들을 세울 것을 결심한다. 그렇다면 1619~1620년의 경탄할 만한 학문에 대한 영감은 "전-형이상학적"(Henri Gouhier, *Les Premières pensées de Descartes*, Vrin, 1979, p.91)이었고, "형이상학에 대한 희미한 느낌"(Roger Lefèvre, *La vocation de Descartes*, PUF, 1956, p.118)을 가지고 있었을 뿐이고 "수학적이거나 자연학적 발견에 머무는 것"(같은 책, p.129)이었는가? 혹은 그것은, 알키에가 말하는 것처럼, 혼란스럽고 나중에 비판될 범신론적 자연주의의 영향 아래에 있는 것인가?(Ferdinand Alquié, *La découverte de l'homme chez Descartes*, PUF, 1950, pp.45~46, 71). 이 주제에 대해서는 Édouard Mehl, *Descartes en Allemagne*, Presses Universitaires de Strasbourg, 2001, pp.15~83을 참조할 것. 혹은 1619~1620년의 발견은 여러 연구자의 해석처럼 방법의 발견인가? 이에 대해서는 Geneviève Rodis-Lewis, *Le developpement de la métaphysique de Descartes*, Vrin, 1997, p.48을 참조할 것. 그러나 그가 발견한 1619~1620년의 경탄할 만한 학문은 이미 수학적 학문과 방법을 넘어서며 형이상학적 원리를 포함한다. 경탄할 만한 학문에 대한 영감은 모든 인식이

리고 나는, 이것이 세상에서 가장 중요한 일이고 이 일에서는 속단과 편견을 가장 두려워해야 하기 때문에, 그것을 실행하려 해서는 안 되고, 그때의 나의 나이였던 스물세 살보다 더 성숙한 나이에 이르러야만 한다고 생각했으며, 그 이전에 받아들인 모든 나쁜 의견들을 나의 정신에서 뿌리 뽑고 나중에 내 추론의 재료가 될 수 있는 다양한 경험을 쌓으면서, 그리고 내가 그것의 사용에서 점점 더 확고해지려고 내가 규정한 방법을 따르는 것을 항상 연습하면서, 철학의 확실한 원리들을 세우는 일을 준비하는 데 먼저 많은 시간을 사용해야 한다고 생각했다.

....
정신의 단일성에서 유래한다는 사실에 대한 영감이다. 1619~1620년의 영감은 모든 가능한 인식과 학문을 정신의 단일성으로 가져오는 보편 학문에 대한 영감이다. 그러므로 1619~1620년의 발견은 이미, 비록 미약하고 불충분한 형태이지만, 정신과 코기토의 형이상학의 발견으로 간주될 수 있다. 1629년은 데카르트가 《형이상학 논고》(이하 《논고》)를 쓰기 시작한 해다. 그러므로 1629년의 형이상학은 1619~1620년의 형이상학과 정신의 단일성에 대한 사유를 반복하면서 발전시킨 것으로 해석될 수 있다.

Discours de la méthode

3부

그리고 끝으로[1], 사람들이 거주하고 있는 집을 다시 건축하기에 앞서 그것을 무너뜨리고 재료를 마련하고 건축가를 준비하거나 혹은 스스로 건축할 능력을 기르고, 더 나아가 집의 도면을 세심하게 그리는 것을 넘어 집을 짓는 동안 편안하게 머물 수 있는 어떤 다른 집도 필요하다. 이와 마찬가지로, 이성이 나를 판단에서 결단성 없게 하는 동안에도 내가 우유부단하게 행동하지 않으려고 그리고 그 시간 동안 할 수 있는 한 행복하게 사는 것을 그만두지 않으려고, 나는 세 개나 네 개의 준칙으로 이루어진 하나의 임시 도덕을 스스로 형성했다.[2] 이에 대해 여러분에게 말하고자 한다.

첫 번째 준칙은, 어려서부터 내가 그 안에서 교육받도록 신이 축 [23]

---

1) 2부의 결론으로 3부가 시작하는 것처럼 보인다. 어떤 의미에서 3부에서 제시되는 임시 도덕이 방법의 결과인가? 데카르트는 이것을 분명하게 보여주지 않는 것처럼 보인다.
2) 임시 도덕은 임시적인 것(provisoire), 즉 나중에 폐기되어야 할 것을 의미하지 않는다. 《방법서설》의 임시 도덕은 1645년 이후 데카르트의 저작에서 다시 등장한다. 그는 1645년 8월 4일에 엘리자베트 공주에게 보낸 편지에서 다음과 같이 쓴다. "제가 《방법서설》에서 제시했던 세 가지 도덕 준칙과 관련이 있는 세 가지를 지킨다면, 저는 누구나 외부의 도움 없이 스스로 자신에 대해서 만족할 수 있다고 생각합니다. 첫째, 삶의 모든 환경 속에서 무엇을 해야 하고 하지 말아야 하는지 알려면 자신이 할 수 있는 한 최선을 다해 자신의 정신을 사용하도록 항상 노력해야 합니다. 둘째, 정념이나 욕구에 의해서 벗어나지 않고 이성이 권고한 무엇이든지 수행하겠다는 확고하고 지속적인 결의를 가져야 합니다. 저는 덕(vertu)이 정확하게 이 결의를 확고하게 고수하는 데에 있다고 믿습니다. …… 셋째, 자신이 할 수 있는 최대한의 이성을 통해서 자신을 인도하는 동안, 자신이 가지고 있지 않은 모든 좋은 것은 모두 자신의 능력 바깥에 있다는 것을 명심해야 합니다. 이런 식으로 우리는 그것들을 욕망하지 않는 것에 익숙해질 수 있을 것입니다."(AT IV, 265~266)

복을 내려주신 종교를 계속 유지하면서 그리고 내가 함께 살아가야 할 사람 중 가장 분별 있는 사람들에 의해 실천에서 공통적으로 받아들여질 가장 절제되고 과도함에서 가장 멀리 떨어진 의견들을 따라 다른 모든 일에서 나를 이끌면서, 내 나라의 법과 관습에 복종하는 것이었다.[3] 의견 모두를 검토하기로 마음먹었기 때문에 그것들을 아무것도 아닌 것으로 여기길 시작하면서, 나는 가장 분별 있는 사람들의 의견들을 따르는 것보다 더 잘할 수 없다고 확신했다. 아마 페르시아인이나 중국인 중에도 우리만큼이나 매우 분별 있는 사람들이 있겠지만, 내가 함께 살아가야 할 분별 있는 사람들을 따르는 것이 가장 유용한 것처럼 보였으며, 무엇이 진정한 의견인지 알려고 그들이 말한 것보다는 실천한 것에 주목해야만 하는 것처럼 보였다. 이는 우리의 풍속이 타락해 자신이 생각하는 모든 것을 말하길 원하는 사람이 매우 적기 때문만이 아니라 많은 사람이 자신이 믿는 것에 대해 알지 못하기 때문이기도 하다. 그도 그럴 것이 사람이 한 사물을 믿게 해주는 사유 행위와 사람이 그것을 믿는다고 인식하게 해주는 사유 행위는 다르기에, 하나 없이도 다른 하

---

[3] 몽테뉴와 샤롱에게서 이미 자신이 속한 나라의 종교와 법률들에 대한 충실성이라는 주제가 발견된다. "요컨대, 우리 품행의 규율을 우리 자신에게서 끌어낸다면 얼마나 혼란스럽겠는가! 우리의 이성이 가장 그럴듯한 것으로 우리에게 충고하는 것은 각자가 일반적으로 자기 나라의 법에 복종하라는 것이다."(*Essais*, p.578) 샤롱은 이 주제를 규칙으로 만든다. "지혜로운 자들에 의하면, 규칙 중의 규칙은 우리가 살고 있는 나라의 법들과 관습들을 따르고 준수하는 것이다."(Pierre Charron, *De la sagesse*, Fayard, 1986, p.497)

나가 자주 성립한다.[4] 그리고 동등하게 받아들여진 여러 많은 의견 중 나는 가장 절제된 것을 선택했다. 가장 절제된 것이 실천하기에 항상 가장 편리하고, 모든 과도함은 대개 나쁜 것이기에, 아마도 최선의 것이기 때문이다. 또 이렇게 하는 것이 내가 실수했을 경우에 극단적인 것 중 하나를 선택했는데 따라야 했을 것이 다른 것이었을 경우보다 참된 길에서 조금 벗어나기 때문이다. 그리고 특히 나 [24] 는 자유의 어떤 부분을 포기하게 만드는 모든 약속을 과장된 것으로 간주했다. 이것이 우리가 어떤 좋은 계획이나 거래의 확신을 위한 대단치 않은 계획을 가지고 있을 때 이것을 지속하게 강제하는 맹세나 계약을 약한 정신의 불안전성을 치유하려는 목적으로 허용하는 법을 부인했음을 뜻하지 않는다. 그러나 나는 세상에 언제나 동일한 상태에 머무는 어떤 것도 보지 못했기 때문에, 그리고 나 개인에 대해 말하자면, 나는 점차 나의 판단을 더 나쁘게 만들지 않고 완전하게 하려고 결심했기 때문에, 만약 내가 한때 어떤 것을 승인

---

4) 데카르트는 여기서 의식의 두 수준, 즉 판단의 실행과 이 판단에 대한 재인식(reconnaissance)을 구분한다. 라틴어 번역이 의미를 더 분명하게 드러낸다. "그것에 의해 어떤 것을 좋거나 나쁜 것으로 판단하는 정신의 행위와 그것에 의해 우리가 그렇게 판단했다고 인식하는 행위는 다르다(est enim alia actio mentis per quam aliquid bonum vel malum esse judicamus, et alia per quam nos ita judicasse agnoscimus)." 후자는 전자에 대한 반성적 사유다. 이에 대해서는 AT VII, 160을 참조할 것. 그러나 많은 사람이 자신이 생각하는 것에 대해 알지 못한다. 반성적 의식 없이 가지고 있는 의견, 즉 자신이 믿는 것이 무엇인지 알지 못하면서 가지고 있는 의견은 편견이다. 이에 대해서는 René Descartes, *Œuvres complètes*, sous la direction de Jean-Marie Beyssade et Denis Kambouchner, III: *Discours de la méthode* et *Essais*, Gallimard, 2009, pp.635~636을 참조할 것.

했다는 이유로 그것이 좋은 것이길 멈추고 또는 내가 그것을 좋은 것으로 평가하기를 그만둔 후에도 그것을 여전히 좋은 것으로 간주해야만 한다면, 나는 양식에 반하는 큰 잘못을 저지르게 될 것이라고 생각했다.

나의 두 번째 준칙은, 나는 내 행위에서 가능한 한 아주 확고하고 단호해야 하며 매우 의심스러운 의견조차 한번 따르기로 결정했다면 그것이 아주 확실했었을 때만큼이나 계속해서 따라야 한다는 것이었다.[5] 이 문제에서 나는 어떤 숲에서 길을 잃었을 때에 한번은 이쪽으로 또 한번은 저쪽으로 맴돌면서 방황해서도 안 되고, 어떤 한 장소에 멈춰도 안 되며, 일단 한쪽으로 방향을 선택했으면 그 선택이 처음에는 우연에 불과했더라도 항상 같은 방향으로 할 수 있

---

[5] 데카르트가 1638년 4월에 폴로(Alphonse Pollot, 1602~1668)에게 보낸 편지에서도 이 생각이 발견된다. "사람들은 판단에서 결단을 내리지 못하고 있을 때에도 행위에서는 결단력이 있어야 합니다. …… 행위와 관련된 결단과 단호함."(AT II, 28) 이 확고한 결의의 규칙은 샤롱이 《지혜에 대하여》에서 제시한 확고한 결의의 규칙으로부터 직접 영향 받은 것으로 보인다(Pierre Charron, *De la sagesse*, Fayard, 1986, p.33). 샤롱은 완전성의 세 번째 단계를 자연을 따르려는 "높은 결의와 습관"으로 규정한다(같은 책, p.431). 그리고 선한 인간(homme de bien)에 대해서는 다음과 같이 쓴다. "나는 인간이 선하고 올바름과 진실성(prud'homie)을 향한 굳세고 확고한 의지를 가지길 원한다. 이것은 자기 자신에 대한 사랑을 위해서이고 그가 인간이기 때문이다. …… 이처럼 그의 진실성은 그에게 고유하고 내적이고 본질적인 것이다."(같은 책, p.421) 또 데카르트에 의하면 관대함은 자유로운 의지를 소유하고 있다는 의견에서가 아니라 그것을 잘 사용하려는 태도와 결의에서 성립한다. 이 관대한 태도(disposition)는 샤롱의 진실성에서 가장 정확하고 직접적인 선행자를 갖는다. 이에 대해서는 Denis Kambouchner, De la prud'homie à la générosité, *Cheminer avec Descartes*, Garnier, 2018, pp.393~406을 참조할 것.

는 한 곧바로 걸어가야 하고, 또 사소한 이유로 방향을 바꾸어서는
안 되는 여행자들을 모방했다. 이 수단을 통해 여행자는 원하는 곳
으로 정확하게 가지는 못하더라도 적어도 어떤 곳에 결국은 도착할 [25]
것이며, 이는 아마도 숲의 한가운데에 있는 것보다는 더 나을 것이
다. 그리고 이처럼 삶에서 행위들은 어떤 유예도 허용하지 않기 때
문에 가장 참된 의견을 구별하는 것이 우리 능력 밖에 있을 때 우
리가 가장 개연적인 것을 따라야 한다는 것은 매우 확실한 진리다.
그리고 어떤 의견이 다른 의견보다 더 개연적인지 확실히 알 수 없
을 때에도 어떤 것을 선택해야 하며, 나중에 그것을 실천과 관련되
는 한 더는 의심스러운 것이 아니라 그것을 결정하게 만든 근거가
아주 참되고 확실한 것이기 때문에, 아주 참되고 확실한 것으로 고
려해야 한다는 것도 매우 확실한 진리다. 이 준칙을 따른 이래로 나
는 나중에 마음을 바꾸어서 나쁜 것으로 판단하게 될 것을 좋은 것
으로 여기고 실천하는 모든 허약하고 흔들리는 정신을 가진 자들의
양심을 동요하게 하곤 하는 후회와 회한에서 벗어났다.[6]

----

6) 양심에 대한 이 견해는 몽테뉴와 샤롱을 선행자로 갖는다. 몽테뉴는 양심을 종교적
이고 성사적인 관점이 아니라 윤리적이고 철학적인 관점에서 고려한다. "나는 드물
게만 후회하고 나의 양심은 천사의 양심이나 말의 양심으로서가 아니라 한 인간의
양심으로서 스스로 만족한다."(*Essais*, p.806) 몽테뉴에게 양심은 자기 자신과의 일
치에 대한 의식이며 후회와 회한은 자기 자신과의 불일치에 대한 의식이다. 그에
게 양심은 외적 규범 내지는 강제에 대한 반응을 의미하지 않는다. 양심은 우리 안
에 자신의 근원을 가지며 "우리 이성의 강화를 통해 스스로 개선되어야 한다."(같
은 책, p.816) 그는 양심을 나의 본성 혹은 내 안의 이성과 일치하는 것으로 이해한
다. "나는 항상 전력을 다해 행위하고 한걸음에 내딛는다. 나는 나의 이성에 은폐되

나의 세 번째 준칙은 언제나 운이 아니라 나 자신을 지배하려고 노력하고, 세계의 질서가 아니라 나의 욕망을 변화시키려 노력하며, 전적으로 우리의 능력 안에 있는 것은 우리의 사유뿐이기 때문에 외적인 일에 최선을 다한 뒤에 성공하지 못한 것은 우리에게 전적으로 불가능한 것이었다고 믿는 것에 일반적으로 익숙해지려고 노력하는 것이었다.[7] 이 준칙만으로도 내가 장차 얻을 수 없는 어떤

거나 이성을 피하는 행위를 전혀 하지 않으며, 내 존재의 모든 부분이 분열도 내적 갈등도 없이 동의해주지 않는 행동이라면 나서지도 않는다. 나의 판단은 그것에 대해 전적으로 비난하거나 칭찬한다."(같은 책, p.812) 몽테뉴는 인간적인 양심에 스콜라적 양심을 대립시킨다. 스콜라적 양심은 "피상적이고 평범하고 의례적인 회개"(같은 책, p.813)를 동반한다. 이와 달리 몽테뉴에게 후회는 자신의 "고유하고 지배적인 형식"(같은 책, p.811)과의 불일치에서 오며 "나를 더럽히는 전체적인 얼룩"(같은 책, p.813)에 대한 의식이다.
샤롱에게 자신에 일치하는 삶은 내 안의 이성 혹은 자연을 따라 사는 것을 의미한다. 그리고 이성과 자연의 법은 보편적인 느낌, 즉 양심으로 우리에게 알려진다. Pierre Charron, *De la sagesse*, Fayard, 1986, pp.401~402(AT II, 12, 541)를 참조할 것. 양심은 우리 의지의 탈선을 드러내고 고발하고 그것에 저항하게 만든다. 다시 말해, "양심은 우리에 대항해 우리를 생산한다."(같은 책, p.541) 양심은 자신에 의한 자신의 지배를 의미한다. 이것을 따르는 것은 건강한 신체를 갖는 것과 같다. "자신의 의지와 좋은 양심, 즉 전체적으로[전적으로] 좋고 건강한 것."(같은 책, p.421) 그래서 샤롱은 이 같은 좋은 양심의 지배가 부드럽고 자연스럽고 그리고 인간적이라고 말한다. 양심을 따르는 사람, 즉 휴머니티에 일치하는 삶은 즐거움과 평화, 환희 그리고 만족으로 가득 차 있다. 같은 책, p.541을 참조할 것. 몽테뉴와 샤롱은 니체의 주권적 인간의 양심 개념을 선취했다. 이에 대해서는 프리드리히 니체,《선악의 저편·도덕의 계보》, 김정현 옮김, 책세상, 2002, 397~399쪽을 참조할 것.

7) 1638년 4월 폴로에게 보낸 한 편지에서 데카르트는 우리가 최선을 다해 얻으려 노력했지만 실패한 것을 "우리에게 전적으로 불가능한 것"으로 고려한다는 세 번째 준칙을 다음과 같이 설명한다. "전적으로 우리의 능력 안에 있는 것은 오직 생각(사유)뿐입니다. …… 게다가 '전적으로'라는 말로, 그리고 그것에 이어지는, 즉 우리가 외적

것도 욕망하지 않고 그렇게 해서 나를 만족스럽게 만들기에 충분
해 보였다. 왜냐하면 의지는 자연스럽게 지성이 어떤 방식으로 가 [26]
능한 것으로 보여주는 것에 대한 욕망으로만 향하기 때문에, 우리
외부에 놓여있는 모든 좋은 것을 우리의 능력으로부터 똑같이 멀
리 떨어져 있는 것들로 고려한다면, 우리는 태어나면서 당연히 가
져야 한다고 여겨지는 것들을 아무 잘못을 저지르지 않고도 갖지
못하게 되었을 때 중국이나 멕시코 왕국을 소유하지 못했을 때보다
더 큰 회한을 갖지 않을 것이라는 점은 확실하다. 그리고 사람들이
말하듯이 필연성을 덕으로 삼는다면[8], 우리가 지금 다이아몬드처
럼 잘 부패하지 않는 물질로 된 신체를 갖거나 새처럼 날기 위한 날
개를 욕망하지 않는 것만큼이나 아프면서 건강하길 욕망하지도 않
고 감옥에 있으면서 자유롭길 욕망하지도 않을 것이라는 점은 확실
하다.[9] 그러나 나는 이 관점에서 모든 것을 고찰하는 것에 익숙해

인 사물들에 대해 최선을 다했을 때 우리가 성공하지 못한 것은 우리에 관해 '전적으
로 불가능하다'는 말로, 나는 외적인 것들이 전혀 우리의 능력 안에 있지 않다는 것
을 이야기하려 했던 게 아닙니다. 나는 단지 외적인 것들이 우리의 능력 안에 있다
면 그것은 절대적으로나 전적으로가 아니라 그것들이 우리 생각(사유)을 따르는 것
으로서라는 사실을 이야기할 따름입니다. 왜냐하면 우리 밖에는 우리 계획의 결과를
방해하는 다른 힘들이 존재하기 때문입니다."(AT II, 28)
8) 스토아학파에 의하면, 모든 사건은 앞선 원인의 필연적 결과이며 자연 안의 모든 것
은 필연적으로 결정되어 발생한다. 이 학파는 우리의 능력에 의존하는 것은 오직 우
리에게 일어나는 사건에 대한 태도뿐이라고 가르친다. 스토아학파는 덕이 필연을 받
아들이는 것에서 성립한다고 주장한다.
9) 이는 우리에게 불가능한 것으로 판단되는 것을 욕망하지 않아야 한다는 것을 뜻한
다. 이에 대한 근거는 6부의 각주 5를 참조할 것.

지려면 오랜 훈련과 자주 반복된 성찰이 필요하다는 사실을 인정한다. 그리고 나는, 예전에 운의 지배에서 벗어날 수 있었고 고통과 빈곤에도 신들과 행복에 대해 겨룰 수 있었던 철학자들의 비밀은 주로 이것에 있었다고 생각한다.[10] 실제로 그들은 자연이 그들에게

---

10) 데카르트에게 좋은 삶의 추구는 하나의 원리를 요구한다. 그리고 만일 덕과 그것에 따르는 정신의 만족감이 바로 이 원리라면 그것은 원리가 되기 위한 조건을 만족시켜야 한다. 제일원리는 자신에게 의존하는 모든 것에 앞서 발견되어야 하며 그것으로부터 독립적이어야 한다. 데카르트는 좋은 삶의 추구에 요구되는 제일원리를 모든 좋은 것의 불가능에도 불구하고 우리 정신에 남아있는 선(bien)으로 여겼다. 이 좋음이 최고선이며 이것을 따르는 것은 행복을 위해 충분하다. 만일 인간 정신의 본성에 이 같은 최고선이 존재하며 그것을 따르는 것에서 큰 만족감을 얻을 수 있다면 어떤 불행에 처한 사람이라도 자기 자신에 대한 존중과 만족을 잃지 않을 수 있을 것이다.
실제로 이 같은 종류의 만족감을 확인해야 할 필요성이 1645년에 데카르트와 엘리자베트 사이의 서신 교환의 배경을 이룬다. 질병과 같은 불행에 처해 있는 덕스러운 사람은 자신이 누릴 가치가 있는 최고의 지복(souveraine félicité)을 어떻게 획득할 수 있을까? 데카르트에 따르면 이 행복은 헛되게 운에서 찾아질 수 없고 오직 우리 자신 안에서만 얻어질 수 있다. "진정한 철학은 가장 슬픈 재앙과 쓴 고통 속에서도 우리가, 어떻게 이성을 사용하는지만 알 수 있다면, 항상 만족할 수 있음을 가르쳐준다."(AT VI, 266) 그가 엘리자베트에게 세네카의 《행복한 삶에 대하여》를 읽길 권한 것은 바로 이런 종류의 행복에 이르는 길에 대해 설명하기 위해서다. 데카르트는 행복을 "정신의 완전한 만족감 그리고 내적 충족"으로 설명한다. "이처럼 행복하게 산다는 것은 완전하게 만족스럽고 충족된 정신을 갖는다는 것 말고는 다른 것이 아니다."(AT IV, 315)
이 고유한 만족의 가능성을 드러내려면 외적인 것에 의존하는 모든 선을 배제 또는 환원시키는 일종의 "방법론적 비참"이 요구된다. 데카르트가 제기하는 질문은 모든 가능한 비참에도 불구하고 우리 인간 정신에서 분리될 수 없는 만족의 가능성은 무엇인가다. 데카르트는 엘리자베트 공주에게 그녀가 비록 현재 질병으로 인해 이전에 비해 비참한 상황에 빠져있기는 하지만 그녀의 정신에는 여전히 이전과 마찬가지로 이성에 따른 삶에서 오는 만족의 가능성이 속해 있다는 사실을 말한다. 이 상황은 방법론적 회의가 개방하는 인식론적 비참의 상황과 유사하다. 데카르트가 《방

정해놓은 한계를 고찰하는 것에 끊임없이 전념하면서 자신의 사유 외에는 어떤 것도 자신의 능력 안에 있지 않다는 것을 완전히 확신했으므로 이것만으로도 마음이 다른 것에 이끌리는 것을 막기에 충분했다.[11] 그리고 그들이 자신들의 사유를 아주 절대적으로 지배했던 만큼, 이 철학이 없어 자연과 운의 큰 혜택을 받고도 자신들이 원하는 모든 것을 그들처럼 지배하지 못하는 다른 어떤 사람들보다 더 부유하고 더 강하고 더 자유롭고 더 행복하다고 그들 자신을 평가한 것은 나름의 근거가 있는 것이었다.[12] [27]

《방법서설》과 《성찰》에서 형이상학적이고 과장된 의심에도 불구하고 의심될 수 없는 첫 번째 진리로 생각하는 나의 존재를 발견한 것처럼, 그는 자신의 윤리학에서 모든 가능한 비참에도 불구하고 바탈될 수 없는 순수한 영혼의 내적 만족의 가능성을 확인한다. 데카르트는 우리가 이성의 조언을 따르면서 "최선으로 판단한 것만을 따르는 결의"를 가지고 행동한다면 그 결과에 오류가 있을지라도 우리가 정신의 만족을 얻는 데 충분하다고 말한다. "오직 덕만이 우리가 이 세계에서 만족할 수 있게 해주는 데 충분하다."(AT IV, 266~267) 이 주제에 대해서는 이재훈, 〈데카르트 윤리학에서 행복과 최고선의 문제: 인간의 완전성과 행복〉, 《철학》 132집, 한국철학회, 2017, 31~56쪽을 참조할 것.

11) 데카르트가 세 번째 준칙에서 표명하는 의견은 스토아 사상에서 유래한다.
12) 데카르트는 여기서 자기 존중에서 오는 만족감에 대해 말하고 있다. 자기 존중의 근거가 되는 가치는 무엇인가? 데카르트는 《정념론》에서 자기 존중의 근거를 아는 것은 지혜의 중요한 부분 중 하나라고 말한다. "지혜의 가장 주요한 부분 중 하나는 어떤 방식으로 그리고 무슨 이유로 각자가 스스로를 존중하거나 멸시해야 하는지를 아는 것이다. …… 나는 우리 안에서 우리를 존중하게 하는 정당한 근거를 주는 것으로 오직 하나의 것을 주목한다. 그것은 자유의지의 사용과 우리 의지에 대한 지배력이다. 자유의지에 의존하는 행위들만이 우리가 칭찬받거나 비난받을 수 있는 정당한 근거이고, 자유의지는 우리를 우리 자신의 주인으로 만들면서 우리를 어떤 방식으로 신과 유사하게 만든다."(AT XI, 445) 왜 자유의지의 사용만이 자신을 존중하게 하는 정당한 근거를 주는가? 그것은 자유의지의 사용은 전적으로 우리에

끝으로, 이 도덕의 결론에 대해 말하자면, 나는 최선의 것을 선택하려 노력하려고 인간이 이 삶에서 행하는 다양한 활동을 검토해보기로 했다. 다른 사람들의 활동에 대해서는 말하고 싶지 않았기에, 나는 내가 하던 활동을 계속하며 나의 모든 삶을 내 이성을 계발하고 내가 규정한 방법을 따르면서 할 수 있는 한 진리 인식에서 전진하는 것에 사용하는 것이 제일 낫다고 생각했다. 이 방법을 사용한 이래로 나는 이 삶에서 이보다 더 부드럽고 순수한 만족감을 가질 수 있다고 생각할 수 없을 정도로 극도의 만족감을 느꼈다. 그리고 매일 이 방법을 사용하면서 아주 중요하지만 일반적으로 사람들에게 알려지지 않았던 몇 가지 진리를 발견하게 되었는데, 이로써 내가 가지게 된 만족감은 이것 외의 다른 어떤 만족도 내게 감동을 주지 못할 정도로 내 정신을 가득 채웠다.[13] 게다가 앞선 세 가지 준

게 의존하기 때문이다. 우리에게 의존하지 않는 것, 즉 외부로부터 우연적 방식으로 우리에게 주어진 것은 우리를 존중하거나 경멸할 정당한 근거가 되지 않는다. 의지는 모든 가능한 외적 요인으로부터 전적으로 자유로운 능력이어서 그것들에 의해 규정되지 않는다. "그러나 의지는 그것의 본성에 있어 너무나 자유로워서 결코 강요될 수 없다."(AT XI, 359) 그러므로 의지의 자유가 가장 큰 영혼의 힘이다.
이처럼 자기 존중의 대상은 경이로움을 불러일으키는 영혼의 크기 내지는 강함이다. 그리고 데카르트는 1639년 12월 25일에 메르센에게 보낸 편지에서 이 영혼의 힘, 즉 의지의 힘이 무한하다고 말한다. "각각의 사람이 자신이 인식할 수 있는 모든 완전성을 가지고자 하는 욕망 그리고 결국 우리가 신 안에 있다고 믿는 모든 완전성은 신이 우리에게 한계 없는 의지를 주었다는 것에서 옵니다. 그리고 우리 안에 있는 무한한 의지 때문에 우리는 그가 우리를 자신의 형상(이미지)으로 창조했다고 말할 수 있습니다."(AT II, 628) 임시 도덕의 세 번째 원칙, 즉 단호한 결의의 원칙은 자기 존중의 근거로 이해될 수 있다. 그렇다면 임시 도덕이 이미 철학의 제일원리인 코기토에 대한 생각을 함축하고 있다고 볼 수 있다.

칙은 오직 나를 지도하려는 계획으로 세워졌다. 신은 우리 각자에게 진리와 거짓을 구분하는 어떤 빛[14]을 주었기 때문에, 만일 내가 때가 되었을 때 타인의 의견을 검토하는 데 나의 고유한 판단을 사용할 생각이 없었더라도, 한순간도 그 의견에 만족해야만 한다고 생각할 수 없었을 것이다. 그리고 만일 내가 최선의 것들을—그런 것들이 있다면—찾을 어떤 기회도 잃지 않기를 바라지 않았다면, 나는 다른 사람의 의견을 따르면서 불안에서 벗어나지 못했을 것이다. 끝으로, 만약 내가 하나의 길을, 즉 그 위에서 내 능력이 허락하는 모든 지식과 진정으로 좋은 모든 것의 획득이 확실하다고 생각한 하나의 길을 따르지 않았더라면 나는 욕망을 제한하지도 못했고 [28] 만족하지도 못했을 것이다. 우리의 의지는 우리의 지성이 좋거나 나쁘다고 제시하는 것에 따라서만 어떤 것을 따르거나 피하기 때문에[15] 잘 행위하려면 잘 판단하는 것으로 충분하며, 최선을 다하려

---

13) 인식의 정서적 측면에 대해서는 2부 각주 20을 참조할 것.
14) 이 빛은 계시의 빛이 아니라 이성의 자연의 빛을 의미한다. 이 빛은 "전적으로 순수하고 종교나 철학으로부터 도움을 빌려오지 않는 자연의 빛"(AT X, 464)이다. 중세 신학자들은 무에서 창조된 피조물인 인간의 지성은 불완전하기 때문에 스스로 진리에 도달할 수 없다고 생각했다. 그들에 의하면, 완전한 확실성은 오직 초자연적인 계시의 빛 안에서만 가능하다. 이와 달리 데카르트에게 인간 이성의 자연의 빛은 진리를 발견하고 오류를 피하는 능력이며, 그의 철학은 이 자연적인 능력에 대한 신뢰를 전제한다. 그의 대화편《자연의 빛에 의한 진리 탐구》에서 에우독소스(Eudoxos, 기원전 400?~기원전 350?)의 입을 빌려 자연의 빛과 양식의 도움을 통해 인간 정신은 오류에서 벗어날 수 있다고 말한다. "그렇지만 이 모든 결과는 논리학과 논증의 형식 없이 오직 스스로 작용했을 때 오류에 덜 빠지는 이성의 빛과 양식의 도움으로 …… 획득된다."(AT X, 521)

면, 다시 말해 모든 덕과 우리가 획득할 수 있는 모든 다른 좋은 것 전부를 획득하려면[16], 할 수 있는 한 최선의 판단을 하는 것으로 충

---

15) 데카르트는 적어도《방법서설》이 출판된 1637년까지는 진리와 선의 판단은 지성에 속하는 것으로, 의지를 단지 지성이 제시하는 선과 표상에 동의하는 능력으로 간주하는 전통적 이론을 인정했다. 다시 말해, 이 시기 데카르트는 인식 판단에서 의지의 기능을 인정하지 않고 인식 판단을 지성의 작용으로만 간주했으며, 의지를 지성이 제시한 선에 대해 승인하는 능력으로만 한정해 보는 전통적 이론에 머물러 있었다. 실제로《규칙》에서 의심, 판단, 긍정 혹은 부정은 지성의 능동적인 활동으로 고려된다. "우리가 사물을 직관하고 인식하는 지성의 능력을 긍정하거나 부정하는 지성의 능력과 구분한다면……."(AT X, 420) AT X, 415도 참조할 것. 데카르트는《방법서설》1부의 첫 부분에서 정신을 잘 판단하는 능력으로 정의한다. 요컨대, 그는 판단력을 특별히 의지에 속하는 능력으로 고려하지 않는다. 이에 대해서는 Geneviève Rodis-Lewis, *Le developpement de la métaphysique de Descartes*, Vrin, 1997, p.113을 참조할 것. 그러나 이후 전개된 형이상학에서 데카르트는 판단력을 지성이 제시하는 표상을 긍정하거나 부정하는 의지의 능력으로 제시한다. "왜냐하면 자유는 오직 우리가 동일한 것을 하거나 하지 않을 수 있다는 것에(즉, 긍정하거나 부정하거나, 추구하거나 피할 수 있다는 것에), 더 정확히 말해 지성이 우리에게 제시하는 것을 긍정하거나 부정함에 있어, 달리 말해 그것을 추구하거나 피함에 있어 어떤 외적인 힘에 의해 강요된다고 느끼지 않는 것에서 성립하기 때문이다."(AT VII, 57) 마찬가지로 AT VIII-b, 363을 참조할 것.

16) 데카르트는 의지의 올바른 사용으로서의 덕을 최고선으로 정의한다. 그러나 그는 1647년 11월 20일에 크리스티나 여왕에게 보낸 편지에서 최고선의 또 다른 의미를 제시한다. "모든 사람 전체의 최고선은 어떤 사람들에게 있을 수 있는 영혼의, 신체의 그리고 운의 좋은 모두를 포함하는 모든 선(좋음)의 축적 또는 모음인 것 같습니다. 그러나 각각의 개별적 사람들의 선은 완전히 다른 것이고 잘 행위하려는 굳건한 의지와 이 의지가 생산하는 만족으로 구성되는 것처럼 보입니다."(AT V, 82) 첫 번째 의미의 최고선은 모든 사람 전체, 즉 인간 일반에게 속하는 보편적 목표로서의 최고선을 의미한다. 그러나 삶 전반에 걸쳐 추구되는 선들은 어떤 사람들에게는 획득될 수 있는 것일 수 있고 어떤 사람들에게는 그렇지 않은 것일 수 있다. 자연, 운 그리고 사회적·역사적 조건 등으로부터 받은 혜택이 다르기 때문에 이 선들의 소유는 모든 사람에게 동등할 수 없다. 각각의 개별적 사람들에게 시선을 돌리는 순간 우리는 각기 다른 삶의 조건과 상황을 마주하게 된다. 건강과 같은 신체적

분하다.[17] 그리고 우리가 이에 대해 확신할 때 우리는 만족하지 않을 수 없다.[18]

이렇게 이 준칙들을 세우고 이것들을 내 믿음 중에서 언제나 1순위였던 신앙의 진리와 함께 한쪽 편에 둔 후, 나는 내 의견 중 다른 나머지 모두를 자유롭게 버릴 수 있다고 판단했다. 그리고 나는 이 일을 이 모든 생각을 가지게 된 난로방에 머무르면서 하는 것보다 사람들과 대화하면서 더 잘 완수할 거라 희망했기에 겨울이 완전히 끝나지 않았을 때 다시 여행길에 올랐다. 그리고 뒤이은 9년 동안

인 좋음과 운에 많은 부분 의존하는 부와 번영 같은 것들을 모든 인간이 동등하게 소유하지 않는다. 각각의 개별적 사람들의 선은 이 개별적인 조건들을 고려해야 한다. 데카르트는 모든 가능한 개별적 조건들을—불행·빈곤·번영·운 등—추상하고도 모든 개별적 사람에게 보편적으로 귀속될 수 있는 하나의 선, 즉 의지의 올바른 사용으로서의 덕을 두 번째 의미의 최고선으로 제시한다.

17) 잘 판단하는 것은 이상(ideal)이다. "잘 판단한다는 것"은 사건 내지는 상황에 대한 명석하고 판명한 지성의 표상을 따르는 것이지만 이는 언제나 완벽하게 성공적일 수 없다. 이런 이유로 데카르트는 우리의 능력이 닿는 한 최선으로 판단하는 것이 중요하다고 주장한다. 그는 1645년 8월 4일에 엘리자베트 공주에게 보낸 편지에서 이 생각을 다음과 같이 표현한다. "첫 번째는 삶의 모든 상황 속에서 우리가 해야만 하고 해서는 안 되는 것을 알려면 할 수 있는 한 최선을 다해서 정신을 항상 사용하려고 노력해야 한다는 점입니다."(AT IV, 265) 더 나아가 데카르트는 "또한 우리 이성이 전혀 실수하지 않는 것이 반드시 필요한 것은 아닙니다."라고 쓴다. 왜냐하면, 그가 말하길, 우리가 판단에서 오류를 범할지라도 우리가 판단하길 최선의 것을 행했다면 그것으로 덕과 결의가 결핍되지 않았다는 것을 증명하기에 충분하기 때문이다. 그에 의하면, 이러한 덕만이 "이 세계에서 우리를 만족스럽게 하는데 충분(AT IV, 266~267)"하다.

18) "견고한 만족을 소유하려면 최선이라고 판단한 모든 것을 실행하고 지성의 모든 힘을 모든 것을 잘 판단하는 데 사용하려는 확고하고 항구적인 의지를 갖는 것이 필요하다."(AT IV, 277)

3부

[29] 나는 세상에서 상영되는 모든 연극에서 연기자가 아닌 관객이 되려고 노력하면서 세계의 이곳저곳을 떠돌아다니기만 했다. 특히 각각의 문제에서 그것을 의심스럽게 만들고 또 우리가 저지르는 실수의 계기가 되는 것에 대해 숙고하면서, 나는 이전에 나의 정신에 슬며시 들어오던 모든 오류를 뿌리 뽑았다. 그렇다고 내가 의심하려고 의심하고 언제나 결단성 없는 체하는 회의주의자를 모방한 것은 아니었다. 이와 반대로 나의 모든 계획은 스스로 확신하는 것을, 그리고 바위나 진흙을 발견하려고 불안정한 땅과 모래를 파내는 것을 목표로 했다. 약한 추측이 아니라 분명하고 확실한 추론을 통해 검토한 명제의 오류 내지는 불확실성을 발견하려 노력하면서 나는 너무 의심스러워서 그것으로부터 어떤 충분하게 확실한 결론을—그 결론이라는 것이 그 명제가 확실한 것을 하나도 포함하지 않았다는 것일 때도—절대 끌어내지 못할 명제라고는 하나도 만나지 않았던 만큼 이 일에서 성공한 것 같았다. 그리고 오래된 집을 허물면서 사람들이 대개 새로운 집을 지을 때 사용하려고 잔해를 보관하는 것처럼[19], 나는 내 의견 중 그 근거가 잘못되었다고 판단한 의견들을

---

19) 데카르트는 자주 철학을 건축에 비유한다. 그리고 "오래된 집을 허물면서 사람들이 대개 새로운 집을 지을 때 사용하려고 잔해를 보관하는 것처럼"과 유사한 표현이 《자연의 빛에 의한 진리 탐구》에서 발견된다. "⋯⋯ 나는 이제까지 획득한 지식을 토대가 부실한 잘못 지어진 집으로 간주한다. 나는 이 건물을 부수고 다시 짓는 것보다 더 좋은 처방을 알지 못한다. ⋯⋯ 우리는 집을 허무는 동안에 우리 계획에 쓰일 토대들을 세우고 새집을 짓는 데 필요한 견고하고 좋은 자재들을 준비할 수 있을 것이다."(AT X, 509)

모두 파괴하면서 관찰했고 여러 경험을 획득했는데, 이 관찰과 경험은 내가 그 후로 더 확실한 의견들을 세우는 데 쓸모가 있었다. 게다가 나는 내가 스스로 규정한 방법을 계속해서 연습했다. 실제로 나는 나의 모든 의견을 일반적으로 규칙에 따라 이끌려고 신경을 썼을 뿐 아니라 특히 수학의 문제들 혹은 내가 그와 거의 유사하게 만들었던 다른 문제들을 해결하는 것에서 이 방법을 적용하는데 사용할 얼마간의 시간을 때때로 남겨두었다. 그런데 그것이 가능했던 이유는—여러분이 이 책에서 설명된 여러 문제에서 내가 그렇게 했다는 것을 볼 것처럼—내가 충분히 견고하지 않은 것으로 발견한 다른 학문의 모든 원리에서 그 문제들을 분리시키는 것을 통해서였다. 이와 같이 겉으로는 악덕에서 즐거움을 분리하려 애쓰고 [30] 오직 부드럽고 순진무구한 삶을 사는 일 외에 다른 일이 없으며 지루함 없이 여가를 즐기려고 모든 건전한 기분 전환을 사용하는 사람들의 방식으로만 살면서, 나는 나의 계획을 추구했고, 아마 책을 읽기만 하거나 학자들과 교류하면서 이루었을 성과보다 더 큰 성과를 진리 인식에서 이루었다.

그렇지만 학자 사이에서 논쟁이 되곤 하던 문제들에 관한 나의 입장을 정하고 다른 보통의 철학보다 더 확실한 철학의 어떤 토대들[20]을 찾는 것을 시작하기도 전에 9년이 흘렀다. 그리고 예전에

---

20) 데카르트는 '철학의 혹은 형이상학의 토대들'이라고 언제나 복수의 형태로 말한다. 예를 들어, "내가 세운 [형이상학의] 토대들"(이 책 78쪽), "첫 번째 토대들로부터"(AT VII, 17), 이 책의 155쪽(AT VI, 68). 그러나 하이데거(Martin Heidegger,

이 기획을 가지고 있었지만 내가 보기에 성공하지 못한 여러 훌륭한 정신의 예는 만일 어떤 사람들이 내가 그 기획에서 성공했다는 소문[21]을 퍼트리지 않았더라면 그것을 감히 시도하려 하지 않았을 정도로 내게 그 기획의 어려움을 상상하게 했다. 나는 그들이 무슨 근거로 이 의견을 가지게 되었는지 말할 수 없다. 그리고 내가 나의 서설들로 그 기획에 어떤 것을 기여할 수 있었다면 그것은 내가 공부 좀 했다는 사람들이 일반적으로 그러는 것보다 더 솔직하게 알

1889~1976)는 데카르트의 "나는 생각한다(ego cogito)."를 "데카르트의 흔들리지 않는 절대적인 토대"(Martin Heidegger, *Nietzsche: Der europäische Nihilismus*, GA 48, Vittoria Klostermann, p.187)로 해석한다. 그러나 데카르트의 제일철학은 하나의 존재론적 토대를 찾지 않는다. 그가 말하는 철학의 토대들은 우리가 철학하면서 알 수 있는 모든 첫 번째 것(toutes les premières choses)(AT III, 235)을 의미한다.

21) 데카르트가 파리로 돌아온 1623년부터 1629년까지 그가 장미십자회 가입과 더불어 철학의 토대들을 찾는 데 성공했다는 소문이 떠돌았다. 정신의 본질적 능력을 무제약적인 상상력으로 보는 파라켈수스에게서 영향을 받은 장미십자회는 모든 문제를 해결할 무제약적 학문을 계획했다. 장미십자회 구성원들은 고대인들에게는 감추어져 있던 자연에 대한 완벽한 인식을 소유할 수 있다고 주장했다. 그리고 그들은 신학·윤리학·문법학·법학·정치학과 관련된 모든 문제를 풀 수 있는 학문에서의 보편적인 개혁을 추구했다. 더 나아가 장미십자회는 인간의 영혼을 천사적인 것으로까지 끌어올린다. 데카르트는 이 같은 장미십자회의 무제약적 지식에의 요구를 학문의 인간적 조건을 무시하는 오만한 요구라고 비판한다. 이에 대해서는 AT X, 214~215를 참조할 것. 데카르트에게 진리 탐구는 "인간적 조건"(AT X, 393) 내에서만 가능하다. 유한한 인간 정신은 확실하게 주어진 것에서 출발하여 순서를 따라 사유하면서 진리에 도달한다. 이에 대해서는 AT X, 395를 참조할 것. 데카르트는 이 소문이 퍼지지 않았더라면 철학의 토대들을 찾으려는 계획을 시도하지 않았을 것이라고 말한다. 그러나 이 같은 말은 그저 수사적인 것일 뿐이다. 1619~1620년의 보편 학문에 대한 사유나 1619~1620년부터 혹은 그 이후에 작성된 것으로 추정되는 《규칙》은 아리스토텔레스주의적 논리학과 실체론 그리고 형이상학을 대신하는 새로운 학문을 세우려는 개혁이다.

지 못하는 것에 대해 고백하면서, 그리고 아마 어떤 학설에 대해 자랑하면서라기보다는 다른 사람들이 확실한 것으로 평가하는 많은 것에 대해 내가 의심했던 이유들을 보여주면서였다는 것은 틀림없다. 그러나 사람들이 나를 내가 아닌 다른 사람으로 대하는 것을 원하지 않을 만큼의 솔직한 마음을 가지고 있던 나는 모든 수단을 통해서 사람들이 내게 준 명성에 걸맞은 사람이 되도록 노력해야 한다고 생각했다. 그리고 정확히 8년 전에 이 욕망은 내가 아는 사람들이 있는 장소들로부터 멀리 떠나 여기, 즉 전쟁의 오랜 지속이 거기에 주둔하는 군대를 사람들이 더 안전하게 평화의 열매를 즐기게 하는 것에만 봉사하게 만드는 그러한 질서들을 세우게 한 나라에 오도록 결심하게 만들었다. 그리고 이 나라에서 나는 다른 사람의 일에 호기심을 갖기보다 자신의 일에 신경을 쓰는 아주 활발하고 위대한 국민 사이에서 교류가 많은 도시에서의 편리함을 잃지 않으면서도 아주 멀리 떨어진 사막에서 사는 것만큼 홀로 은둔하면서 살 수 있었다.

[31]

Discours de la méthode

4부

내가 네덜란드[1]에서 수행한 첫 번째 성찰에 대해 당신들에게 말해야 할지 잘 모르겠다. 그것은 매우 형이상학적이고 평범한 것이 아니어서 아마 모든 사람의 마음에 들지는 않을 것이기 때문이다.[2]

---

1) 데카르트는 1628년 말에서 1649년 말까지 네덜란드에 체류한다. 스웨덴으로 떠나기 전까지 그가 거주하던 네덜란드 공화국은 유럽에서 가장 진보적이며 자유로운 국가였다. 그는 학문의 자유가 유럽의 다른 어떤 나라보다 더 보장되던 네덜란드에서 오래 머물면서 자유롭게 철학과 과학의 연구에 매진할 수 있었다. 그러나 네덜란드의 대학들에는 그의 철학의 새로움을 적대시하는 위트레흐트대학교의 보에티우스(Gisbertus Voetius, 1589~1676)와 같은 학자들이 적지 않았다. 그들과의 논쟁에 지친 데카르트는 1649년에 스웨덴의 스톡홀름으로 떠난다.

2) 데카르트는 이 "첫 번째 성찰"을 라틴어로 작성한 《논고》로 발전시킨다. 이에 대해서는 AT I, 350을 참조할 것. 그러나 《논고》는 미완으로 남았고 우리에게 전해지지 않는다. 데카르트는 이 논고를 "시작"이라고 불렀다. 1630년에 메르센 신부에게 보낸 편지에서 확인될 수 있듯이, 데카르드의 최초의 형이상학은 신과 생각하는 나의 현존을 수학적 진리보다 더 확실한 방식으로 증명하려 했다. "적어도 나는 우리가 기하학의 증명들보다 더 분명한 방식으로 형이상학적 진리들을 증명할 수 있다는 것을 발견했다고 생각합니다."(AT I, 144)
네덜란드에서 첫 9개월 동안 데카르트가 형성하고자 전념한 형이상학과 1641년의 《성찰》은 어떤 관계에 있는가? 데카르트 전집의 편집인 아당(Charles Adam)은 1629년의 최초의 형이상학이 《성찰》의 모든 주제를 담고 있다고 주장한다. "1637년에서 1641년 사이의 출판들을 통해 우리가 재구성할 수 있는 것은 1629년의 데카르트의 형이상학이다."(AT I, 144) 구이에(Henri Gouhier, 1898~1994)에 의하면, 데카르트는 라틴어로 작성된 《논고》를 《방법서설》의 4부가 아니라 그것의 라틴어 번역에 결합하려는 계획을 가지고 있었지만 《논고》는 결국 《성찰》의 수고가 된다. "[이] 서설은 인쇄용지로 다섯 혹은 여섯 장뿐일 것이다. …… 그러나 형이상학의 상당한 부분을 포함할 것이다."(AT II, 622) 그러나 이 글은 편집자에게 넘겨지지 않았다. "나는, 오래전부터 인쇄될 준비가 되어있었지만, 아직 나의 형이상학에 대한 다섯 혹은 여섯 장의 글을 인쇄하게 하지 않았다."(AT III, 126) 구이에는 이 다섯 혹은 여섯 장의 글이 《성찰》의 첫 번째 수고라고 주장한다. 이 문제에 대한 논의에 대해서는 Geneviève Rodis-Lewis, Le développement de la pensée de Descartes, Vrin, 1997, pp.133~147을 참조할 것.

4부

그럼에도 내가 세운 토대들이 충분하게 견고한지 아닌지를 사람들이 판단할 수 있으려면 내가 그것에 대해 말해야만 한다. 앞에서 말한 것처럼, 나는 오래전부터 풍습에 관해서는 때로는 아주 불확실한 것으로 알고 있는 의견들을 의심의 여지가 없는 것일 때와 마찬가지로 따를 필요가 있다는 것에 주목했다. 그러나 그때 나는 진리 탐구에만 열중하길 원했기 때문에 풍습의 경우와 완전히 반대의 것을 해야 하며, 내가 그것에서 아주 작은 의심이라도 발견할 수 있는 [32] 모든 것을 완전히 거짓된 것으로 간주하고 내던져야 한다고 생각했다.³⁾ 이는 이렇게 한 후에도 전혀 의심할 수 없는 어떤 것이 내 믿

이와 달리, 알키에는 1637년 이후에 작성된 것으로 보이는 이 다섯 혹은 여섯 장의 형이상학에 대한 글을 데카르트가 새롭게 구상한 형이상학 텍스트로 간주한다. 그러나 그의 주장과 달리 이 다섯 혹은 여섯 장의 글은 새로 구상한 형이상학이 아니라 오래전부터 준비한 형이상학을 담고 있다. 알키에가 이처럼 해석하는 이유는 그가 1637년의《방법서설》형이상학과 1641년의《성찰》형이상학 사이에 큰 단절이 있다고 생각하기 때문이다. 그는《성찰》에서 전개된 형이상학적 사유는 1637년 이후에야 형성되었다고 주장한다. 더 나아가 그는《성찰》의 형이상학은 1629년의 형이상학도 1637년의 형이상학도 포함하지 않는다고 해석한다. 알키에에 의하면, 1629년에서 1637년에 이르는 시기에 데카르트의 철학은 기계론과 기하학적 사유에 지배되었으며 그의 고유한 형이상학과 존재 사유에 도달하지 못했다. Ferdinand Alquié, *La découverte de l'homme chez Descartes*, PUF, 1950, pp.81~83을 참조할 것.

그러나《방법서설》4부의 방법적 회의는 감각의 오류와 꿈의 환영을 의심의 근거로 삼는 전통적인 회의주의를 넘어서며 약한 정신의 소유자들에게는 적합하지 않은 형이상학적인 논의를 포함한다.《방법서설》4부의 방법적 회의는 기하학에서 이전에 증명이라고 간주했던 모든 근거를 전적으로 거짓으로 간주하며, 내가 육체를 전혀 가지지 않고 내가 있는 장소도 없다고 가정한다. 그러나 데카르트는 이 시기에 형성한 형이상학적 사유 중에서 지나치게 형이상학적인 것은《방법서설》의 4부에서 대중을 위해 생략했다고 여러 번 밝힌다. 그는 대중을 위해 프랑스어로 작성된《방법서설》4부의 형이상학의 불충분성을 인정한다. AT I, 349~350, 354, 560을 참조할 것.

음에 남아있는지를 보기 위해서였다. 따라서 우리의 감각은 종종 우리를 속이기 때문에, 나는 감각이 상상하게 만드는 대로의 그런 사

3) 데카르트는 막대의 구부러진 쪽을 펴려면 반대쪽으로 막대를 더 구부려야 하는 것처럼, 편견에 사로잡혀 있는 정신을 오류의 경향에서 벗어나게 하려면 과장된 의심이 필요하다고 말한다. 이에 대해서는 가상디(Pierre Gassendi, 1592~1655)의 반론에 대한 답변(AT VII, 349)을 참조할 것. 그의 방법적 회의는 가능한 모든 의심, 즉 과장된 의심에도 불구하고 의심될 수 없는 첫 번째 진리인 철학의 제일원리를 찾는 방법이다. 그는 방법적 회의를 건축가의 일에 비유한다. "나는 내 글의 여러 곳에서 건축가를 모방하려 애쓰고 있다는 점을 밝혔다. 이들은 바위, 진흙, 단단한 땅 위에 모래와 자갈이 있는 곳에 견고한 건물을 지으려고 첫째로 깊은 구덩이를 파고 거기에서 자갈뿐만 아니라 그것 위에 지탱하고 있는 모든 것을 제거하는데, 이는 나중에 바위와 단단한 땅 위에 기초를 세우기 위해서다. 이와 같은 방식으로 나는 첫째로 모든 의심스럽고 불확실하다고 인정한 모든 것을 모래와 자갈처럼 제거했다."(AT VII, 536~537) 그리고 방법적 회의의 동력은 정신과 학문을 개혁하려는 의지이며 확실성을 원하는 의지다. "나는 감각이 상상하게 만드는 내로의 그런 사물은 전혀 존재하지 않는다고 가정하길 원했다." "나는 그때까지 내 정신에 들어온 모든 것은 내 꿈의 환영들보다 더 참되지 않은 것처럼 생각하기로(feindre) 결심했다."
그러므로 의심하려는 의지는 의심의 시작부터 끝까지 의심되지 않는다. "모든 것이 거짓이라고 생각하길 원하는 동안"은 다른 말로 하면 "의심하는 동안"이다. 그러므로 "나는 의심한다, 그러므로 존재한다."라는 말은 《방법서설》에서 의심의 끝에 의심될 수 없는 첫 번째 진리로 제시된 "나는 생각한다, 그러므로 존재한다."를 탁월한 방식으로 표현한다. 즉, "나는 생각한다(cogito)."는 무엇보다 우선 "나는 의심한다(dubito)."를, 무엇보다 우선 "나는 생각하길 원한다."를 의미한다. 그도 그럴 것이 《자연의 빛에 의한 진리 탐구》에서 데카르트는 의심하는 나의 존재를 철학의 출발점으로 세운다. "당신이 내게 주의를 기울이기만 한다면, 나는 당신이 생각한 것보다 당신을 더 멀리 데려갈 것입니다. 왜냐하면 나는 고정되고 부동한 일점과 같은 이 보편적 의심에서 신의 인식, 당신 자신의 인식 그리고 세계에 있는 모든 것의 인식을 끌어내려고(derivare) 결심했기 때문입니다."(AT X, 515) 또 《성찰》의 요약문은 "나는 원한다." 내지는 자유의지를 코기토에 앞서는 것으로 제시한다. "두 번째 성찰에서 정신은 자신의 고유한 자유를 사용하면서 그것의 현존이 조금이라도 의심될 수 있는 모든 것은 존재하지 않는다고 가정하지만 자신이 존재하지 않는 것은 불가능하다고 인정한다."(AT VII, 12)

물은 전혀 존재하지 않는다고 가정하길 원했다. 그리고 기하학의 가장 단순한 문제에 관해서조차 실수하고 잘못 추리하는 사람들이 있기 때문에, 나도 다른 사람들과 마찬가지로 실수를 저지르기 쉽다고 판단하면서, 이전에 증명들이라고 간주했던 모든 근거를 전적으로 거짓으로 간주하고 내던졌다.[4] 그리고 끝으로 우리가 깨어있을 때 가지는 모든 생각은 우리가 잠자고 있을 때 어느 것도 참되지 않으면서 나타난다는 점을 고려하면서, 나는 그때까지 내 정신에 들어온 모든 것을 내 꿈의 환영보다 더 참되지 않은 것처럼 생각하기로 결심했다.[5] 그러나 곧바로 나는 이처럼 모든 것이 거짓이라고

---

4) 《방법서설》 4부에서 기하학과 수학의 증명들이 의심되는 것은 다른 사람들이 저지르는 오류에 대한 관찰로부터이다. 데카르트는 이 관찰로부터 "나도 다른 사람들과 마찬가지로 실수를 저지르기 쉽다고 판단하면서, 이전에 증명들이라고 간주했던 모든 근거를 전적으로 거짓으로 간주하고 내던졌다."라고 말한다. 여기서 오류는 집중의 결여에 의한 것으로 고려된다. 하지만 이는 형이상학적으로 약한 논거다. 《성찰》의 형이상학적 회의는 더 강한 논거를 제시한다. 〈첫 번째 성찰〉도 우선은 타인이 저지르는 오류의 관찰에서 출발한다. "내가 다른 사람들이 가끔 실수한다고 판단하는 것처럼……."(AT VII, 21) 그러나 《성찰》은 이 관찰로부터 전능한 신이 우리가 실수하거나 속기를 원한다고 가정하는 더 강한 논의를 펼친다. "신은 내가 2 더하기 3을 할 때마다 …… 실수하기를 원했을 수 있다(ita ego ut fallar)."(AT VII, 21) 《방법서설》 4부의 "실수를 저지르기 쉽다(sujet à fallir)."에서 faillir는 《성찰》의 "신은 내가 …… 실수하기를 원했을 수도 있다."의 라틴어 fallor(fallar)에 해당하는 프랑스어 단어다. 그런데 라틴어 fallor는 "실수하다"와 "속다" 두 가지 의미를 지닌다. 〈첫 번째 성찰〉의 문장 "신은 내가 …… 실수하기를 원했을 수 있다."는 타인의 실수에 대한 관찰로부터 제시된 가설이기에 여기에서 fallor(fallar) 동사는 "실수하다"로 이해될 수 있다. 그러나 바로 이어지는 문장 "아마도 신은 내가 그렇게 속기를 원하지 않았을 것이다(At forte noluit Deus ita me decipi)."(AT VII, 21)로부터 읽는다면 이 문장은 "신은 내가 2 더하기 3을 할 때마다 …… 속기를 원했을 수 있다."로 이해될 수 있다.

생각하길 원하는 동안에도[6] 이것을 생각하는 나는 필연적으로 어떤 것일 수밖에 없다는 점을 알게 되었다. 이 진리 **나는 생각한다, 그러므로 나는 존재한다**[7]는 아주 견고하고 확실해서 회의주의자들의 매우

....

5) 깨어있는 상태와 꿈 사이의 혼동이라는 주제는 데카르트가 살던 시대에 널리 퍼져있었으며 16세기 회의주의적 경향을 가진 철학자, 예를 들어 몽테뉴나 샤롱, 산체스(Francisco Sanches, 1550~1623), 바이에르(François de La Mothe Le Vayer, 1588~1672)의 생각에서도 발견된다. 몽테뉴는 다음과 같이 쓴다. "우리의 삶을 꿈에 비유한 사람들은 그들 자신이 생각했던 것보다 아마 더 옳았다. 꿈을 꿀 때 우리의 영혼은 깨어있을 때만큼이나 살고 행위하고 자신의 모든 기능을 수행한다."(*Essais*, p.596)《자연의 빛에 의한 진리 탐구》에 의하면 꿈과 깨어있는 상태의 혼동이라는 주제는 데카르트가 살던 시대에 연극의 소재였다. "당신은 희극에서 **나는 깨어있는가, 아니면 자고 있는가**라는 놀라운 외침을 들어본 적이 없습니까?"(AT X, 511) 이 주제에 대한 16세기 철학자들의 관심은 키케로의 영향으로 이해될 수도 있다. 키케로는《아카데미카 I》의 II장에서 이 주제를 다룬다. 꿈에 관한 〈첫 번째 성찰〉의 정식은 조금 갸하다. "자, 이제 우리가 자고 있다고 가정하자······."(AT VII, 19)

6) 생각하는 **나**의 현존의 확실성은 오직 수행적으로만 긍정된다. 그리고 생각을 수행하는 시간은 결코 의심될 수 없다.《성찰》은 이것을 더 분명하게 표현한다. "나는 존재한다, 나는 현존한다. 이것은 확실하다. 그러나 얼마 동안? 물론 내가 생각하는 동안에."(AT VII, 27)

7) 데카르트 철학의 제일원리는 두 가지 진술 형태로 표현된다. 이 중 표준적 진술로 인정되는 것은《방법서설》에서 프랑스어로 정식화된 "나는 생각한다, 그러므로 나는 존재한다(Je pense, donc je suis)."이다(AT VI, 32). 이 표준적 진술은 라틴어로 약간의 변형을 통해, 여러 방식으로 제시된다.《두 번째 반박들에 대한 답변들》에서는 "나는 생각한다, 그러므로 나는 존재한다, 또는 나는 현존한다(ego cogito, ergo sum, sive existo)."(AT VII, 140)로,《철학의 원리》에서는 "나는 생각한다, 그러므로 나는 존재한다(ego cogito, ergo sum)."(AT VIII-1, 7, 8)로,《버만과의 대화》에서는 "나는 생각한다, 그러므로 나는 존재한다(cogito, ergo sum)."(AT VII, 140)로 제시된다. 또 프랑스어로 쓰인 대화편《자연의 빛에 의한 진리 탐구》에서는 표준적 진술의 변양태가 발견된다. "······ 의심하는 당신이 존재한다는 것 또한 참이다."(AT X, 515) 사유하는 **나**의 한 양태로서의 의심하는 **나**의 확실성은 "나는 의심한다, 그러므로 나는 존재한다(dubito ergo sum)."로 정식화될 수 있다. 그러나《성찰》에서 제일원리는 다른 방식

과장된 모든 가설도 이 진리를 흔들리게 할 수 없다는 것에 주목하면서, 나는 이것을 내가 찾던 철학의 제일원리[8]로 주저 없이 받아들일 수 있다고 판단했다.

그리고 내가 무엇이었는지를 주의 깊게 검토하면서 내가 육체를 전혀 가지지 않고 머물고 있는 장소도 없는 것처럼 생각할 수는 있었지만 그렇다고 내가 아무것도 아닌 것처럼 생각할 수는 없었다는 [33] 것을, 그리고 내가 생각하기를 멈추기만 했다면 비록 그때까지 상상해온 모든 나머지가 참이었다고 하더라도 나는 내가 존재했다고 믿을 어떤 근거도 가지지 않았던 반면에, 내가 다른 것들에 대한 진

으로 표현된다. "나는 존재한다, 나는 현존한다(Ego sum, ego existo)." 여기서 코기토의 부재가 무엇보다도 우선 두드러지게 보인다. 〈두 번째 성찰〉의 진술은 코기토 없는 코기토 진술이라 불릴 수 있다. 이 주제에 대해서는 이재훈, 〈데카르트의 두 번째 성찰(Meditatio II, AT VII, 25, 513)에서 "나는 존재한다(ego sum)"와 "나는 현존한다(ego existo)"가 이중적으로 말해지는 이유에 대하여〉, 《철학》 140집, 한국철학회, 2019, 23~45쪽을 참조할 것.

8) 데카르트는 1646년에 클레어스리에(Claude Clerselier, 1614~1684)에게 보낸 편지에서 원리라는 용어를 다음과 같이 설명한다. "나는 오직 원리라는 단어가 다양한 의미로 받아들여질 수 있다는 것을, 그리고 매우 명석하고 일반적이어서 우리가 나중에 인식할 모든 존재와 존재자를 증명하기 위한 원리로 삼을 수 있는 공통 관념에 대한 탐구와 그것의 현존이 다른 어떤 존재의 현존보다 더 잘 알려져서 우리가 다른 현존을 인식하는 데 원리로 삼을 수 있는 한 존재에 탐구가 별개라는 것을 덧붙입니다." (AT IV, 444) 데카르트에게 철학의 제일원리는 두 번째 의미의 원리, 즉 "그것의 현존이 다른 어떤 존재의 현존보다 더 잘 알려져서 우리가 다른 현존을 인식하는 데 원리로 삼을 수 있는 한 존재" 중 첫 번째로 발견되는 사유하는 나의 존재다. "나는 생각한다, 그러므로 나는 존재한다."는 데카르트가 찾은 철학의 제일원리다. 이 진리는 어떤 조건 아래에서 제일원리가 되는가? 이 명제가 제일원리가 되려면 만족시켜야 하는 조건은 무엇인가? 제일원리는 자신에게 의존하는 모든 것에 앞서 발견되어야 하며 자신에게 의존하는 다른 모든 것으로부터 독립적이어야 한다.

리를 의심하려 생각했다는 것으로부터 내가 존재했다는 것이 아주 명백하고 확실하게 도출됐다는 것을 보면서, 나는 이것으로부터 내가 모든 본질 내지는 본성이 생각하는 것일 뿐이며 존재하려고 어떤 장소도 필요로 하지 않고 물질적 사물에 의존하지 않는 하나의 실체라는 것을 알았다.[9] 그러므로 이 나(ce moi)[10], 즉 나를 나로 만들어주는 영혼은 물체와 전적으로 구분되며 육체보다 더 쉽게 인식된다. 그리고 물체가 전혀 존재하지 않는다고 하더라도 영혼은 계속해서 자신으로 존재한다.

다음으로 나는 하나의 명제가 참되고 확실해지려고 요구되는 것이 무엇인지 일반적으로 고찰했다. 실제로 내가 그것 중 하나를 발

---

[9] 《방법서설》 4부에서 데카르트는 생각하는 나의 본질을 곧바로 생각하는 실체로 정의한다. 하지만 《성찰》의 진행은 이것과 의미 있는 차이를 보여준다. 〈두 번째 성찰〉에서 생각하는 나는 실체로 규정되지 않는다. 《성찰》의 주의 깊은 독자라면 데카르트가 〈첫 번째 성찰〉과 〈두 번째 성찰〉에서 나를 실체(substanita), 기체(subiectum) 그리고 이성적 동물과 같은 전통적인 형이상학의 개념들을 통해 정의하지 않는다는 사실을 발견할 것이다. 《성찰》에서 데카르트가 생각하는 나를 실체로 고려하는 것은 오직 관념들의 실재성을 인과성의 관점에서 비교하는 〈세 번째 성찰〉에서다. 〈네 번째 성찰〉에서도 생각하는 나는 실체 이론의 관점에서 고려되지 않는다.

[10] 데카르트는 생각하는 나를 언제나 일인칭 화자로 사용하지 결코 자아(le moi, l'ego)로 명사화하지 않는다. 그러므로 "이 나(ce moi)"는 자아(le moi)를 의미하지 않는다. 프랑스 철학에서 자아(le moi)라는 표현이 처음 등장하는 것은 파스칼에게서다. 그는 자기중심적 사유를 비판하려고 이 용어를 사용한다. "자아는 가증스럽다(le moi est haïssable). …… 자아가 모든 것의 중심이 되는 것은 그 자체로 부당하다."(Blaise Pascal, Pensées, *Oeuvres complètes*, Seuil, 1963, p.584, Laf. 597) 또 데카르트는 생각하는 나를 기체 혹은 주체로 이해하지도 않는다. 그는 《세 번째 반박들에 대한 답변들》에서 기체(subiectum, sujet)라는 용어는 정신이 아니라 물체를 지시하는 데 적합하다고 말한다. AT VII, 174를 참조할 것.

견했기 때문에 나는 이 확실성이 무엇에서 성립하는지도 알아야만 한다고 생각했다. **나는 생각한다, 그러므로 나는 존재한다**에는 내가 **생각하기 위해서는 존재해야만 한다**[11]를 아주 명석하게 알고 있다는 것 말고는 아무것도 내가 진리를 말한다고 확신시켜주지 않는다는 것에 주목하면서, 나는 우리가 아주 명석하고 판명하게 인식하는 것은 모두 참이라는 것을 일반 규칙으로 삼을 수 있다고 판단했다.[12] 그러나 나는 우리가 판명하게 인식하는 것들이 무엇인지를 제대로 파악

11) 데카르트는 "나는 생각한다, 그러므로 존재한다."를 철학의 제일원리로 제시한 후 두 문단 뒤에 가서야, 이 첫 번째 진리로부터 하나의 일반 명제, "생각하기 위해서는 존재해야 한다."를 도출한다. 여기서 강조해야 할 것은 이 일반 명제로부터 첫 번째 개별적 진리, "나는 생각한다, 그러므로 존재한다."가 연역되지 않는다는 점이다. 먼저 이 첫 번째 진리가 경험 속에서 발견된 후에야 그것으로부터 저 일반 명제가 형성될 수 있다. 《두 번째 반박들에 대한 답변들》은 《방법서설》의 이 생각을 다시 확인해준다. "그러나 우리가 생각하는 사물이라고 인식할 때 이것은 첫 번째 개념으로 삼단논법에서 끌어내지 않는다. 어떤 사람이 '**나는 생각한다, 그러므로 나는 존재한다, 또는 나는 현존한다.**'라고 말할 때 그는 그의 현존을 그의 생각으로부터 연역하는 것이 아니라 …… 정신의 단순한 직관을 통해 그것을 본다."(AT VII, 140) "생각하기 위해서는 존재해야만 한다."라는 일반 명제는 앞서 발견된 제일원리에 대한 반성으로부터 끌어낸 것이다. 그러므로 철학의 첫 번째 진리는 삼단논법—모든 생각하는 것은 존재해야 한다(대전제), 나는 생각한다(소전제), 그러므로 나는 존재한다(결론)—의 결론이 아니다.

12) 철학의 제일원리는 모순율이나 인과율 같은 공리나 공통 개념에 선행해서 그리고 이것들로부터 독립적으로 발견된다. 데카르트는 철학의 제일원리인 "나는 생각한다, 그러므로 존재한다."로부터 "생각하기 위해서는 존재해야만 한다."라는 일반 명제를 도출한다. 이 일반 명제는 제일원리에 대한 반성을 통해 발견된 것이므로 결코 첫 번째로 발견된 원리로 이해될 수 없다. 그런데 무엇에 근거해서 이 일반 명제가 참된 것으로 인정될 수 있는가? 데카르트에 의하면 그것은 "아주 명석하고 판명하게 인식하는 것들은 모두 참"이라는 일반 규칙에 근거해서다. 이 일반 규칙은 제일원리에 대한 반성을 통해 파악된다.

하는 것에만 어떤 어려움이 있다고 판단했다.

  그러고 나서 내가 의심했었다는 것에 대해, 그리고 의심하는 것보다 인식하는 것이 더 큰 완전성이라는 점을 명석하게 알았기에, 나의 존재가 전적으로 완전하지는 않다는 것에 대해 숙고하면서, 나는 무엇으로부터 나보다 더 완전한 어떤 것에 대해 생각할 줄 알게 [34] 되었는지 찾아야겠다고 생각했다. 그리고 나는 이것은 반드시 실제로 나보다 더 완전한 어떤 본성으로부터라는 것을 분명하게 알았다. 하늘과 땅, 빛, 열 그리고 수많은 다른 것처럼 나의 외부에 존재하는 여러 다른 사물에 대해 내가 가진 생각에 관해서 말하자면, 나는 어렵지 않게 그것들이 어디에서 왔는지를 알았다. 그 생각에서 나를 능가하는 어떤 것도 발견하지 못했기에, 나는 만약 그 생각이 참이라면 그것은, 내 본성이 어떤 완전성을 가진 한, 나의 본성에 대한 의존에서 온다고 생각할 수 있었기 때문이다.[13] 그리고 만

---

13) 내가 나보다 완전한 어떤 것을 생각한다는 것은 데카르트에 따르면, 그것을 생각하게 만든 원인을 전제한다. 그런데 그에 의하면, 하늘·땅·빛·열과 같은 것들은 내가 그것의 관념의 원인일 수 있는 사물들이다. 〈세 번째 성찰〉은 이에 대해 더 자세하게 설명한다. "그러나 물질적 사물의 관념에 관해 말하자면, 이것에 있어서는 나 자신으로부터 야기될 수 없다고 생각될 정도로 대단한 것은 아무것도 나타나지 않는다." 예를 들어, 연장·형태·위치·운동은 사유하는 실체인 나의 정신으로부터 연역될 수 있다. 그런데 만약 나의 정신 안에 내가 그것의 원인일 수 없는 어떤 존재에 대한 관념이 존재한다면 그것은 외부 사물의 현존에 대한 증명이 될 것이다. 그리고 **나보다 완전한 어떤 존재에 대한 나의 관념은 나로부터 나올 수 없고** 나보다 완전한 실재하는 존재로부터 나온다는 생각은 인과성 원리에 따른다. 그런데 방법적 회의의 과정에서 인과성 원리는 어떻게 정당화될 수 있는가? 데카르트에 의하면, 그것은 자연의 빛에 의해 의심할 수 없는 것으로 주어진다. 이것에 대해 데카르트

일 그 생각이 참이 아니라면 나는 그것들을 무로부터 취했다고, 다시 말해 내가 결함을 가졌기 때문에 내 안에 있었다고 생각할 수 있었다.[14] 그러나 나보다 더 완전한 한 존재에 대한 관념[15]에 대해서는 사정이 달랐다. 왜냐하면 이 관념을 무로부터 취하는 것은 완전히 불가능한 일이었기 때문이다. 그리고 더 완전한 것이 덜 완전한 것에서 나오거나 덜 완전한 것에 의존한다는 것은 무로부터 어떤 것이 나온다는 것만큼이나 모순이기 때문에, 나는 그 관념을 나 자

는 《성찰》에서 다음과 같이 쓴다. "다른 한편, 자연의 빛에 의해 분명한 것은, 전체 작용 원인 속에는 적어도 그 결과 속에 있는 것만큼의 실재성이 있어야 한다는 것이다. 다시 말해, 결과는 그 원인에서가 아니면 어디에서 그 실재성을 얻을 수 있겠는가?"(AT VII, 40)

14) 데카르트에 의하면, 실재성 혹은 완전성은 거짓의 원인일 수 없다. 그는 거짓 혹은 오류는 실재가 아니라 결핍이라고 주장한다. 그러므로 거짓된 관념이 내 안에 있다면 그것의 원인은 사유하는 내가 가지고 있는 완전성 혹은 실재성이 아니라 내가 나의 능력을 올바르게 사용하지 못하는 결함이다. 그리고 이 결함은 데카르트에 의하면, 내가 "신과 무 사이의 중간자, 또는 최고의 존재와 비존재 사이의 중간자"(AT VII, 54)이기 때문에 발생한다.

15) 데카르트는 관념을 생각의 형식으로 이해한다. "나는 관념이라는 말을 우리가 가진 각 생각의 형상으로 이해한다. 이 형상에 대한 직접적인 지각을 통해 이 생각에 대해 의식할 수 있다."(AT VII, 1601) 그런데 관념에는 대상에 대한 정신적 이미지만 속하는 것이 아니다. 좁은 의미로 이해되었을 때 관념은 "대상에 대한 이미지(tanquam rerum imagines)"(AT VII, 37)다. 그러나 넓은 의미로 이해되었을 때 관념은 지각·상상·감각·의지와 같은 사유 행위 전체까지도 포함한다. "내가 관념이라는 말로써 정신이 직접 지각하는 모든 것을 의미한다는 것을 이미 여러 곳에서 밝힌 바 있지만, 여기서 다시 한번 밝히고자 한다. 나는 내가 원하거나 두려워할 때 내가 원한다는 것과 두려워한다는 것 역시 함께 지각하기 때문에, 의지와 두려움도 관념에 속한다."(AT VII, 181) 데카르트의 관념에 대한 견해에 대해서는 Gilson(1925), pp.318~319를 참조할 것.

신에게서 취할 수는 없었다. 그러므로 그 관념은 나보다 실제로 더 완전하고 자신 안에 내가 그것에 대해 관념을 가질 수 있었던 모든 완전성을 소유한 하나의 본성, 즉 한 단어로 설명하자면 신에 의해 내 안에 놓였을 것이다.[16] 이것에 나는 다음을 덧붙였다. 나는 내가 가지지 않은 어떤 완전성[17]을 알았기 때문에 내가 현존하는 유일한 존재가 아니라—실례지만 나는 여기서 스콜라학파의 용어들을 자유롭게 사용할 것이다—내가 그것에 의존하고 그것으로부터 내가 가진 모든 것을 획득한 다른 어떤 완전한 존재가 필연적으로 있어야 한다. 만일 내가 유일한 존재였고 다른 모든 것으로부터 독립 [35] 적이어서 내가 완전한 존재에 참여해 가지게 된 약간의 것을 나 자신에게서 가졌다면, 동일한 근거로 나는 내게 결핍된 것으로 아는 나머지 모든 것을 내게서 가질 수 있었을 것이며, 따라서 나 자신이

16) 데카르트에 따르면 나보다 더 완전한 한 존재에 대한 관념은 내가 구성한 관념일 수 없다. 이 관념의 원인은 나의 정신일 수 없고 나의 외부에 존재하는 신에 의해 내 안에 놓였다. 이것은 결과에서 원인으로의 증명, 즉 인과론적 신 존재 증명이다. 이것은 〈세 번째 성찰〉에서 첫 번째 신 존재 증명으로 제시된다.(AT VII, 40~46)
17) 데카르트는 완전성이라는 용어를 다양한 맥락에서 사용하지만 이것에 대한 분명한 정의를 제공하지 않는다. 이에 알키에는 데카르트의 철학에서 완전성 개념은 그 안에 여러 의미가 혼재된 모호한 개념이라고 주장한다. Ferdinand Alquié, *Œuvres philosophiques de Descartes*, Tome 3, Garnier, 1963, pp.601~602를 참조할 것. 그러나 알키에의 주장과 달리, 데카르트는 이 개념을 일관된 방식으로, 절대적으로 또는 어떤 방식으로, 스스로 현존하는 능력을 소유한 것과 외적인 힘에서 독립하여 스스로 구성하는 능력을 지시하려고 사용한다. 그리고 이 능력은 완전성의 단계를 규정한다. 완전성은 자발성, 즉 외적인 힘으로부터 독립하여 스스로 현존하거나 생산하는 능력을 의미한다.

무한하고[18] 영원하며 부동적이고 모든 것을 알고 전능할 수 있었을 것이며, 그리고 결국 나는 신 안에 있는 것으로 알던 모든 완전성을 가질 수 있었을 것이다. 내가 방금 전개한 논증에 따라 나의 본성이 할 수 있는 한에서 신의 본성을 인식하려면, 내 안에서 그것에 대한 어떤 관념을 발견할 수 있는 모든 것에 대해 그것을 소유하는 것이 완전성인지 아닌지를 검토해야 했다. 그리고 나는 불완전성을 표시하는 어떤 것도 신 안에 있을 수 없고 다른 모든 것은 신 안에 있다고 확신했다. 왜냐하면 나는 의심, 불안정성, 슬픔 그리고 이와 유

---

[18] 《방법서설》의 4부에서 신은 우선 "내가 그것에 대해 관념을 가질 수 있었던 모든 완전성을 가진" 최고의 완전성으로 정의되고, 신의 무한성은 뒤늦게 등장한다. 〈세 번째 성찰〉의 논의의 순서는 이와 다르다. 〈세 번째 성찰〉에서 무한성은 신의 첫 번째 속성으로 제시된다. "신의 이름으로 나는 어떤 무한하고, 독립적이고, 최고로 지성적이며, 최고로 능력 있는 어떤 실체를 이해한다."(AT VII, 45) 그리고 나서 신의 무한성은 모든 완전성을 현실적으로 소유하는 힘으로 정의된다. 또 《성찰》과 다른 형이상학적 텍스트에서 신의 무한성과 짝을 이루는 신의 이해 불가능성은 《방법서설》의 4부에서는 등장하지 않는다. "그도 그럴 것이 유한한 우리 영혼은 신을 이해할 수도 인식할 수도 없음에도 불구하고 우리는 신이 무한하고 전능하다는 것을 안다."(AT I, 152) "이해할 수 없는 거대한 능력."(AT VII, 110) 《방법서설》 4부의 인과론적 신 존재 증명이 나보다 더 완전한 존재에 대한 관념의 원인을 찾는 것이었다면, 〈세 번째 성찰〉의 인과론적 신 존재 증명은 내가 가지고 있는 무한한 존재에 대한 관념의 원인을 찾는 것이다. 무한 관념의 원인은 유한한 나의 사유일 수 없다. 데카르트의 신 존재 증명에 대한 레비나스(Emmanuel Levinas, 1906~1995)의 관심은 무한의 문제가 다루어지는 〈세 번째 성찰〉에 집중된다. 레비나스의 해석에 의하면, 나는 무한과 관념을 통해 관계를 맺고는 있으나 그 관념은 내가 이해할 수는 없는 관념이다. 이 관념은 사유하는 내가 구성하는 지향적 의식의 상관자일 수 없고 나의 지향적 의식을 파열시키고 나의 의식을 눈부시게 만든다. 데카르트의 〈세 번째 성찰〉에 대한 레비나스의 독해에 대해서는 에마뉘엘 레비나스, 《전체성과 무한》, 김도형·문성원·손영창 옮김, 그린비, 2018, 53~55쪽을 참조할 것.

사한 것들은—나 자신도 이것들로부터 쉽게 벗어날 수 있다는 것을 고려하면—신 안에 있을 수 없다고 생각했기 때문이다. 게다가 나는 감각적이고 물체적인 여러 사물에 대한 관념들을 가지고 있었다. 실제로 내가 꿈꾸고 있고 내가 보거나 상상하는 모든 것이 거짓이라고 가정했음에도 나는 그 관념들이 내 생각 안에 진짜로 있다는 것을 부인할 수는 없었다. 그러나 지성적 본성은 물체적 본성과 구분되고 모든 복합은 의존성에 대한 증거라는 것을 고려하면서 의존은 분명히 결함이라는 것을 내 안에서 이미 아주 명석하게 인식했기 때문에, 이것으로부터 나는 이 두 가지 본성으로 복합되는 것은 신 안에 있는 완전성일 수 없으며 신은 복합체가 아니라고 판단했다. 그러나 만일 세계 안에 전적으로 완전하지 않은 어떤 물체나 지성적인 것 혹은 다른 본성이 존재한다면, 그 존재는 신의 힘에 의 [36] 존해야만 하기 때문에 단 한순간도 신 없이는 존재할 수 없다고 나는 판단했다.[19]

그리고 나서 나는 다른 진리들을 찾고자 했으며, 내가 연속적 물체로 인식하거나 혹은 길이·넓이·높이가 무한정하게 연장되고[20]

---

19) 이것은 〈세 번째 성찰〉의 두 번째 인과론적 증명(AT VII, 48~49)에 대응한다.
20) 데카르트는 우주의 무한정(l'indéfini)을 오직 신에게만 타당한 무한(l'infini)과 구분한다. 그는 이 구분에 대해 다음과 같이 설명하면서 쿠자누스를 비롯한 몇몇 학자가 이 구분을 인식하지 못했다고 지적한다. "첫 번째로, 나는 쿠자누스 추기경을 비롯해 몇몇 학자가 세계를 무한한 것으로 가정했다는 것을 기억한다. 그리고 그들은 이 주제에 있어 교회로부터 비난받지 않았다. 반대로 사람들은 신의 작품들을 아주 거대한 것으로 인식하는 것이 신을 공경하는 것이라 생각했다. 나의 의견은 그들

다양한 모양과 크기를 가질 수 있는 다양한 부분으로 나뉠 수 있고 또 모든 방식으로 움직여지거나 이동될 수 있는 공간으로 인식한 기하학자들이 다루는 대상들을 고찰하면서—기하학자들은 이 모든 것을 연구의 대상으로 삼는다—기하학자들의 가장 단순한 증명 중 몇몇을 훑어보았다. 그리고 모든 사람이 이 증명들에 부여하는 큰 확실성은, 사람들이 내가 조금 전에 말한 규칙을 따라 그것을 분명하게 인식한다는 것에서만 그 근거를 갖는다는 점에 주목하면서,

---

의 것보다 받아들이기에 덜 어렵다. 왜냐하면 나는 세계가 무한하다(infini)고 말하지 않고 단지 무한정하다(indéfini)고 말한다. 여기에 매우 주목할 만한 차이가 있다. 그도 그럴 것이 하나의 사물이 무한하다고 말하려면 한 사물이 무한하다는 것을 알수 있게 할 어떤 근거가 있어야 한다. 그런데 오직 신에 대해서만 우리는 그 근거를 가질 수 있다. 그러나 한 사물이 무한정하다고 말하려면 그것을 통해 우리가 그 사물이 한계를 갖는다고 증명할 근거를 가지지 않는 것으로 충분하다. 이와 같이 우리는 세계를 구성하는 물질에 한계가 존재한다는 것을 증명할 수도 인식할 수도 없는 것처럼 보인다. ⋯⋯ 그렇다고 해서 나는 비록 그것들이 내게는 이해 불가능하지만 신에 의해 인식될 수 있는 어떤 경계가 존재한다는 것을 부인할 수는 없다. 이런 이유로 나는 세계가 무한하다고 결코 말하지 않는다."(AT IV, 292)
하지만 사실 쿠자누스 역시 무한을 신과 우주에 같은 의미로 적용하지 않는다. 그는 긍정적 무한성을 오직 신에게 해당하는 것으로 이해하고 우주의 무한성은 공간적으로 제한이 없는 물리적 우주에 해당하는 것으로 이해한다. 엄밀히 말해 그는 우주의 무한성이 아니라 무한정성(interminatum)을 옹호했다. Nicola de Cues, *La docte ignorance*, GF Flammarion, 2013, p.190을 참조할 것. 신의 무한성은 절대적으로 단순하며 시간과 다수성에 의해 규정을 초월하지만 우주의 무한성은 시간과 공간에서의 한계 없음을 의미한다. 쿠자누스에 의하면, 우주는 제한된 것이지만 이 제한은 신의 자기 제한인 까닭에 우주는 원리상 끝(한계)를 갖지 않는다. 신은 우주를 단적으로 초월해 있다. 그러나 우주는 이 초월적 신의 자기 전개다. 쿠자누스의 무한한 우주에는 중심도 주변도 존재하지 않는다. "세계라는 기계가 고정되고 부동적인 중심을 갖는다는 것은 불가능하다."(같은 책, p.99)

나는 또한 이 증명들 안에는 그 대상의 현존을 확신시켜주는 것이 아무것도 없다는 사실에 주의했다. 예를 들어 삼각형 하나를 가정한다면, 나는 그것의 세 각의 합이 두 개의 직각과 같다는 것을 잘 알았지만 세계에 삼각형이 존재한다는 것을 내게 확신시켜주는 어떤 것도 알지 못했다. 이와 달리 완전한 한 존재에 대해 가지고 있던 관념을 검토하는 것으로 되돌아갔을 때, 나는 삼각형의 관념 안에는 세 각의 합은 두 개의 직각과 같다는 것이 포함되어 있고, 원의 관념에는 모든 부분이 중심으로부터 똑같이 떨어져 있다는 것이 포함되어 있는 것과 마찬가지의 방식으로 혹은 이보다 더 분명하게, 완전한 한 존재에 대한 관념에는 현존이 포함되어 있다는 것을 발견했다. 그 결과로 나는 이 완전한 존재인 신이 존재하거나 현존한다는 것이 적어도 어떤 기하학의 증명만큼이나 확실하다는 것을 발견했다.[21] [37]

....

21) 데카르트에 의하면, 모든 현존하는 것은 그것의 현존이 필연적인 것과 그것의 현존이 단지 가능적인 것으로 나뉜다. 그는 이 구분에 근거해 신의 현존을 증명한다. 우리가 삼각형이나 산, 또는 어떤 사물의 본질이나 관념을 형성할 때 우리는 이것들을 현존하는 것으로 인식하지만, 이것의 현존은 단지 가능적이지 필연적이지 않다. 그러나 신의 본질은 그의 필연적인 현존 없이는 생각될 수 없다. 신에게서 본질과 현존은 하나다. "신을 현존 없이는 인식할 수 없다는 것에서 현존은 신과 분리될 수 없으며 그는 참으로 현존한다는 결론이 나온다."(AT VII, 67) 마찬가지로 AT VII, 52, 116을 참조할 것. 신의 본질에서 신의 현존을 끌어내는 신 존재 증명을 존재론적 신 존재 증명이라 부른다. 이 증명 방식은 중세 이탈리아 신학자 안셀무스(Anselmus Cantuariensis, 1033~1109)가 제시했고, 데카르트의 《방법서설》 4부와 《성찰》의 〈다섯 번째 성찰〉에서 등장한다. 이 존재론적 신 존재 증명에 대해서 1641년 7월에 메르센에게 보낸 편지(AT III, 395)를 참조할 것. 이 증명은 경험적인

그러나 많은 사람이 신을 인식하고 영혼이 무엇인지를 인식하는 데 어려움이 있다고 믿게 만드는 것은 바로 그들이 결코 정신을 감각적 사물 너머로 고양시키지 않으며 물질적 사물을 위한 고유한 사유 방식인 상상을 통해서만 생각하는 것에 너무나 익숙해져서 상상될 수 없는 모든 것은 그들에게 이해될 수 없는 것으로 보인다는 사실이다. 이것은 스콜라학파의 철학자들조차 준칙으로 삼은 것, 즉 지성 안에는 감각에—그러나 감각 속에 신과 영혼의 관념들이 있지 않았다는 것은 확실하다—먼저 주어지지 않은 것은 아무것도 없다는 것으로부터도 충분하게 명백하다.[22] 그리고 신과 영혼을 이

요소들을 배제하고 신의 개념으로부터 신의 필연적인 존재를 끌어내는 아프리오리한 신 존재 증명이다.
칸트는 "신이 존재한다(Gott ist)." 내지 "가장 완전한 실재성인 신은 필연적으로 현존한다."라는 명제의 "있다(ist)"는 신이 개념 밖에서 현존한다는 필연성을 보장하지 못한다며 데카르트의 신 존재 증명을 반박한다. 칸트에 의하면 "신이 존재한다." 내지는 "최고로 완전한 신이 있다."에서 "ist(sein)"는 신의 개념에 아무것도 덧붙이지 못한다. 즉, 그것은 실재적 술어가 아니다. "존재는 분명 실재적 술어가 아니다." (Immanuel Kant, *Kritik der reinen Vernunft*, Suhrkamp, 1974, p.533) 데카르트의 존재론적 신 존재 증명에 대한 칸트의 비판은 같은 책, pp.529~536을 참조할 것.
22) 데카르트는 인식의 문제에서 스콜라철학의 추상 이론과 단절한다. 추상 이론에 의하면, 지성은 감각적인 것에 의존하며 지성이 파악한 것에는 감각에 먼저 주어지지 않은 것은 아무것도 존재하지 않는다. 토마스 아퀴나스(Thomas Aquinas, 1225?~1274)에 의하면, 정신이 대상의 감각적 형상들을 받아들이면 지성이 그것들로부터 지성적 형상을 추상한다. 그러므로 감각적 사물로부터 추상된 형상만이 인간 지성이 접근할 수 있는 대상이다. 토마스는 인간 지성이 직접적으로 지성적인 것에 접근할 수 있다고 보지 않는다. 참된 인식은 그에 의하면, 물질적이고 감각적 실체로부터 지성적 형상을 추상하는 것에 의해서만 가능하다. 이것은 신에 대한 인식에서도 마찬가지다. 토마스는 인간 정신은 감각적 인식에서 출발하는 추론을 통해서만 신에 대한 인식에 이를 수 있다고 주장한다. 그러나 이 같은 방식으로 신의

해하려고 상상력을 사용하길 원하는 사람은 소리를 듣거나 냄새를 맡으려고 자신의 눈을 사용하길 원하는 사람과 마찬가지인 것으로 보인다. 다음과 같은 차이 또한 있다는 점을 제외하고서도 말이다. 지성이 개입하지 않으면 상상력도 감각도 어떤 것에 대해서도 우리를 확신시켜줄 수 없는 반면에[23], 시각은 후각이나 청각보다 대상들의 진리에 대해 우리를 덜 확신시켜주지 않는다.[24]

본질이 인식될 수 없다. 토마스에 의하면, 인간 지성은 신의 존재를 확증하는 것에만 만족해야지 그것의 본질을 인식할 수는 없다.
데카르트는 스콜라학과 철학의 추상 이론의 전제, 즉 인간 지성이 인식을 형성할 때 감각에 의존한다는 생각을 사람들이 일반적으로 가지는 견해로 간주한다. 데카르트는 인간 지성이 인식에 있어 감각에서 출발한다는 토마스의 전제와 달리, 그리고 더 나아가 감각적 경험의 한계를 넘어설 수 없다는 칸트의 주장과 달리, 본유관념(idée innée)에서 출발하여 신 존재를 증명한다. 신에 대한 관념 내지는 완전하고 무한한 존재에 대한 관념은 신이 작자인 본유관념이다. 신에 대한 관념은 신이 창조하면서 인간의 영혼에, 즉 자신의 작품에 남겨놓은 표지와 같다. 그리고 본유관념은 사물에 대한 아주 단순한 관념이거나(연장·운동·사유·현존·단일성 등) 참되고 불변적인 사물의 본질이나 본성에 대한 관념으로 이것으로부터 우리 지성은 다양한 속성을 끌어낼 수 있다. 즉, 인간 지성은 본유관념으로부터 진리를 끌어낼 수 있다. 이것들이 신이 우리 정신에 새겨놓은 영원 진리다. "이 법칙들은 모두 우리의 정신 속에 본래적인 것들로서, 어떤 왕이 그렇게 할 능력이 있을 경우 모든 신민의 마음속에 자신의 법을 각인하는 것과 같습니다."(데카르트가 1630년 4월 15일에 메르센 신부에게 보낸 편지)
하지만 모든 사람이 본유관념을 발견하는 것은 아니다. 본유관념을 발견하려면 정신의 집중이 요구된다. 고유한 의미에서 본유관념은 어떤 외적 자극의 기회 없이 내가 정신 안에서 발견한 관념이다. 또한 이 본유관념은 두 종류로 나뉜다. 먼저 내가 생각하는 존재라는 사실에서 발견되는 관념, 즉 생각, 생각의 양태, 시간, 지속, 연장 등의 관념이 있다. 이것들은 생각하는 나의 존재 안에 자신들의 근거를 갖는다. 또 다른 본유관념은 내 안에 있을 뿐 아니라 내 안에 놓인 신 관념이다. 이것은 나를 초월한 신에 의해 내 안에 놓인 본유관념이다. "신의 관념이 인간 정신 안에 그렇게 새겨져 있더라도……."(AT IV, 187)

끝으로, 내가 제시한 근거들을 통해서도 신과 영혼의 현존에 대해

23) 데카르트는 〈두 번째 성찰〉에서 밀랍의 예를 들어 이를 설명한다. 이에 의하면, 밀랍의 나타남은 외부에서 받아들이는 감각 인상에 기초하지 않는다. 밀랍은 무수하게 많은 방식으로 변용될 수 있는 사유의 양태들을 통해 나타난다. 그런데 가능한 모든 변용을 통한 나타남 속에서 하나의 동일한 것으로 지속하는 이 밀랍의 무엇임 혹은 "이 밀랍이 무엇인지"(AT VII, 31)는 사유의 양태 중 "지성 혹은 정신에 의해서만 지각된다."(AT VII, 31) 그는 상상과 감각 모두를 하나의 정신 활동으로 고려한다. 그러나 상상과 감각의 활동은 지속적이지 않다. 이와 달리, 지성은 감각과 상상을 비롯한 모든 사유의 활동을 하나의 지속하는 정신 활동으로 인식한다. 감각과 상상은 지속하는 정신의 지속하는 현전을 파악하지 못한다. 그것들은 대상의 무엇을 지각할 수도 없다. 오직 지성만이 사물의 무엇임을 파악한다. 그러므로 지성이 개입하지 않으면 무엇은 전혀 인식되지 않는다.
그리고 이 밀랍의 본성으로 이해되는 펼쳐진 무엇은 어떤 규정된 대상으로서의 밀랍(예를 들면 물질적 연장)이 아니라 무수히 많은 방식으로 변용되면서 펼쳐질 능력이나 힘으로 이해되어야 한다. "왜냐하면 나는 밀랍이 이런 종류의 무수한 변화를 받아들일 수 있다고 이해하기 때문에……."(AT VII, 31) 이 밀랍의 본성은 무수히 많은 옷을 입을 수 있는 가능성 혹은 능력이며 벌거벗은 몸에 비유될 수 있다. "나는 밀랍을 벌거벗은 것으로 고려한다."(AT VII, 32) 이 밀랍을 지각하는 나의 정신은 무수하게 많은 방식으로 변용되는 능력이다. 생각하는 능력으로서의 "나는 생각한다."는 나의 가능한 모든 지각에 수반된다. 이처럼 〈두 번째 성찰〉의 밀랍 분석에 나의 정신의 본성은 무수한 변용의 잠재성으로, 달리 표현하면 현상들의 현상성으로 이해될 수 있다.
24) 이 문장의 의미는 분명하지 않아 보인다. 이 문장—"시각은 후각이나 청각보다 대상들의 진리에 대해 우리를 덜 확신시켜주지 않는다"—에 따르면, 감각은 대상의 진리에 대해 알려준다. 그러나 이것은 바로 앞에서 서술된 상상력도 감각도 어떤 것에 대해서도 우리를 확신시켜주지 않는다는 데카르트의 견해와 충돌하지 않는가? 이 문장을 잘 이해하려면 데카르트가 감각을 두 가지 관점에서 고려한다는 점을 잊지 말아야 한다.
1) 감각과 상상력은 대상의 무엇임(quidditas) 혹은 본질에 대한 인식에 적합하지 못하다. 그리고 신과 영혼을 이해하려고 상상력을 사용하는 것은 눈으로 소리를 들으려 하는 것과 마찬가지다. 그러나 차이가 있다면, 전자의 경우에는 신을 인식하는 데 필요한 능력인 지성보다 더 낮은 수준의 능력을 사용하지만, 후자의 경우에

충분히 확신하지 못한 사람들이 있다면 나는 그들이 자신들이 확실
하다고 생각하는 다른 모든 것이, 예를 들어 신체를 가지고 있고 별
이나 땅 그리고 이와 유사한 것들이 존재한다는 점과 같은 것들이
덜 확실하다는 것을 알기를 바란다. 왜냐하면 우리는 기괴한 사람

는 단지 소리를 듣거나 냄새를 맡으려고 필요한 감각이 아닌 다른 감각을 사용한다
는 점이다. 필요한 능력보다 하위의 능력을 사용하는 전자의 오류가 단지 등급에서
는 같지만 다른 능력을 사용하는 후자의 것보다 더 큰 오류다. 그런데 데카르트는
이 차이를 "지성이 개입하지 않으면 상상력도 감각도 어떤 것에 대해서도 우리를
확신시켜줄 수 없는 반면에, 시각은 후각이나 청각보다 대상들의 진리에 대해 우리
를 덜 확신시켜주지 않는다."라는 문장으로 설명한다. 감각과 상상력에 개입하는 이
것들보다 더 상위의 능력인 지성만이 대상과 관련해 확실한 것을 파악한다.
2) 그러나 감각은 대상의 무엇임이 아니라 대상과 나의 관계에 대한 진리를 알려
준다. 시성의 개입이 없다면 대상의 무엇임에 관한 확실한 것을 인식하지 못한다는
점에서 감각과 상상력 사이에는 차이가 없다. 그리고 대상의 무엇임에 대한 인식의
문제 밖에서 시각과 후각 그리고 청각을 고려한다면 이것들 모두는 더와 덜의 차이
없이 대상에 대한 어떤 진리를 알려준다. 데카르트에 의하면, 대상의 무엇임에 대
한 인식의 문제 외부에서 감각은 우리에게 어떤 종류의 진리를 알려준다. 이 감각
적 진리는 대상의 무엇임에 대한 진리가 아니라 영혼과 신체의 결합으로서의 인간
의 실천과 관련된 진리다. 감각적 진리는 〈여섯 번째 성찰〉의 주제다. "그런데 이 자
연은 내게 가르쳐주는 것 중에 내가 고통을 느낄 때 나의 신체 상태가 좋지 않으며
배고픔 또는 갈증을 느낄 때 내 신체가 먹거나 마시는 것을 필요로 한다는 것보다
더 분명한 것은 없다."(AT VII, 80) 감각은 대상의 유용성 내지는 사용가치를 지각
한다. 감각이 지각하는 것은 한 대상의 '무엇임'이 아니다. 감각은 영혼과 신체의 단
일성으로서의 나와 외부 사물들과의 관계의 적합성 또는 부적합성을, 다시 말해 무
엇이 이롭고 이롭지 않은지를 알려준다. 이 같은 사용가치적 측면에서 고려했을 때
감각 지각은 "충분히 명석 판명한 것"(AT VII, 83)이지만 "물체의 본질에 대해서는
아주 애매하고 모호한 것만 알려줄 뿐이다."(AT VII, 83) 달리 표현하면, 감각은 영
혼과 신체의 결합으로서의 인간이 무엇을 추구해야 하고 무엇을 피해야 하는지를
명석하고 판명하게 알려준다. 사용가치의 맥락에서 감각하는 나는 외부 사물들 자
체에 관계함 없이 그것들의 나와의 관계에 관계한다.

[38] 이 아닌 한[25] 의심할 수 없는 사물에 관해서 실천적 확신을 가지고 있음에도, 형이상학적 확실성[26]이 문제일 때에는 이 사물에 대해 완전히 확신할 수 없기 때문에, 잠자면서도 다른 신체를 가지고 있다고 상상할 수도 있고 같은 방식으로 다른 별과 다른 땅을—사실은 이런 것들이 전혀 없지만—본다고 상상할 수도 있다는 점에 주의할 충분한 이유가 있다는 것을 우리가 이성적인 한 부인할 수 없기 때문이다. 그도 그럴 것이 꿈에서 나타나는 생각이—이것이 자주 깨어있을 때 갖는 생각만큼이나 생생하고 분명하다는 점을 고려한다면—다른 것들과 달리 거짓임을 무엇으로부터 알 수 있겠는가?[27] 그리고 최고의 정신이 이 문제에 대해 원하는 만큼 연구한다

---

25) 이 표현은 《성찰》의 〈첫 번째 성찰〉에 등장할 광기의 논변을 요약한다. "나를 누군지 모를 어떤 광인과 비교하지 않는다면 어떻게 내가 이 손과 신체가 나의 것이라는 것을 부정할 수 있겠는가?"(AT VII, 18)

26) 《방법서설》에서 데카르트는 실천적 확신(assurance morale)과 형이상학적 확실성(certitude métaphysique)을 구분한다. 그런데 실천적 확신은 그의 다른 텍스트들에서는 실천적 확실성(certitude morale)으로 표현된다. 실천적 확실성은 형이상학적 확실성보다 하위의 확실성이다. 실천적 확실성은 증명될 수 없으며 참된 것으로 전제(가정)되는 것이다. 이것은 비록 이론적으로는 불충분하지만 실천을 이끌고 규제하기 위해서 충분하다. 이와 달리 형이상학적으로 확실하다고 여겨지는 것들은 형이상학적 토대들에 그 기반을 두고 있는 것들이다. 내가 감각적으로 지각한 사물들이 나의 외부에 존재한다고 믿고 살아가는 것은 실천적으로 확실하다. 이 확실성은 내가 삶을 영위하기 위해 요구되며 또 이것을 위해서는 충분하다. 그러나 나의 외부에 사물이 현존하는지 그리고 한 사물이 내가 지각한 그대로 실재하는지의 문제는 형이상학적으로는 확실하지 않다.

27) 실천적 확실성의 수준에서 꿈의 가설은 유효하지 않다. 그러나 원리들을 탐구하는 형이상학에서 실천적 확실성은 충분하지 않다. 특히 철학의 제일원리의 확실성은 가장 높은 수준의 확실성이다. 제일원리의 확실성, 즉 "나는 생각한다, 그러므

고 하더라도 나는 그들이 신의 현존을 전제하지 않는다면 이 의심을 제거하기에 충분한 근거를 제시할 수 있다고 생각하지 않는다. 첫째로 내가 앞에서 규칙으로 삼은 것, 즉 우리가 아주 명석하고 판명하게 인식한 것들은 모두 참이라는 규칙은 오직 신이 존재하거나 현존하고, 그가 완전한 존재이며, 우리 안에 있는 모든 것이 그에게서 온 것이기 때문에만 보장된다.[28] 이것으로부터 실재적 사물

　　　　　　로 나는 존재한다."의 확실성은 인식과 실천에서 타당한 모든 가능한 확실성을 괄호친 후에도 확실한 것으로 긍정되는 확실성이다. 그러므로 데카르트 철학의 제일원리인 생각하는 나의 존재는 인식과 실천에서 확실한 것으로 인정되는 것들을 배제하고도 타당한 확실성으로 가장 큰 확실성을 갖는다. 이 확실성은 후설(Edmund Husserl, 1859~1938)의 용어를 빌리면, 필증성(Apodiktizität)이다. 실천적 확실성은 생각하고 있는 내가 사실은 꿈을 꾸고 있다는 가능성을 배제한다. 그러나 이 가능성을 배제하지 않더라도 생각하는 나의 현존은 확실하다.

28) 여기서 데카르트는 진리의 일반 규칙을 최고로 완전한 신에 의해 보증되는 것으로 고려한다. 아르노(Antoine Arnauld, 1612~1694)는 이 견해를 반박한다. "단 하나의 어려움이 내게 남아있다. 그것은 그가 신이 현존하기 때문에 우리가 명석하고 판명하게 지각하는 것들을 참인 것으로 확신할 수 있다고 주장할 때 어떻게 그가 순환논증을 범하지 않았다고 말하기 어렵다는 점이다."(AT VII, 214) 진리의 일반 규칙은 수행적으로 발견되는 철학의 제일원리, 즉 생각하는 나의 현존의 확실성에 대한 반성을 통해 파악된다. 그런데 이렇게 파악된 명석하고 판명하게 인식한 모든 것은 참이라는 일반 규칙이 신에 의해 보증된다고 말하는 것은 사유하는 나의 현존의 확실성도 신의 현존에 의해서만 보증된다는 것을 의미하는가? 《방법서설》의 형이상학은 악순환의 오류에 빠졌는가? 데카르트는 아르노의 반박에 대해 다음과 같이 답변한다. "끝으로, 나는 이미 《두 번째 반박들에 대한 답변들》의 3과 4에서, 내가 신이 현존하기 때문에 우리가 명석하고 판명하게 지각하는 것들을 참인 것으로 확신한다고 말할 때, 그리고 우리가 그것을 아주 명석하고 판명하게 인식하기 때문에 신이 현존한다는 것을 확신한다고 말할 때 순환의 오류에 빠지지 않았다는 사실을 우리가 실제로 아주 명석하고 판명하게 인식하는 것을 이전에 아주 명석하게 인식했다고 기억하는 것과 구분하면서 아주 분명하게 보여주었다."(AT VII, 245)

들과 신에게서 온 우리의 관념 혹은 개념은 그것들이 명석하고 판명한 모든 것에 있어서 참이지 않을 수 없다는 결론이 나온다.29) 그

....

데카르트에 의하면, 기억에 의존하는 인식은 신의 보증이 필요하다. "셋째, '신이 존재한다는 것을 알기 전에, 우리는 어떠한 것도 알 수 없다.'고 내가 말했을 때, 나는 이를 우리가 결론을 도출하는 데 사용했던 근거들에 주목하지 않은 채 기억할 수 있는 결론들에 대한 지식에 한정해서 설명하는 것임을 분명한 표현을 써가며 확실하게 했습니다."(AT VII, 140) 그러므로 사유하는 나의 현존의 확실성이나 내가 현재 지각하고 있는 것의 확실성은《성찰》에서는 이 견해가 분명하게 드러나지 않지만, 신의 현존에 의존하지 않고도 의심할 수 없는 것으로 받아들여질 수 있다. 그렇다면 일반 규칙의 경우는 어떠한가? 아르노의 반박에 대한 데카르트의 답변은 그가 진리의 일반 규칙을 그것의 "근거들을 주목하지 않은 채 기억할 수 있는 결론들에 대한 지식"에 속하는 것으로 간주한다는 것을 보여준다. 그러므로 일반 규칙은 제일원리에 대한 반성에서 얻어진 것으로 그것의 근거인 제일원리를 주목하지 않고도 진리 탐구에서 사용된다. Jean-Marie Beyssade(1988), pp.189~198을 참조할 것.

29) 데카르트는 관념을 생각된 사물(res cogitata) 혹은 생각된 실재성으로 고려한다. 다시 말해, 관념은 정신 안에서 대상의 방식으로 실재한다. 먼저 관념의 실재성은 질료적인 것으로 고려된다. 모든 관념은 사유의 양태라는 점에서 동일하다. 즉, 사유의 행위는 모든 관념의 질료적 실재성이다. 이와 달리 관념의 질료적 실재성 안에서 다양한 방식으로 구분되는 관념의 방식은 대상적 실재성이다. 관념의 대상적 실재성은 각각의 관념이 정신 안에서 서로에 대해 구분되는 대상적인 방식으로 실재한다는 것을 의미한다. 즉, 관념의 대상적 실재성은 사유라는 질료 안에서 관념이 대상적인 방식으로 어떤 규정 내지는 형상을 가지고 실재한다는 것을 의미한다. 그런데 한 관념은 무엇에 대한 관념이다. 한 관념을 무엇과의 지향적 관계에서 고려할 때, 즉 무엇을 표상하는 것으로 고려할 때 이 관념의 실재성은 표상적 실재성으로 불릴 수 있다. 이때 관념의 표상적 실재성은 관념이 표상하는 그 관념의 원인, 즉 형상적 실재성과의 대립 관계에서 고려된다. 대상적 실재성이라는 용어는 스콜라적 기원을 갖는다. 그러나 스콜라철학에서 관념의 대상적 실재성(realitas objectiva) 혹은 대상적 존재는 실재적 존재가 아니라 이성적 존재로만 고려되었다. 데카르트는 여기에서 관념에 대한 충분한 설명을 제공하지는 않는다.《방법서설》4부의 관념에 대한 설명의 불충분성에 대해서는 1638년 2월 22일에 바티에(Vatier) 신부에게 보낸 편지(AT I, 560)를 참조할 것.

러므로 우리가 오류를 포함하는 관념을 매우 자주 갖는다면 이것은 무에 참여하기 때문에 혼란스럽고 모호한 어떤 것을 가진 관념에 관해서다. 다시 말해 그 관념은 우리가 전적으로 완전하지 않기 때문에 우리 안에서 이처럼 혼란스럽다. 오류 혹은 불완전성이 신에게서 나온다는 것은 진리 혹은 완전성이 무로부터 나온다는 것보다 명백하게 덜 모순적이지 않다. 그러나 만일 우리가 우리 안에 있는 실재적이고 참된 모든 것이 완전하고 무한한 하나의 존재로부터 온 것이라는 점을 전혀 알지 못한다면, 우리의 관념이 아무리 명석하고 판명할지라도 그것이 참되다는 완전성을 가지고 있다고 우리를 확신시켜줄 어떤 근거도 갖지 못할 것이다.

[39]

그런데 이처럼 신과 영혼에 대한 인식이 우리에게 이 규칙을 확실한 것으로 만들어준 후에 잠자고 있을 때 상상하는 몽상들이 우리가 깨어있을 때 갖는 생각의 진리를 조금이라도 의심할 수 있게 하지 않아야 한다는 것을 쉽게 알 수 있다. 그도 그럴 것이, 만약 우리가 잠자면서도 아주 판명한 어떤 관념을 가질 수 있다면, 예를 들어 한 기하학자가 잠자면서 새로운 증명을 고안한다면, 그의 잠은 그 증명이 참이지 않게 할 수 없을 것이다.[30] 꿈의 가장 흔한 오류, 즉 꿈이 외감과 마찬가지 방식으로 다양한 대상을 표상할 때 생기는 오류가 우리에게 그러한 관념의 진리를 의심하게 하는 기회를

---

30) 잠은 그 자체로는 오류의 상태가 아니다. 그리고 지성의 활동은 꿈에서나 깨어있을 때나 동일한 활동이다. 물론 지성의 활동은 꿈에서보다 깨어있을 때 사유의 자유로운 수행에 더 적합하다. 이에 대해서는 AT VII, 196을 참조할 것.

제공한다는 점은 중요하지 않다.³¹⁾ 감각 관념은 자고 있지 않아도 우리를 매우 자주 속일 수 있기 때문이다. 예를 들어, 황달에 걸린 사람이 모든 색을 노란색으로 볼 때³²⁾, 혹은 아주 멀리 있는 별들이나 물체들이 실제로 그러한 것보다 우리에게 작게 보일 때처럼 말이다. 결국 깨어있든지 자고 있든지 간에 우리는 이성의 명증성에 의해서만 설득되어야 한다. 그리고 내가 감각이나 상상력에 대해서가 아니라 이성에 대해 말을 한다는 점은 주목할 만하다. 우리가 태양을 아주 명석하게 본다고 할지라도 우리가 보는 그대로의 크기가 태양의 실제 크기라고 판단해서는 안 된다. 그리고 우리는 양의 몸에 붙은 사자의 머리를 아주 판명하게 상상할 수 있지만 그렇다고 이것으로부터 세상에 키메라가 존재한다고 결론 내려서는 안 된다. 이성은 우리가 이런 식으로 보거나 상상하는 것이 참이라고 지시하

[40]

31) 관념은 그 자체로 고려하면 참도 거짓도 아니다. 참과 거짓은 관념을 긍정하거나 부정하는 판단에서 나온다(AT VII, 56). 그러나 어떤 방식으로 질료적으로 오류인 관념이 존재한다. 이 관념은 그 자체로는 참도 거짓도 아니지만 거짓된 판단의 기회를 제공한다는 점에서 질료적 허위라고 불린다. 이 표상들이 존재하지 않는 대상을 긍정하게 하는 기회를 제공한다는 점에서 질료적 허위이다. 데카르트가 제시하는 질료적 허위의 관념은 뜨거움이나 차가움과 같은 감각적 성질에 대한 관념이다. AT VII, 43~44, 232를 참조할 것.
32) 황달에 걸린 사람이 모든 사물을 노랗게 보는 것은 아니다. 그렇지만 황달은 철학에서 감각에 의한 사물 인식을 비판하기 위해 사용되곤 했다. 몽테뉴는 《에세》 2권 12장의 회의주의 논변 과정에서 총 세 번 황달의 예를 사용한다. 그는 이 예를 섹스투스-엠피리쿠스와 루크레티우스에게서 빌려온다. 데카르트는 전체 저작에서 《방법서설》의 이곳을 포함하여 세 번 황달의 예를 사용한다. AT X, 423와 AT VII, 145를 참조할 것.

지 않기 때문이다. 그러나 이성은, 모든 관념이나 개념은 어떤 진리의 토대를 갖는다고 우리에게 지시한다. 전적으로 완전하고 진실된 신이 진리의 어떤 토대 없이 관념 내지는 개념을 우리 안에 넣었다는 것은 가능하지 않을 것이기 때문이다.[33] 그리고 논증들은 깨어 있을 때보다 잠자고 있을 때 그렇게 분명하지 않고 온전하지도 않기 때문에, 때때로 상상이 깨어있을 때만큼이나 혹은 깨어있을 때보다 더 생생하고 분명할지라도, 이성은 우리가 전적으로 완전하지 않기 때문에 우리의 생각이 전적으로 참이지는 않지만 생각이 참된 것으로 가지고 있는 것은 반드시 꿈속에서의 생각보다는 깨어있을 때의 생각에서 발견된다고 우리에게 지시한다.[34]

[33] 감각 관념이 진리의 토대를 갖는 것은 사물의 무엇임에 대한 인식의 측면에서가 아니라 그것이 사물과 우리가 맺는 유용성의 관계를 지시하는 측면에서다. 이에 대해서는 4부 각주 24를 참조할 것.
[34] 여기서 데카르트는 반복해서 "이성이 지시한다(dicter)."라고 쓴다. 그에 의하면, 이성이 지시하는 것 혹은 이성의 빛에 의해 알려지는 것은 의심의 대상도, 증명의 대상도 아니다. 그것은 우리 정신에 의심의 여지가 없는 것으로 주어진다.

Discours de la méthode

5부

첫 번째 진리로부터 연역한 다른 모든 진리의 연쇄를 계속 추구하고 그것을 여기서 모두 보여주면 좋을 것이다. 그러나 이를 위해서는 학자들이 논쟁하고 있는 문제들에 대해 말하는 것이 지금 필요한데, 나는 그들과의 관계가 틀어지는 것을 원하지 않기 때문에 그것들에 대해 말하는 것을 단념하고 대중에게 그것들이 더 상세하게 알려지는 것이 유익한지 아닌지를 현명한 사람들이 판단할 수 있도록 단지 일반적으로 그것들이 무엇인지를 말하는 것이 좋다고 생각한다.[1] 나는 내가 취했던 결심, 즉 내가 신과 영혼의 현존을 증명하려고 방금 사용한 원리[2] 외에 다른 어떤 원리를 전제하지 않고, 기하학자들의 증명이 이전에 보여준 것보다 더 명석하고 더 확실한 것으로 보이지 않는 어떤 것도 참된 것으로 받아들이지 않겠다는 결심을 항상 확고하게 유지한다. 그럼에도 나는 감히 말한다. 나는 짧은 시간에 사람들이 철학에서 다루는 모든 주요한 난제와 관련해서 나를 만족시키는 수단을 발견했을 뿐 아니라 신이 자연 안에 설립한 어떤 법칙들을 알게 되었다. 신이 그것의 개념들을 우리의 영혼 안에 새겨놓아서 이것들에 대해 충분히 숙고한 후에 우리는 그것들이 세계에서 존재하고 일어나는 모든 것에서 정확하게

[41]

.....

1) 데카르트 자연학은 아리스토텔레스와 토마스의 자연학의 근본 개념들에 대립한다.
2) 여기서 데카르트가 언급하는 원리는 《방법서설》 4부에 나온 신에 의해 보증되는 일반 규칙이 아니라 그가 《방법서설》 2부에서 제시한 방법의 네 가지 규칙 중 첫 번째 규칙, 즉 우리에게 의심할 수 없는 것으로 나타나는 것만을 받아들인다는 원리다. "첫 번째 규칙은 분명하게 그러하다고 인식하지 못한 어떤 것도 참으로 받아들이지 않는 것."(AT VI, 16)

지켜지고 있다는 것을 전혀 의심할 수가 없을 것이다.[3] 그리고 이 법칙들부터 따라 나오는 것들을 고려하면서 나는 이전에 배웠던 것 혹은 배우기를 희망했던 것보다 더 유용하고 더 중요한 많은 진리를 발견한 것 같았다.

그러나 내가 어떤 것을 고려하여 출판하기를 단념한 한 논고[4])에서 이 법칙 중 주요한 것들을 설명하려 시도했기 때문에 여기서 그 논고에 포함된 내용을 요약해서 말한다면 그것들을 가장 잘 설명할 수 있을 것이다. 그 논고를 쓰기 전에 나는 물질적 사물들의 본성과 관련해서 알고 있다고 생각하는 모든 것을 거기에 포함시키는 계획

---

[3] 보편적인 자연법칙들은 인간 정신 안에 새겨져 있는 본유관념들로부터 연역된다. 먼저 신의 부동성과 무한성이라는 관념으로부터 운동의 근본 법칙들이 나온다. 예를 들어, 신의 부동성이라는 관념으로부터 관성의 법칙과 운동량 보존의 법칙 그리고 직선 운동의 법칙 등이 연역된다. 이에 대해서는 《세계》의 7장(AT XI, 36~49)과 《철학의 원리》 II, 36~37절을 참조할 것. 또 신은 인간의 정신 안에 자연의 탐구에 쓰이는 단순한 본성들을 새겨놓았다. "신은 모든 사물을 수와 무게 그리고 척도로 배치했고 이것들에 대한 인식은 우리 영혼들에 본성적으로 내재해서······."(AT IX, 47)

[4] 데카르트는 《방법서설》 6부의 도입부에서 1629년에 쓰기 시작한 《세계(Le Monde ou Traité de la lumière)》의 출판을 단념한 이유가 갈릴레이에게 내려진 유죄 선고 때문이라고 말한다. 코페르니쿠스에서 시작된 우주론에서의 혁명은 데카르트 철학의 중요한 배경 중 하나다. 1633년에 로마교회는 코페르니쿠스적 지동설을 가르치거나 믿는 것을 금지했다. 데카르트는 지동설을 지지한 갈릴레이가 유죄 선고를 받았다는 소식을 듣고 1633년 메르센 신부에게 보낸 한 편지에서, 자신의 자연학 논고 《세계》를 출판하는 것을 단념한다고 밝히고 지동설이 옳지 않다면 자신의 철학의 모든 토대도 그렇게 된다고 쓴다. AT I, 270을 참조할 것. 또한 그는 《철학의 원리》 세 번째 부분("가시적 우주")에서 코페르니쿠스적 우주론에 기초하여 자연학의 이론들을 전개한다. 그는 갈릴레이에 대한 유죄 선고가 취소되어 논고를 출판하길 기대했다(AT I, 288). 《방법서설》 5부는 출판을 포기한 《세계》의 요약이다.

을 세웠다. 그러나 하나의 평평한 캔버스 위에 고체적 사물의 모든 다양한 측면을 동등하게 잘 재현할 수 없어서 주요한 측면 중 밝게 놓을 한 측면을 선택하고 다른 측면들을 그늘지게 하여 모든 측면을, 우리가 밝은 측면을 바라보면서 어두운 측면들을 볼 수 있게 함으로써 나타나게 만드는 화가들처럼[5], 나는 나의 서설에 내가 생각하고 있던 모든 것을 넣지 못할지도 모른다는 걱정에 빛에 대해 알고 있던 것만을 아주 풍부하게 설명하려 시도했다.[6] 그리고 이 기회에 빛이 거기에서 대부분 유래하기 때문에 태양과 항성에 대한 어떤 것을, 그것이 그 빛을 전달하기 때문에 하늘에 대한 어떤 것을, 그것들이 빛을 반사하기 때문에 유성·행성·지구에 대한 어떤 것을, 그것들이 색을 가졌거나 투명하거나 빛을 발하기 때문에 특히 지

[42]

---

5) 자연학의 대상으로서의 세계의 복잡성은 실재 전체를 인과론적으로 분석하고 설명하는 것을 어렵게 한다. 여기서 데카르트가 연구의 방법으로 제시하는 세계-그림은 실재를 이해 가능한 것으로 만들기 위한 가설이다. 그는《세계》6장에서 독자들을 자신이 꾸며낸 가상의 공간으로 초대한다. "잠시 여러분의 생각이 내가 상상적 공간들에서 탄생하게 할 완전히 새로운 하나의 세계를 보러 가기 위해 이 세계를 떠나는 것을 허용해주십시오."(AT XI, 31) 그는 이 가상적 세계에 대한 이야기를 우화로 부르길 주저하지 않는다.

6) 왜 데카르트는 빛을 "내 자연학"의 주제로 삼고 이 주제에 우선권을 부여했을까? 빛은《세계》의 특권적인 주제다. "여기서 빛에 대해 다루려고 계획하면서……."(AT XI, 3) "빛…… 나의 계획의 주요 부분은 이것에서 성립한다."(AT XI, 10I) 마찬가지로 데카르트가 1638년 2월 22일에 바티에(Vatier)에게 보낸 편지(AT I, 561~562)를 참조할 것. 빛이 데카르트 자연학의 핵심 주제인 이유는 그것이 가시적 세계를 다루기 때문이다. 그러나 더 근본적인 이유는 다른 곳에 있다. 그것은 이 주제가 전통적인 자연학 논고들이 병렬적으로 놓았던 자연학의 여러 부분을 잇고 분절하는 데 적합했기 때문이다. 이에 대해서는 Simone Martinet(1982), p.136, pp.285~309를 참조할 것.

구 위의 모든 사물에 대한 어떤 것을, 마지막으로 인간이 이 사물들을 바라보기 때문에 인간에 대한 어떤 것을 서설 안에 덧붙이려 했다.[7] 이 모든 것을 약간 그늘지게 만들려고, 그리고 학자들 사이에서 받아들여지는 의견을 따르거나 반박하지 않으면서 내가 판단한 것에 대해 자유롭게 말하려고, 나는 여기 이 세계 전체를 그들의 논쟁에 맡겨두고, 만일 신이 지금 상상적 공간의 어떤 곳에 새로운 세계를 구성하려고 충분한 물질을 창조한다면, 그리고 그가 이 물질의 다양한 부분을 순서를 상관하지 않고 다양하게 움직여서 시인들이 생각해낼 수 있을 만큼의 혼란스러운 카오스를 구성하고 난 후 자연에 일상적인 협력만을 주고 그가 세운 법칙들에 따라서 이 물질을 움직이게 했을 때 하나의 새로운 세계에서 발생할 것에 대해서만 말할 것을 결심했다.[8] 그래서 나는 제일 먼저 이 물질을 묘사

---

7) 인간을 관객으로 묘사하는 것은 데카르트의 자연학 논고의 기획과 연관된다. 인간 생리학 논고인 《인간》은 《세계》의 두 번째 부분, 정확히 말해 《세계》의 13장이다. 데카르트는 1632년 메르센에게 보낸 한 편지에서 《세계》의 생명이 없는 물체들을 다루는 부분을 다 작성했고 인간의 본성에 대한 것들을 덧붙일 계획이라고 알린다.
8) 여기서 데카르트가 언급하는 상상적 공간은 중세인이 생각한 이 세계 밖의 공간을 가리킨다. 그들은 세계가 유한하고 평평하다고 생각했고 세계 너머를 하나의 상상적 공간, 즉 아무것도 없는 허구적 공간으로 상상했다. 그러나 이것은 우주를 무한정한 것으로 이해한 데카르트가 거부한 견해다. 그렇지만 그는 세계의 발생을 설명하려고 상상의 공간들이라는 허구를 도입한다. 그리고 그는 상상적 공간에서 신이 창조한 물질들이 신에 의존하는 법칙들과 원리들에 의해 지금 이 세계로 생성되어가는 과정을 설명한다. 그러나 이런 방식으로 세계가 발생되었다는 생각은 그가 동의하지 않는 견해다. "그럼에도 나는 이 모든 것으로부터 이 세계가 내가 제안한 방식으로 창조되었다고 추론하길 원하지 않았다. 그도 그럴 것이 시작에서부터 신이 세계를 이것이 존재해야 할 모습 그대로 만들었다는 것이 더 진실에 가깝다."(AT VI, 45) "지

했고 신과 영혼에 대해 조금 전에 말해진 것을 제외하고는 어떤 것
도 이 세계에서 이 물질보다 더 분명하고 이해하기 쉬운 것은 없다
고 할 정도로 이 물질을 나타내려고 노력했다. 실제로 나는 물질 안
에는 스콜라학파들에서 논쟁 중인 어떤 형상이나 성질도 없으며, [43]
그것을 모르는 척할 수 없을 정도로 그것에 대한 인식이 우리의 영

금 이 세계"는, 데카르트에 의하면, 지금 있는 그대로 신에 의해 창조되었다.
그렇다면 그가 이 세계의 발생이라는 자신이 거부하는 견해를 포함하는 가설을 도입
하는 이유는 무엇인가? 그것은 그가 세계와 세계 내 사물들의 본성을 설명하려면 지
금 있는 그대로의 세계를 설명하는 것보다—따라서 "지금의 이 세계 전체"에 대해서
는 학자들 간의 논쟁에 맡겨두고—그것들의 발생 내지는 생성 과정을 보여주는 것
이 더 유용하다고 생각했기 때문이다. 요컨대, 그는 사물의 본성은 그것의 생산 과정
을 통해서 가장 잘 드러난다고 생각했다. 이에 대해 데카르트는《철학의 원리》에서
다음과 같이 서술한다. "나는 거짓된 가정들도 채택할 것이다. …… 나는 세계가 시
작에서부터 지금 가지고 있는 완전성을 가지고 탄생했다는 것에 대해 의심하지 않는
다. 태양과 지구, 달 그리고 별은 현재 있는 그대로 시작에서부터 존재해왔다. ……
그렇지만 우리가 식물과 인간의 본성에 대해 알기 원한다면, 신에 의해 이것들이 어
떻게 창조되었는지를 고려하는 것보다 이것들이 어떻게 씨앗에서 점진적으로 자라
났는지를 고려하는 것이 훨씬 낫다."(AT VIII, 99~100) 마찬가지로 1637년 4월 27일
에 메르센에게 보낸 편지(AT I, 367)를 참조할 것.
《세계》의 세계-우화는 실재 세계를 이해 가능한 것으로 만드는 역할을 하지 세계의
진정한 기원이 무엇인지에 대해 이야기하지 않는다. 그러나 데카르트에게 이 가공되
고 꾸며낸, 구상된 우주 혹은 상상된 세계는 한낱 허구가 아니며 자연현상의 복잡성
에 대면해 궁여지책으로 도입한 불만족스러운 방법에 불과한 것도 아니다. "…… 이
우화는 나를 너무 만족시켜서 이것을 완성하지 않을 수 없다."(AT I, 179) 데카르트
에 의한 이 비실재적 세계의 고안은 최초의 원인으로부터 결과로 연역해 나아가는
그의 기계론적 방법의 결과다. 또 이 세계의 탈실재화는 유한한 지성에 적합한 탐구
방법이다. 우화는 영원한 진리들을 가지고 세계를 그려낸다. 우화는 실재에 대한 정
확한 모사나 반영이 아니라 실재를 인간 지성에 적합하게 비추는 환영이다. 이 주제
에 대해서는 이재훈,〈데카르트의 생리학에서 기계와 기술(technique)의 문제〉,《철학
탐구》65집, 중앙대학교 중앙철학연구소, 2022, 93~119쪽을 참조할 것.

혼에 본성적으로 속하지 않는 것은 하나도 없다고 분명하게 전제했다.[9] 또한 나는 자연의 법칙들이 무엇인지를 보여주었다. 그리고 설명의 근거를 신의 무한한 완전성이라는 원리에만 의존하게 하면서 사람들이 의심했었을 수도 있는 법칙 모두를 증명하려 노력했고, 신이 여러 세계를 창조했다고 하더라도[10] 그것들이 지켜지지 않을 어떤 곳도 없을 그런 법칙들을 보여주려 노력했다. 그리고 나서 나는 어떻게 이 카오스에 있는 물질의 커다란 부분이 이 법칙들을 따

---

9) 데카르트는 스콜라학파의 철학이 말하는 실체적 형상을 부정한다. 데카르트에게 물질은 기하학적 연장으로 환원된다. 이것만이 물질의 이해 가능성의 근거다. 그리고 감각적 성질은 물질적 사물에 속하지 않는다. 데카르트는 스콜라학파가 말하는 실체적 형상을 부정한다. 그는 특히 아리스토텔레스의 형상을 이해할 수 없는 것이라고 비판한다.
10) 세계를 유한한 전체로 이해한 아리스토텔레스는 세계의 복수성을 부정한다. 그러나 무한한 혹은 무한정한 우주라는 새로운 생각은 세계가 복수적일 수 있다는 생각을 가능하게 만들었다. 그도 그럴 것이 우주가 무한하다면 우주에 우리가 사는 곳 외 다른 세계가 없다고 생각하기 어렵다. 이런 이유로 몽테뉴는 세계의 복수성을 인정한다. "너의 이성은 세계의 복수성을 너에게 설득시킬 때 가장 참되고 견고하다. '땅·태양·달·바다 그리고 존재하는 모든 것은 하나가 아니라 수에 있어 무한하다.'(루크레티우스)"(*Essais*, p.524) 데카르트 역시 다른 세계들의 가능성을 인정한다. 이미 쿠자누스가 주장했고 데카르트 이후 파스칼이 말하는 것처럼, 무한하거나 무한정한 우주에는 중심도 주변도 존재할 수 없다. 그러므로 우리의 세계가 우주의 중심이라고 말해질 수 없다. 더 나아가 데카르트는 이 세계가 우주 안의 유일한 세계가 아니며, 우주가 이 세계를 위해 존재하지도 않고 이곳에서의 삶을 유일하고 최선의 삶으로 여길 수 없다고 주장한다. "만일 우리가 천체들 너머에 상상적 공간들만이 존재하며, 모든 천체가 지구를 위해 만들어졌을 뿐이고 지구는 인간을 위해서만 만들어졌다고 상상한다면, 이것은 우리가 이 땅이 우리의 주된 거주지이고 이 삶이 최선의 것이라 생각하도록 만들며……."(AT IV, 292) 이처럼 데카르트 철학은 반인간중심주의적이고 반지구중심주의적이다.

르면서 우리의 하늘과 유사하게 되는 방식으로 배치되고 배열되어야 했는지를 보여주었다. 그리고 그러는 동안에 어떻게 물질의 어떤 부분이 지구를, 어떤 부분이 유성과 행성을, 그리고 어떤 부분이 태양과 항성을 형성해야만 했는지를 설명했다. 여기서 빛이라는 주제를 자세히 다루면서 태양과 별에서 발견되어야 하는 빛은 무엇이며 어떻게 거기로부터 그 빛이 한순간에 하늘의 광대한 공간들을 통과하는지[11], 그리고 어떻게 그 빛이 혜성들과 유성들로부터 지구로 반사되는지를 길게 설명했다. 또한 나는 이것에 덧붙여 이 하늘과 천체의 실체, 위치, 운동 그리고 모든 다양한 성질에 대해 여러 가지를 설명했다. 이렇게 해서 나는 이 세계의 하늘과 천체에는 내가 묘사한 세계의 하늘과 천체에서 아주 유사하게 나타나지 않아야 하거나 아니면 적어도 아주 유사하게 나타나지 않을 수 없는 것은 아무것도 발견되지 않는다는 점을 사람들이 알도록 충분하게 말했다고 생각했다. 이것으로부터 나아가 나는 특별히 지구에 대해서도 말했다. 신이 지구를 구성하는 물질 안에 어떤 무게도 넣지 않았다고 분명히 가정했는데도 물질의 부분들이 어떻게 그것의 중심으로

[44]

---

11) 데카르트의 자연학은 빛을 물질의 운동이 아니라 작용(action) 혹은 운동에의 경향(tendance)으로 고려한다. 엄밀히 말해 빛은 물질의 운동이 아니기 때문에 자연학의 대상이 아니다. 그리고 빛은 운동이 아니기에 연속적으로 전달되지 않고 순간적으로 전달된다. 데카르트의 자연학에서 빛은 시간적 크기를 갖지 않는 순간적인 것으로 이해된다. 데카르트는 빛의 순간적인 작용을 시각장애인이 사용하는 막대의 진동의 순간적인 전달과 유사한 것으로 묘사한다. 데카르트의《굴절광학》(AT VI, 84)과 1638년 7월에 모랭에게 보낸 편지(AT II, 215)를 참조할 것.

정확히 향하는지에 대해, 어떻게―지구의 표면에 물과 공기가 존재하여―하늘과 천체, 특히 달의 배치가 모든 면에서 우리의 바다에서 발견되는 것과 유사한 썰물과 밀물을 필연적으로 발생시켰는지에 대해, 또 우리가 열대에서 볼 수 있는 것과 같은 동쪽에서 서쪽으로의 물과 공기의 어떤 흐름에 대해, 산과 바다, 샘물과 강물이 어떻게 자연스럽게 형성되었는지에 대해, 거기서 어떻게 금속이 광산에서 생기고 식물이 들판에서 자라나고 일반적으로 우리가 혼합되었거나 합성되었다고 부르는 모든 물체가 발생하는지에 대해 나는 말했다. 나는 세계에서 별 다음으로 불 외에는 빛을 생산하는 어떤 것도 알지 못하기 때문에 불의 본성에 속하는 모든 것을 분명하게 이해될 수 있게 하려고 애썼다. 즉, 불이 어떻게 형성되고 자라는지, 어떻게 때로는 빛 없이 열을 가지며 때로는 열 없이 빛을 가지는지, 어떻게 다양한 물체에 다양한 색과 다른 성질을 가져오는지, 어떻게 어떤 것을 녹이고 어떤 것을 단단하게 만드는지, 어떻게 모든 것을 거의 태워버리거나 재와 연기로 변화시키는지, 끝으로 어

[45] 떻게 이 재들로부터 자신의 작용의 힘만으로 유리를 만들어내는지를 분명하게 표현하려고 노력했다. 재가 유리가 되는 이 변형은 자연에서 발생하는 다른 어떤 변형만큼이나 경탄스러웠기 때문에 나는 그것을 묘사하는 것에서 특히 즐거웠다.

그럼에도 나는 이 모든 것으로부터 이 세계가 내가 제안한 방식으로 창조되었다고 추론하길 원하지 않았다. 그도 그럴 것이 시작에서부터 신이 세계를 이것이 존재해야 할 모습 그대로 만들었다는 것이 진실에 더 가깝다. 그러나 신이 지금 세계를 보존하는 작용은

그가 세계를 창조한 작용과 완전히 동일하다는 것이 확실하고 신학자 사이에서 공통적으로 받아들여지는 의견이다. 그러므로 세계의 시작에 혼돈의 형태 외 다른 형태를 주지 않았음에도 신이 자연의 법칙을 설립하고 자연에 그것이 일상적으로 행하는 바대로 작용하도록 자신의 조력을 주었다면, 창조의 기적을 해치지 않으면서, 이것만으로도 순수하게 물질적인 모든 것이 시간이 지나면서 우리가 현재 보고 있는 것처럼 될 수 있었을 것이라고 우리는 생각할 수 있다. 그리고 물질적인 것의 본성은 우리가 그것을 완전히 만들어진 것으로 고려할 때보다 이 방식으로 점진적으로 생겨나는 것으로 볼 때 더 쉽게 이해된다.[12]

---

12) 데카르트는 여기서 한 사물의 발생 과정을 고려하는 것이 그것의 본성을 드러내준다고 말한다. 이는 그가 사물을 기술적 현상으로 이해했다는 것을 의미한다. 한 사물을 기술적 현상으로 고려한다는 것은 사물의 형태나 기능을 그것의 형상이나 영원한 모델로부터 이해하지 않고 어떤 기술적 과정의 결과로 이해한다는 것을 뜻한다. 플라톤 철학과 중세 기독교 철학에서 신에 의해 제작된 사물들은 그것들의 영원한 모델들 혹은 형상들의 불완전한 모사들로 간주된다. 이 관점에서 보면 사물의 본질은 그것의 무엇임 내지는 형상에 있지 그것을 생산하는 기술에 있지 않다.
그러나 기계론적인 관점에서 보았을 때 사물 전체는 자연법칙들을 따르는 물질의 복합체로 이해된다. 그리고 자연에서 사물이 생산되는 과정은 장인의 기술이 자연법칙들을 따르면서 물질적 재료들을 가지고 기계나 도구들을 제작하는 과정과 원리에 있어 동일하게 된다. 이 경우 사물의 본질은 그것이 생산되는 기술적 과정과 일치하게 된다. 그러므로 기계론적 세계에 와서야 사물과 세계는 기술적인 현상이 되었다고 말해질 수 있다. 그리고 르네상스 이래 쿠자누스나 데카르트 같은 철학자들은 세계의 사물을 신-장인이 제작한 기술적 산물로 이해한다. 신이라는 장인이 쿠자누스가 말하는 것처럼, 수·척도·비율을 가지고 세계의 사물들을 제작했다면 이 사물의 본질은 이 제작 과정 자체와 일치한다. 따라서 사물의 본질은 기술 자체에 의해 드러나며 현상의 본질은 기술적인 것이 된다. 또 데카르트는 세계를 신이

나는 무생물과 식물에 대한 묘사에서 동물, 특히 인간에 대한 묘사로 넘어갔다.[13] 그러나 다른 것에 대해 말할 때와 동일한 방식으로, 다시 말해 원인을 통해 결과를 증명하고 자연이 어떤 씨앗으로부터 그리고 어떤 방식으로 그것들을 생산하는지를 보여주면서 이 것들에 대해 말하기 위한 충분한 지식을 아직 가지지 못했기 때문에[14], 신은 사지의 외적 형태나 기관의 내적 구조에서 우리 중 한 사람과 완전히 유사한 한 인간의 신체를 만들었는데, 그는 내가 기술

물질과 영원한 진리들에 속하는 단순 관념들과 일반 법칙들을 가지고 제작한 기계로 고려한다. "신은 이 진리들을 따라 우리에게 그가 모든 사물을 수와 무게 그리고 척도로 배치했다는 것을 알려준다. 그리고 이것들에 대한 인식은 우리 영혼들에 본 성적으로 내재해서……."(AT XI, 47)
데카르트에 앞서 베이컨(Francis Bacon, 1561~1626)이 이와 유사한 생각을 가졌다. "마찬가지로 자연의 비밀도 제 스스로 진행되도록 방임했을 때보다는 인간이 기술로 조작을 가했을 때 그 정체가 훨씬 더 잘 드러난다."(프랜시스 베이컨, 《신기관》, 진석용 옮김, 한길사, 2001, 111쪽) 르네상스를 거쳐 근대에 이르러 자연은 기술에 의해 드러나고 반복적으로 생산될 수 있는 기술적 현상으로 고려되기 시작했다. 자연은 과정이 되었다. 이 주제에 대해서는 이재훈, 앞의 글, 같은 곳을 참조할 것.

13) 하지만 데카르트는 식물과 동물에 대해 《인간》 끝 부분에서(식물에 대해서는 AT XI, 200에서, 동물에 대해서는 AT XI, 201에서) 아주 간략하게만 언급할 뿐,《방법서설》 5부에서 말하는 것과 달리, 식물과 동물을 분석의 대상으로 삼지 않는다. 그는 《철학의 원리》에서 이 부분이 부재한 이유는 식물과 동물에 대한 지식이 충분하지 않아서라고 밝힌다. 르네 데카르트,《철학의 원리》 4부, 188절, 원석영 옮김, 아카넷, 2002를 참조할 것. 사실 그는 식물에 대해서는 《방법서설》의 출판 이후에 관심을 갖는다. 식물과 동물을 포함한 물체와 현상의 발생은 데카르트 자연학의 중요한 주제다. 그러나 그는 1648년이 되어서야 《동물의 발생에 대한 첫 번째 생각들(Primae cogitationes circa generationem animalium)》에서 동물에 대한 발생적 설명을 시도한다(AT XI, 505~542). 그는 만일 《세계》를 다시 쓴다면 동물의 발생에 대한 것을 넣고 싶다고 말한다. 이에 대해서는 1639년 2월 20일에 메르센에게 보낸 편지(AT II, 525)를 참조할 것.

한 물질 외 다른 어떤 물질로도 이 신체를 구성하지 않았으며[15]), 처

....

14) 1632년 6월에 메르센 신부에게 보낸 편지에서 데카르트는 자신이《세계》의 무생물을 다루는 부분에 대한 집필은 마쳤지만 "자신의 세계"에서 동물들의 발생이 어떻게 이루어지는가에 대한 연구는 이것이 너무나 많은 시간을 요구하기 때문에 단념한다고 말한다(AT I, 254).《인간》의 신체 연구에는 발생론적 방법이 적용될 수 없었다. 신체의 발생에 대한 충분한 관찰과 지식을 가지고 있지 못했던 데카르트는 동물들에 대한 발생적 설명을 포기한다. 그리고 그는 만일 다시《세계》의 작업에 착수한다면 동물의 발생에 대한 것을 넣고 싶다고 말한다. "나는 자연적 원인들을 가지고 특히 그것의 형성을 설명할 수 없는 어떤 사물도 발견하지 못했다. 나는 나의《기상학》에서 소금 입자 또는 눈 결정의 형성에 대해 설명한 바 있다. 그리고 나는 나의《세계》에서 동물의 신체를 다 형성된 것으로 전제하고 그것들의 기능들을 제시하는 데 만족했는데, 이를 다시 시작했더라면 아마 그것의 형성과 탄생의 원인들 또한 다루었을 것이다."(AT II, 525)
기계론적 방법을 통해 생명이라는 복잡한 구조로 이루어진 현상을 설명하는 과제는 데카르트에게 생명 탐구의 이상(ideal)이었다. 그러나 그가 이에 대해 남긴 설명은 이 이상에 미치지 못했다. 비록 작용인을 탐구하는 기계론적 방법을 통해 생명현상에 대한 과학적 설명에 성공할 수 있을 것이라는 낙관을 가지고 있었지만 그가 제시한 생리학은 그의 철학적 작업 중 가장 불완전하며 불만족스럽다. 아닌 게 아니라 데카르트 이래 근대 철학이 대면한 문제 중 하나는 작용들만을 탐구하는 기계론적 방법과 복잡한 생명현상 사이의 간극이다. 이 간극은 복잡한 생명현상을 새로운 과학적 방법을 통해 재구성하려는 시도에 난점이 존재한다는 점을 시사한다. 이 난점과 데카르트 생리학 전반에 대한 설명은 François Duchesneau, *Les modèles du vivant de Descartes à Leibniz*, Vrin, 1998, pp.45~84를 참조할 것.
15) 데카르트는《세계》에서 인간-기계 가설에 대해 다음과 같이 쓴다. "나는 신체는 신이 가능한 한 우리와 닮게 만들려고 일부러 만든 흙으로 된 입상 내지 기계와 다른 것이 아니라고 가정한다. 그 결과 신은 이 기계에 외관상으로는 우리 신체의 모든 부분의 색과 모양을 주었을 뿐 아니라 내적으로는 그 기계가 먹고 숨쉬고 요컨대 물질로부터 나올 수 있고 기관들의 배치에만 의존한다고 생각될 수 있는 우리의 기능들을 모방하도록 만들려고 필요한 모든 부분을 주었다."(AT XI, 120) 이 동물-기계 이론 혹은 인간-기계 이론은 신에 의한 인간 신체-기계의 제작 이전에 그것의 모델 구실을 하는 실재의 인간을 전제한다. 여기서는 마치 인간이 어떤 생명체를 모델로 삼아 하나의 기계를 제작하는 것처럼(새를 모델로 비행기를 제작하는 것

음에는 이 신체 안에 어떤 이성적 영혼도 넣지 않았고 식물적인 혼이나 감각적인 혼으로 사용될 수 있는 어떤 것도 넣지 않았으며[16), 심장 안에 우리가 마르기 전의 건초를 저장할 때 건초를 뜨겁게 하는 불 혹은 새 포도주를 분쇄된 포도알로부터 발효되도록 둘 때 그

....
처럼) 신이 살아있는 실재의 인간을 모델로 인간-기계를 제작했다고 가정된다.
물론 신의 기술은 인간의 기술이 만든 인공적 기계보다 말할 수 없이 더 정교하고 복잡한 기계를 제작할 수 있다. "이 새로운 세계의 인간들"(AT XI, 97)은 우화 속에 존재하는 허구적 인간들이라고 말해질 수 있다. 이로부터 알키에는 데카르트의 인간-기계가 허구라고 결론 내린다. "인간-기계 이론은 데카르트에 의해 언제나 유비적이고 편리한 이해의 이유를 동기로 만들어진 허구로 제시된다."(Ferdinand Alquié, *La découverte de l'homme chez Descartes*, PUF, 2000, p.115) 실제로 이 이론이 신이 살아있는 실재의 인간을 모델로 삼아 인간-기계를 제작했다고 가정하는 것에 그것의 가설적이고 허구적인 성격이 있다. 하지만 데카르트에게 인간 신체-기계 내지는 동물-기계 이론은 한낱 허구에 불과한 것이 아니다. 왜냐하면 영혼 없는 동물과 영혼 없이 고려되는 인간 신체가 하나의 기계라는 것은 데카르트 심신 이원론의 필연적 결과이기 때문이다.

16) 데카르트는 정신(mens, esprit)을 영혼(animus, âme)의 본질로 규정한다. 영혼은 사유하는 정신이다. 영혼에 대한 그의 생각은 고대 그리스 철학자 아리스토텔레스가 대표하는 전통적인 영혼론과 단절했다. 아리스토텔레스와 달리, 데카르트는 영혼에서 식물혼과 동물혼을 배제한다. 아리스토텔레스에 의하면, 영혼은 영양을 섭취하는 능력과 감각하고 운동하는 능력 그리고 사고하는 능력으로 나뉜다. 식물혼은 영양 섭취 능력을 갖지만 감각하고 운동하는 능력을 갖지 못하며, 동물혼은 영양 섭취 능력과 감각하고 운동(이동)하는 능력을 갖지만 사고 능력을 갖지 못한다. 이에 대해서는 아리스토텔레스, 《영혼에 관하여》, 오지은 옮김, 아카넷, 2018, 72~73쪽 (414a29~414b19)을 참조할 것. 그러나 영혼을 정신과 동일시하는 데카르트는 동물혼과 식물혼의 존재를 인정하지 않는다. 그리고 영혼은 정신과 다르지 않기 때문에 생각하지 않는 식물과 동물은 혼을 갖지 않는다. 신체적 수준에서의 감각과 운동, 영양 섭취는 영혼의 개입 없는 기계론적 과정으로 설명된다. 데카르트가 보기에 생명체의 활동을 식물혼과 동물혼을 통해 설명하는 것은 이해할 수 없는 힘에 호소해 현상을 설명하는 일종의 주술적(마법적) 사유다.

것을 끓어오르게 만드는 불의 본성과 다른 본성의 것이라고 인식하지 않는 내가 이미 설명한 빛 없는 불[17] 중 하나를 일으켰다고 가정하는 것에 만족했다. 실제로 이것 다음으로 이 신체 안에 있을 수 있는 기능을 고찰하면서 나는 거기서 우리가 그것에 대해 생각하지 않는다고 하더라도 우리 안에 있을 수 있는, 즉 위에서 말한 것처럼, 그것의 본성이 신체와 구분되는 생각하는 것인 영혼이 그것에 기여하지 않아도 우리 안에 있을 수 있는 모든 기능을 정확하게 발견했다. 그리고 이 기능들은 그것에서 이성 없는 동물이 우리와 닮을 수 있는 모든 동일한 기능이며, 인간인 우리에게 속하는 사유에 의존하는 어떤 것도 이 기능들에서는 발견될 수 없다. 반대로 나는 신이 이성적 영혼을 창조했고 이를 이 신체에 내가 말한 어떤 방식으로 결합했다고 전제한 후에야 이 사유에 의존하는 기능들을 인간에게서 발견했다.[18]

---

17) 데카르트는 1642년 6월에 레기우스에게 보낸 편지에서 생명을 "스스로 움직이는 능력을 가진 존재(sponte moveri)", 즉 자발적으로 움직일 수 있는 존재(AT III, 56)로 정의한다. 그리고 그는 "빛 없는 불"을 생명의 원리로 제시한다. 《인간》의 끝부분에서 그는 신체-기계의 모든 기능은 "심장에서 계속해서 타오르는 불의 열기"(AT XI, 202)에 의존한다고 쓴다. 빛 없는 불은 신체-기계를 움직이게 하는 원리다. 이는 생명현상이 영혼의 개입 없이 자족적으로 진행되는 과정이라는 것을 의미한다. "기계가 심장 안에 가지고 있는 열이, 커다란 태엽처럼, 기계 안의 모든 운동의 원리다."(AT XI, 226)

18) 《인간》의 연장선에서 작성된 《방법서설》의 5부는 인간에 대한 탐구가 삼중으로 구성된다고 밝힌다. 이 탐구는 먼저 신체만을 따로 다루고, 그 이후에 신체와 독립적인 이성적 영혼을 다루고, 끝으로 영혼과 신체의 단일체로서의 인간을 다룬다. 실제로 《인간》 논고는 이 삼중의 계획을 알리면서 시작한다. "이 인간들은 우리처럼

그러나 내가 이 주제를 어떤 방식으로 다루었는지를 사람들이 볼 수 있도록 나는 여기서 심장과 동맥의 운동을 설명하고 싶다.[19] 이 운동은 동물에서 발견될 수 있는 첫째의 그리고 가장 일반적인 운동이기 때문에 우리는 이 운동으로부터 다른 모든 운동에 대해 생 [47] 각해야만 하는 것을 쉽게 판단할 수 있다. 그리고 내가 말할 것을 이해하는 데 사람들이 어려움을 덜 가지도록, 해부학에 대한 지식이 전혀 없는 사람들이 이것을 읽기 전에 폐를 가진 어떤 큰 동물의

영혼과 신체로 구성될 것이다. 나는 당신들에게 먼저 신체를 따로, 그리고 나중에 영혼을 따로 묘사해야만 한다. 그리고 끝으로 나는 당신들에게 이 두 본성이 어떻게 서로 연결되고 결합되는지를 보여줘야만 한다."(AT XI, 119~120) 그러나 이 계획과 달리《인간》은 이성적 영혼에 대해 설명해야 하는 지점에서 중단된다. "이성적 영혼에 대한 묘사로 넘어가기 전에……."(AT XI, 200) 이 문장은《인간》의 끝부분에 위치한다.《인간》은 영혼과 신체의 결합으로서의 인간에 대한 논의도 포함하지 않는다. 데카르트는《세계》의 출판을 단념한 1633년과 1637년 사이에 이성적 영혼과 영혼과 신체의 단일성으로서의 인간에 대한 탐구를 심화시킨 것으로 보인다.《방법서설》4부는 신체에 의존하지 않는 인간의 영혼에 대해 다루고, 5부는 단일체로서의 인간에 대해 간략하게 서술한다. 영혼과 신체의 결합으로서의 인간에 대한 탐구는 〈여섯 번째 성찰〉에서 더 깊이 있게 이루어지고, 엘리자베트 공주와의 서신 교환을 거쳐《정념론》에서 비옥한 결실을 맺는다.

19) 심장의 운동은 데카르트 철학의 중요한 주제 중 하나이다.《방법서설》에서 심장 운동에 대한 설명은 그의 방법의 가장 우선적인 예로 제시된다. 심장 운동에 대한 설명은 5부의 절반을 차지한다. 그리고 이 주제에 대한 그의 관심은《정념론》1부에서도 계속된다. 그가 특히 관심을 가진 문제는 심장 운동의 원인에 관한 것이다. "그럼에도 심장의 참된 원인이 무엇인지를 아는 것은 아주 중요해서 이것 없이는 의학 이론에 관한 어떤 것도 알 수 없다. 왜냐하면 다른 모든 기능이 그것에 의존하기 때문이다."(AT XI, 245) 그는 심장 운동의 원인은 영혼도 아니고 심장의 운동을 위해 형성된 한 부분 혹은 기관도 아니라고 주장한다. 그에 의하면, 심장의 운동은 빛 없는 심장의 열에 의해 발생한다. 이 생각을 기초로 데카르트는 심장의 운동을 순전히 기계론적 방식으로 설명할 수 있었다.

심장—왜냐하면 이것이 모든 것에 있어 인간의 심장과 매우 유사하기 때문에—을 누군가가 그들 앞에서 절단하게 하고 거기에 있는 두 개의 방 내지는 심실[20]을 드러나게 하는 수고를 하기를 바란다.[21] 첫째로 우측에 있는 심실에는 아주 큰 두 개의 관이 연결되어 있다. 하나는 대정맥인데, 이것은 혈액의 주요 수용체이며 나무의 줄기 같은 것으로 신체의 모든 다른 정맥은 그것의 가지와 같다. 다른 하나는 동맥성 정맥인데, 이 이름은 잘못된 것이다. 왜냐하면 심장에서 발생해서 거기서 나온 후에 폐의 곳곳으로 퍼지면서 여러 가지로 갈라지는 것은 사실 동맥이기 때문이다. 그리고 왼쪽에 있는 심실에는 같은 방식으로 앞의 관들과 크기가 비슷하거나 더 큰 두 개의 관들이 연결되어 있다. 즉, 하나는 정맥성 동맥인데, 이것 역시 이름을 잘못 붙였다. 왜냐하면 이것은 폐로부터 나오는 정맥 외 다른 것이 아니기 때문이다. 폐에서 정맥이 여러 가지로 갈라지고 정맥이 동맥성 정맥의 가지들과, 그리고 그것을 통해 숨 쉴 때의 공기가 들어가는 호흡기라고 불리는 관의 가지들과 서로 얽힌

---

20) 고대와 르네상스의 해부학에서와 마찬가지로 데카르트에게서 심장에 대한 관찰과 연구는 우리가 심실(ventricules)이라 부르는 것에만 국한되었다.
21) 데카르트는 1629년 말부터 동물을 해부하기 시작했다. 이에 대해서는 그가 1629년 11월 8일에 메르센에게 보낸 편지(AT I, 102)를 참조할 것. 데카르트는 1639년 11월 13일에 메르센 신부에게 보낸 편지에 "암스테르담에서 보낸 겨울, 나는 매일 푸줏간 주인의 집에 그가 동물들을 죽이는 것을 보러 갔고 나의 숙소로 내가 시간이 있을 때 해부하고 싶은 부분들을 가져오게 했습니다."(AT II, 621)라고 쓴다. 이에 대해서는 Gilson(1925), p.397을 참조할 것.

[48] 다. 다른 하나는 심장에서 나와 자신의 가지들을 신체의 곳곳으로 보내는 대동맥이다. 또한 나는 그 사람이 그들에게, 이 두 심실에 있는 네 개의 구멍을 여닫는 작은 문과 같은 열한 개의 작은 막들을 세밀하게 보여주기를 원한다. 대정맥의 입구에 있는 세 개의 막은 대정맥이 포함하는 혈액이 심장의 우심실로 흘러가는 것을 막지 않지만 그것으로부터 나가는 것을 정확히 막도록 배치되어 있다. 그리고 동맥성 정맥의 입구에 있는 세 개의 막은 완전히 반대로 배치되어 있어서 이 심실 안에 있는 혈액이 폐로 갈 수 있도록 해주지만 폐 안에 있는 혈액이 이 심실로 돌아갈 수 있게 하지는 않는다. 그리고 정맥성 동맥의 입구에 있는 다른 두 개의 막은 폐의 피가 좌심실로 흘러가게 하지만 그것이 거꾸로 흘러나오는 것을 막는다. 그리고 대동맥의 입구에 있는 세 개의 막은 피가 심장으로부터 나오게 하지만 거꾸로 피가 다시 심장으로 들어가는 것을 막는다. 정맥성 동맥의 구멍은 이것이 있는 장소로 인해 타원형이기 때문에 두 개의 막으로는 쉽게 닫히지만 다른 구멍들은 둥글어서 세 개의 막으로 더 잘 닫힌다는 것 이외에 막의 수의 다른 이유를 찾을 필요가 없다. 또한 나는 그 사람이 그들이 다음을 관찰할 수 있게 해주길 원한다. 대동맥과 동맥성 정맥은 정맥성 동맥과 대정맥보다 더 굳고 단단하게 구성되어 있으며, 정맥성 동맥과 대정맥은 심장으로 들어가기 전에 팽창되고 거기서 심장의 귀[22]라 불리는 심장의 살

....
22) 오늘날 우리가 심방(oreillettes)이라 부르는 것을 가리킨다.

과 유사한 살로 구성된 두 주머니처럼 된다는 점을, 그리고 신체의 다른 어떤 곳에서보다 심장에 더 많은 열이 있다는 점을, 끝으로 이 열은 이 심실들에 혈액 몇 방울이 들어갔을 때, 마치 사람들이 액체를 한 방울씩 아주 뜨거운 어떤 그릇에 떨어트렸을 때 모든 액체가 일반적으로 그렇게 되는 것처럼, 이 혈액 방울들이 신속하게 부풀 [49] 어지고 팽창되게 할 수 있다는 점을 말이다.

이후 나는 심장 운동을 설명하려고 심실들이 피로 가득 차 있지 않을 때 피가 대정맥으로부터는 우심실로, 정맥성 동맥으로부터는 좌심실로 흘러간다는 것 외에는 다른 것을 말할 필요가 없다. 그때 이 두 관이 항상 피로 가득 차 있고 심장으로 통하는 이것들의 입구들이 막힐 수가 없기 때문이다. 그러나 이처럼 두 방울의 피 각각이 두 심실 중 한 곳으로 들어가자마자 아주 큰 핏방울들은—아주 넓은 입구를 통해 들어가고 피가 흘러나오는 관들이 피로 아주 가득 차 있기 때문에—심실에서 만나는 열 때문에 희박해지고 팽창된다. 이를 통해 심장 전체를 부풀게 하면서 핏방울은 피가 흘러나오는 관들의 입구들에 있는 다섯 개의 작은 문을 누르고 닫아서 심장 안으로 피가 더 내려오는 것을 막는다. 그리고 계속해서 핏방울은 점점 더 희박해져서 다른 두 개의 관의 입구들에 있는 여섯 개의 작은 문을 밀어서 연다. 이 관들을 통해서 핏방울이 나가는데 이를 통해 동맥성 정맥과 대동맥의 모든 가지를 심장과 거의 동시에 부풀게 한다. 심장은 동맥들과 마찬가지로 바로 수축하는데 이는 거기에 들어간 피가 식기 때문이다. 그리고 여섯 개의 작은 문은 다시 닫히고 대정맥과 정맥성 동맥의 다섯 개의 문은 다시 열리고 다른

[50] 두 핏방울이 흘러갈 수 있게 하고, 이 두 핏방울은 앞의 두 핏방울과 마찬가지로 심장과 동맥들을 다시 부풀게 한다. 그리고 이렇게 심장으로 들어가는 피가 우리가 심장의 귀라고 부르는 두 주머니를 지나가기 때문에 이 두 주머니의 운동은 심장의 운동과 반대이고 심장이 부풀 때 두 주머니는 수축한다. 게다가 나는 수학적 증명들의 힘을 알지 못하고 그럴듯한 것으로부터 참된 근거를 구분하는 데 익숙하지 않은 사람들이 이것을 검토하지도 않고 서둘러 부인하지 않도록 그들에게 방금 설명한 이 운동은 우리가 심장에서 눈으로 볼 수 있는 기관들의 배치와 우리가 거기서 손가락으로 느낄 수 있는 열, 그리고 관찰을 통해 인식할 수 있는 혈액의 본성으로부터 필연적으로 귀결된다는 사실을 알리고 싶다. 이것은 시계의 운동이 추와 바퀴의 힘, 위치 그리고 형태로부터 필연적으로 귀결되는 것과 마찬가지다.[23]

---

23) 데카르트의 신체-기계 이론의 허구적 성격 중 하나는 신체 기관들을 다양한 기계를 모델로 하여 설명한다는 점에 있다. 예를 들어, 수력-기계 모델은 피와 동물 정기의 순환을 설명한다. "참으로 내가 당신에게 묘사한 기계의 신경들은 이 샘물-기계들의 관들에 비교될 수 있다. 그것의 근육들과 힘줄들은 이 샘물-기계들을 움직이게 하는 여러 엔진과 태엽에 비교될 수 있다. 동물 정기들은 …… 물에 비교될 수 있다."(AT XI, 130~131) 그리고 호흡과 같이 규칙적이고 자율적 작용들은 시계와 같은 기계를 모델로 하여 설명된다. "그리고 호흡과 다른 호흡과 같은 작용들은—이것들은 그 기계에 자연적이고 일상적이며 동물 정기들의 흐름에 의존한다—시계나 제분기(moulin)의 운동들과 같다."(AT XI, 130~132) 그리고 불-기계 모델은 운동과 힘의 생산을 설명하려고 사용된다. 그는 신경-운동 시스템을 교회 오르간과 그것의 관들에 비유한다. 시계, 인공샘, 물레방아 그리고 교회 오르간과 같은 기계 모델들은 신체 기관의 자율성과 규칙성을 보여준다. 이와 같이 데카르트

그러나 사람들이 정맥들의 혈액이 이처럼 계속해서 심장으로 흘러 들어가면서도 어떻게 고갈되지 않는지, 그리고 심장을 통과하는 모든 것이 동맥들 안으로 들어가는데도 어떻게 동맥들이 혈액으로 지나치게 채워지는 일이 없는지 묻는다면, 나는 이 물음에 한 영국인 의사가 이미 쓴 것 외에 다른 것으로 답할 필요가 없다. 이 의사는 찬사받아 마땅한데, 그가 이 문제를 해결하는 데 실마리를 제

....

는 신체-기계의 기관들의 작동을 인간의 기술의 산물인 기계들을 모델로 하여 설명한다.
왜 데카르트는 이러한 동물-기계 이론과 기계 모델들을 필요로 했는가? 신이 제작한 실재의 인간-기계의 구성은 너무나 복잡하기 때문에 유한한 인간 지성이 순수하게 연역적인 방법으로 생명체를 연구하는 것은 불가능하고 그것을 적합하게 인식하는 것도 불가능하다. 이런 이유로 데카르드는 생명체의 기능을 시계와의 유비를 통해 이해 가능한 것으로 보여줄 필요가 있다고 생각했다. 그는 신-장인이 만든 실재의 신체-기계를 인간이 만든 기계들을 모델로 하여 유비적으로 이해할 수 있게 만든다. 신체-기계 혹은 동물-기계 이론은 유기체의 관찰할 수 있는 기관들의 기능들을 기계 모델들을 통해 설명하는 것에 만족한다. 이 가설적 이론은 신이 이 기계를 어떻게 제작했는지 그리고 왜 이렇게 제작했는지에 대해서 묻지 않고 단지 제작된 결과를, 즉 그것의 기능들을 인공 기계를 모델로 하여 유비적으로 보여준다. 이 이론은 실재하는 인간의 복잡한 신체 기관을 그대로 재현하거나 모사하려 하지 않는다. 이 이론에서는 호흡기관 혹은 심장이 정말로 시계와 같은 것인지가 중요한 문제가 아니라, 양자가 동일한 법칙과 원리에 의해 지배를 받는다는 점과 시계가 호흡기관의 설명에 유용하다는 점이 중요하다. 데카르트에 의하면 인간이 제작한 기계들과 신이 만든 생명-기계 사이에 연속성이 존재한다. 그는 자연과 인공물 모두 동일한 자연법칙들의 지배를 받는다고 생각했다. 따라서 어떤 의미에서 인공 기계는 자연적이라고 말해질 수 있다. 이 연속성 덕분에 인공 기계는 자연 기계를 이해 가능한 것으로 보여주는 이론적 도구가 될 수 있다. 신체의 기능을 설명하려고 도입된 다양한 기계 모델은 신적 기술의 이론적 모방 내지는 신적 기술에 의해 제작된 자연 기계들이 어떻게 작동하는지를 이해 가능한 것으로 만드는 해석의 장치다. 이 주제에 대해서는 이재훈, 앞의 글, 같은 곳을 참조할 것.

[51] 공했을 뿐만 아니라 처음으로 동맥들의 끝에는 작은 통로들이 있어 그것들을 통해 심장에서 받은 동맥들의 혈액이 정맥의 작은 가지들 안으로 들어가고 이것들로부터 혈액이 다시 심장으로 되돌아가며, 따라서 혈액의 흐름은 영속적 순환이라는 것을 가르쳤기 때문이다.24) 이것은 정맥을 절개한 곳의 위쪽 팔을 약간 강하게 묶어서 묶지 않았을 때보다 피를 더 많이 나오게 하는 외과 의사가 흔히 행하는 시술을 통해 그가 아주 잘 증명한 것이다. 만일 팔을 손과 절

---

24) 데카르트에 앞서 영국인 의사 하비(William Harvey, 1578~1657)는 혈액이 순환 운동을 한다고 주장했다. 메르센은 데카르트에게 1628년 출판된 하비의《심장의 운동에 대하여(De motu cordis)》에 대해 알려줬다. 그러나 데카르트는 이 책을《인간》을 작성하기 시작한 1632년 6월까지는 읽지 않았고 1632년 말에야 읽은 것으로 보인다. 그는 하비의 이론을 옹호하면서 반박한다. 그는 혈액의 순환에 대한 하비의 테제를 인정한다. 하비 이전의 학자들은 음식물을 소화해서 만들어진 혈액은 에너지와 같이 몸의 각 부분에서 소모되어 없어진다고 생각했다. 그러나 하비는 심장의 용적과 박동 수를 곱해봄으로써 제한된 분량의 음식물 공급으로 단위 시간 안에 그토록 많은 혈액이 새롭게 생성되고 소멸되는 것은 불가능하다는 사실을 증명했다. 그 밖에도 그는 팔의 정맥을 묶어 심장을 빠져나온 혈액이 묶인 팔로 인해 막혀 심장으로 돌아가지 못하고 한 곳에 가득 차 정맥을 부풀리는 현상을 유도해서 정맥의 피가 다시 심장으로 흘러 들어간다는 사실을 증명했다. 이에 대해서는 여인석,《의학사상사》, 살림, 2007. 77~78쪽을 참조할 것.
그러나 혈액순환의 원인에 대해 데카르트는 하비와 의견을 달리한다. 하비에 의하면, 혈액의 배출은 심장의 수축에서 발생한다. 그렇다면 심장의 벽의 어떤 부분이 이 수축을 가능하게 해야 한다. 그런데 데카르트는 심장 내에 어떤 박동 기관 내지 (혈액의) 수축 기관이 존재한다는 것을 인정하지 않는다. 그는 어떤 기관이 아니라 심장의 열에 의한 혈액의 팽창을 통해 혈액순환을 설명한다. 혈액순환의 원인에 관한 한 하비는 여전히 갈레노스나 아리스토텔레스의 입장에 가까웠다. 이에 대해서는 Geneviève Rodis-Lewis, *Descartes. textes et débat*, Le Livre de Poche, 1984, p.488을 참조할 것.

개 부위 사이의 아래쪽이나 아주 위쪽에 묶었다면 정반대의 일이 일어났을 것이다. 약하게 조여진 끈은 팔에 이미 있던 피가 정맥들을 거쳐 심장으로 가지 못하게는 방해할 수 있지만, 이것이 동맥을 거쳐 피가 언제나 새롭게 심장으로 오는 것을 방해하지 않는다. 왜냐하면 동맥들은 정맥들보다 위에 위치하고 그것들의 막은 더 단단해서 누르기가 비교적 어렵고 심장에서 나오는 피는 손으로부터 정맥들을 거쳐 심장으로 되돌아갈 때보다 동맥들을 거쳐 손으로 갈 때 더 큰 힘으로 가기 때문이다. 이 피는 정맥 중 하나에 있는 통로를 통해 팔에서 나오기 때문에 필연적으로 끈 아래쪽에—즉 팔의 말단들 쪽에—피가 동맥들에서 흘러나올 수 있는 통로가 있어야만 한다. 또한 그 영국인 의사는 혈관에는 정맥을 따라 여러 곳으로 배치되어 피가 신체 중심에서 말단을 향해 나아가지 못하게 막고 오직 말단 쪽에서 심장을 향해 되돌아가는 것만 허용하는 어떤 작은 판막들이 있다는 사실을 통해, 또한 하나의 동맥이 잘렸을 때—이것이 심장 가까이에서 꽉 묶여있다고 하더라도—그리고 심장과 끈 사이에서 동맥이 잘려서 거기서 나오는 피가 심장 외에 다른 곳에서 올 것이라고 상상할 어떤 이유도 없을 때, 신체에 있는 모든 피가 단 하나의 동맥을 통해 신체 밖으로 아주 짧은 시간 동안 뿜어져 나온다는 것을 보여주는 관찰을 통해서 피의 순환에 대해 말한 것을 아주 잘 증명한다. [52]

이 밖에도 피의 운동의 참된 원인이 내가 말한 것이라는 점을 증명하는 여러 사실이 있다. 첫째로 정맥에서 나온 피와 동맥에서 나온 피 사이에서 우리가 주목할 차이는, 피가 심장을 거치면서 희박해지고 마치 증류된 것처럼 되어서 심장으로 들어가기 조금 전, 즉 정맥들에 있을 때보다 심장에서 나온 직후, 즉 동맥들에 있을 때 더 섬세하고 활기차고 뜨겁다는 사실에서 온다. 이 점에 유의해보면 이 차이는 심장 부근에서만 나타나고 심장에서 아주 멀리 떨어져 있는 곳에서는 그렇게까지 두드러지지 않는다는 사실을 발견할 것이다. 그리고 동맥성 정맥과 대동맥을 구성하는 판막의 단단함은 피가 정맥들보다 동맥들을 더 강하게 두드린다는 것을 충분하게 보여준다. 만일 정맥성 동맥의 피가 심장을 통과한 뒤 폐 속에만 있었기 때문에 대정맥에서 바로 나온 피보다 더 섬세하고 격렬하며 쉽게 희박해지기 때문이 아니라면 무슨 이유로 심장의 좌심실과 대동맥이 우심실과 동맥성 정맥보다 더 넓고 크겠는가? 그리고 성질이 변하면서 피가 이전보다 다소 강한 심장의 열에 의해 이전보다 다소간 강하거나 빠르게 희박해질 수 있다는 것을 알지 못한다면 의사들이 맥박을 짚으면서 무엇을 알아낼 수 있겠는가? 그리고 어떻게 이 열이 신체의 다른 부분들로 전달되는지 살펴본다면 그것은 심장을 거치면서 데워지며 거기서부터 몸 전체로 퍼져나가는 피를 통해서라는 사실을 인정해야 하지 않을까? 어떤 부분의 피를 뽑으면 이와 함께 열이 제거된다는 것은 이 사실에 근거한다. 심장이 달구어진 철만큼이나 뜨겁더라도 계속해서 새로운 피를 보내지 않는다면 실제로 우리가 느끼는 것만큼 다리와 손이 따뜻해지도록 만들기에 충분하지 않을 것이다. 또한 이로부터 우리는 호흡의 참된 용도가 심장의 우심실에서 희박해졌고 증기로 변한 듯한 상태에 있다가 폐로 온 피를 좌심실으로 다시 내려가기 전에 진하게 만들고 다

[53]

시 피로 바꾸려고 신선한 공기를 충분하게 폐에 가져오는 것에 있다는 점을 인식한다. 그렇지 않다면 피는 심장에 있는 불에 영양분을 주기에 적합하지 않을 것이다. 이것은 폐가 없는 동물들은 심장에 단 하나의 심실을 가지고 있고 엄마의 배 속에 있는 동안에 폐를 사용할 수 없는 태아들이 대정맥에서 심장의 좌심실로 흘러가는 하나의 혈액 통로를 가지고 있으며 또 그것을 통해 피가 폐를 거치지 않고 동맥성 정맥으로부터 대동맥으로 오는 하나의 관을 가지고 있다는 것을 우리가 안다는 것에 의해 확인된다. 그리고 만일 심장이 동맥들을 통해 위장에 열을 보내주지 않고 이 열과 함께 우리가 섭취한 음식물의 분해를 돕는 피의 유동적인 어떤 부분들을 위장에 보내지 않는다면 어떻게 위장에서 소화가 일어나겠는가? 음식물의 즙을 피로 바꾸는 이 작용은 즙이 하루에도 100번이나 200번도 더 심장을 반복해서 지나면서 증류된다는 것을 고려한다면 쉽게 이해되지 않겠는가? 영양과 신체에 있는 다양한 체액의 생산을 설 [54] 명하려면 피를 희박하게 만들어서 희박해진 피가 심장에서 동맥들의 끝부분으로 가게 만드는 힘이 피의 어떤 부분을 사지의 어느 곳에 멈추게 하고 그것이 쫓아낸 피의 어떤 다른 부분의 자리를 차지하게 만든다는 것을 말하는 것 말고 다른 것이 필요한가? 그리고 위치, 형태 그리고 피가 마주치는 구멍들의 크고 작음에 따라 어떤 것은 다른 곳이 아니라 특정한 어떤 곳으로 간다는 것—다양하게 구멍이 뚫려있어서 곡물들을 가려내는 데 사용되는 다양한 체에서 볼 수 있었던 것처럼—을 말하는 것 외에 다른 것이 필요한가? 마지막으로 이 모든 것에 있어 가장 주목할 만한 것은 동물 정기[25]의 발생이다. 이것들은 아주 섬세한 바람, 좀 더 정확히 말해 계속해서 매우 풍부하게 심장에서 뇌로 올라가고 뇌에서 신경을 통해 근육들로 가며 몸의 각 부분에 운동을 전달하는 순수하고 활력 있는 불꽃 같은 것이다. 그런데 가장 활동적이고 침투력이 있는 이 정기의 구성에 가장 적합한 혈액의 부분을 다른 곳이 아니라 뇌로 가게 하는 원인은 단 두 가지다. 동물 정기를 그곳으로 보내는 동맥이 모든 동맥 중 심장으로부터 가장 직선으로 나온다는 것, 그리고 자연의 규칙인 기계론적 규칙에 따라 심장의 좌심실에서 나온 혈액의 부분이 뇌로 향할 때처럼 여러 사물이 동시에 그것 모두를 위한 충분한 자[55] 리가 없는 한쪽으로 움직이려고 할 때 가장 약하고 덜 활동적인 부분들은 더 강한 부분들에 의해 물러나게 되고 가장 강한 것들만 그곳에 가게 된다는 것이다.

나는 이 모든 것을 예전에 출판하려고 계획했던 논고[26)]에서 아주 상세하게 설명했었다. 그리고 그 논고에서 나는 동물 정기가 신경 안에서 신체의 부분을 움직이게—우리의 머리가 몸에서 절단된 직후 생명이 없음에도 움직이고 땅 위에 떨어져 흙을 입에 무는 것을 볼 때처럼—하려면 인간의 신체를 이루는 신경들과 근육들의 구

---

25) 동물 정기(esprits animaux)는 혈액의 가장 섬세하고 순수한 부분으로 신경들의 내부에서 순환한다. 이 개념은 스콜라적 기원을 갖는다. 그러나 데카르트는 동물 정기의 혼합적 성격(정신과 물질의 혼합)을 부정한다. 그에게 동물 정기는 순전히 물질이다. 그리고 데카르트는 동물 정기의 발생을 기계론적 과정으로 설명한다. AT XI, 129, 334~335를 참조할 것.
26) 《인간》 논고를 가리킨다.

조가 무엇이어야만 하는지, 깨어있음과 잠 그리고 꿈을 꾸게 하려면 뇌에서 어떤 변화가 일어나야 하는지, 어떻게 빛·소리·냄새·맛·열 그리고 외적 대상들의 다른 모든 성질이 감각을 통해 뇌에 다양한 관념[27]을 새길 수 있는지, 어떻게 배고픔과 갈증 그리고 다른 모든 내적 정념이 뇌에 자신의 관념을 보낼 수 있는지, 이 관념이 받아들여지는 곳인 공통 감각[28]을 위한 뇌의 부분은 무엇인지, 기억을 위한 뇌의 부분은 무엇인지, 그리고 관념을 다양하게 변화시킬 수 있고 그것들로 새로운 관념을 구성할 수 있으며 동물 정기를 근육으로 보내면서 감각들에 주어지는 대상이나 신체 안의 내적 정념에 관하여 우리 신체의 부분들을 의지의 개입 없이 움직일 수 있을

---

27) 여기서 관념(idée)이라는 용어는 《방법서설》의 4부, 그리고 일반적으로 《굴절광학》이래 데카르트가 사용하는 관념이라는 말과 동일한 의미를 갖지 않는다. 《굴절광학》이전, 그러니까 《인간》에서 관념은 사유의 양태로 고려되지 않고 동물 정기에 의해 운반되어 뇌에 새겨진 인상들로 고려된다. "나는 관념이라는 말로 동물 정기가 솔방울샘에서 나오면서 수용할 수 있는 모든 인상을 일반적으로 이해하고 싶다."(AT XI, 177) 이와 달리 1637년 《굴절광학》에서 데카르트는 감각은 사유의 한 양태이고 사유에 의한 운동-이미지의 해석이라고 밝힌다. "신체가 아니라 영혼이 감각한다."(AT VI, 109) 《성찰》은 감각을 사유의 한 양태로 제시한다. "사유하는 것은 무엇인가? 그것은 의심하고, 인식하고, 긍정하고, 부정하고, 원하고, 원하지 않고, 상상하고, 감각하는 것이다."(AT VII, 22)
28) 영혼이 위치하는 뇌의 한 부분, 즉 뇌의 중심부의 작은 솔방울샘에 모든 감각적 인상의 이미지가 모인다. 솔방울샘의 이 부분을 데카르트는 공통 감각(le sens commun)이라 부른다. "두 번째로 우리가 생각해야 할 것은, 외적 감각이 대상에 의해 자극되어 받아들인 형태는 신체의 다른 한 부분, 즉 공통 감각(sensus communis)으로 불리는 부분으로 전달되는데……."(AT X, 414) 또 《인간》, AT XI, 176~177과 《정념론》, AT XI, 352~353을 참조할 것.

[56] 때만큼이나 다양한 방식으로 움직이게 할 수 있는 상상을 위한 뇌의 부분은 무엇인지를 보여주었다. 이것은 인간의 재능이 각 동물의 신체에 있는 뼈·근육·신경·동맥·정맥 그리고 다른 모든 부분의 아주 많은 양과 비교할 때 아주 적은 양의 부품들만을 가지고도 얼마나 다양한 자동기계 내지는 운동하는 기계를 만들 수 있는지 알기 때문에 신의 손으로 만들어진 이 신체를 인간에 의해 고안될 수 있는 어떤 기계보다 비교될 수 없을 정도로 더 잘 질서 있게 배치되어 있고 자기 안에 더 놀라운 운동들을 가지고 있는 하나의 기계로 고려할 사람들에게는 전혀 이상하게 보이지 않을 것이다.[29]

그리고 나는 특히 다음을 보여주는 것에 집중했다. 만약 원숭이 또는 이성이 없는 어떤 동물의 기관과 외적 모습을 가진 기계가 있

---

29) 데카르트의 신체-기계 이론은 신체의 구성과 작용을 오직 기계론적으로 설명한다. 이는 신체가 그 자체로 고려했을 때 영혼과 같은 다른 원리에 의해 기능하지 않고 오직 기관들의 배치에만 의존해 작동하는 기계라는 것을 의미한다. 예를 들어, 데카르트는 정자의 기계론적 전개에 대해서 다음과 같이 설명한다. "어떤 동물의 정자의 모든 부분을 안다면 그것으로부터 전적으로 수학적으로 모든 형상과 각 부분의 구성을 연역할 수 있다."(AT XI, 277) 이처럼 살아있는 신체에 대한 기계론적 접근이 가능한 것은 데카르트에게 인간의 신체는 하나의 기계이기 때문이다. 그러나 이 같은 기계론적 기획은 생명현상의 복잡성과 기계론을 초과하는 합목적성의 문제에 직면해 어려움에 처할 수밖에 없었다. 이 어려움에 대한 로제(Jacques Roger, 1920~1990)의 언급은 흥미롭다. "오직 데카르트만이 철저하게 기계론과 판을 벌였다. 그는 패배할 수밖에 없었다. 그러나 그의 실패는 존경받아 마땅하다."(Jacques Roger, *Les sciences de la vie dans la pensee francaise du XVIIIe siecle*, Albin Michel, 1953, p.152) 동시에 그의 기계론적 신체 이론의 제한적 성격 역시 고려되어야 한다. 왜냐하면 데카르트는 인간의 신체를 영혼으로부터 분리된 것으로 고려하기도 하지만 영혼과 긴밀히 결합된 것으로도 고려하기 때문이다. 이에 대해서는 5부 각주 31, 32를 참조할 것.

다면 우리는 이 기계가 이 동물과 동일한 본성을 전혀 가지지 않는 다는 것을 알 길이 없을 것이다. 이와 반대로, 우리의 신체와 유사한 외적 모습을 가지고 있고 우리의 행동을 실천적 수준에서 가능한 만큼 모방할 수 있는 기계가 있다면 우리는 이 기계가 진짜 인간이 아니라는 것을 알기 위해 필요한 아주 분명한 두 수단을 항상 가질 것이다. 첫 번째 것은 이 기계가 우리가 다른 사람들에게 생각을 전달하기 위해 하는 것처럼 말을 사용하지 않고 다른 기호들을 조합해서 사용하지도 않을 것이라는 점이다. 실제로 우리는 하나의 기계가 발화하고 더 나아가 자신의 기관에 어떤 변화를 일으킬 물질적 작용에 관해 어떤 말을 하도록 만들어질 수 있다고 생각할 수 있다. 예를 들어, 우리가 그 기계의 어떤 부분을 누르면 기계는 원하는 것이 무엇인지 묻는다. 다른 곳을 누르면 기계는 아프다고 소리를 내며, 이와 유사한 것들을 할 수 있다. 그러나 이 기계는 자신 앞에 [57] 서 말해지는 모든 것의 의미에 대답할 수 있을 만큼 말을 다양하게 배열하지 않는다. 이것은 아주 바보 같은 사람들도 할 수 있다. 두 번째 것은 기계가 여러 다른 것을 우리만큼이나 혹은 우리 중 누구보다 더 잘할 수도 있지만 어떤 다른 것들에서는 틀림없이 무능할 것이라는 점이다. 이것으로부터 기계가 인식에 따라 행동하는 것이 아니라 단지 기관들의 배치에 따라 행동한다는 것이 발견될 것이다. 왜냐하면 이성이 모든 종류의 상황에서 사용될 수 있는 보편적 도구인데 반해 이 기관들은 각각의 특수한 행동을 위한 어떤 특수한 배치를 필요로 한다.[30] 이로부터 우리의 이성이 우리를 행동하게 만드는 것과 동일한 방식으로 이 기계를 삶의 모든 상황에서 행동하게 만들려는 충분한 배치가 이 기계 안에 존재하는 것은 실천적으로 불가능하다는 결론이 나온다.

그런데 이 두 가지 수단을 통해 우리는 인간과 짐승 사이의 차이도 알 수 있다. 그도 그럴 것이 아주 바보 같고 어리석고 심지어 미친 사람들이라도 다양한 말을 조합해서 그것을 가지고 자신의 생각을 표현하는 이야기를 구성할 수 없는 사람은 없지만, 반대로 아무리 완전하고 태생적으로 탁월한 동물도 이와 유사한 것을 할 수 없다는 사실은 매우 주목할 만하다. 이것은 동물이 기관을 가지지 않기 때문이 아니다. 그도 그럴 것이 우리는 까치와 앵무새가 우리처럼 단어를 발음할 수는 있지만 우리가 하는 것처럼 자신들이 말하

---

30) 《방법서설》의 제목과 1부에서 데카르트가 언급하듯이, 진리 탐구를 위해서는 좋은 정신을 가지는 것으로는 부족하고 그것을 잘 사용하는 기예 혹은 방법을 획득하는 것이 중요하다. 그에 의하면, 정신의 기예는 구체적이고 개별적인 것들에 대해 견고하고 참된 판단을 내리는 것에서 성립한다. 실제로 데카르트는 《규칙》의 목표가 "…… 마주치는 모든 것에 대해 견고하고 참된 판단을 내리려고 정신을 지도하는 것이어야 한다."(AT X, 358)라고 말한다. 그런데 모든 상황에서 보편적으로 사용될 수 있는 도구인 판단은 대상에 기계적으로 적용되지 않는다. 그도 그럴 것이 이성의 빛을 따르는 판단력은 지식이나 정보를 습득하는 방식으로 배울 수 없는 정신의 기예다. 이것은 어떤 특정한 과제에 적합하게 주어진 배치나 프로그램에 따라 작동하는 기계와 달리 모든 가능한 개별적이고 특수한 상황에 적용될 수 있는 보편적 기예다.
가다머(Hans-Georg Gadamer, 1900~2002)가 언급했듯이, 판단력의 활동은 논리적으로 증명되거나 미리 주어진 프로그램에 따라 실행될 수 없는 정신의 기예다. "판단력은 일반적인 방식으로 배울 수 있는 것이 아니라 오직 그때그때의 경우에 따라 훈련될 수 있으며, 이 점에서 오히려 일종의 감각과 같은 능력이다."(한스 게오르크 가다머, 《진리와 방법 1》, 이길우·임호일·이선관·한동원 옮김, 문학동네, 2000, 77~78쪽) 가다머가 언급했듯이, 판단력은 결코 배워서 습득할 수 있는 것이 아니다.

는 것에 대해 생각한다는 것을 나타내면서 말하지는 않는다는 것
을 본다. 이와 반대로 듣지 못하고 말하지 못하게 태어나 타인들에
게 말을 하기 위한 기관을 짐승만큼이나 혹은 짐승보다 더 가지지 [58]
못한 인간들은 스스로 어떤 기호들을 고안하곤 하여 그것들을 통해
그들과 일상적으로 함께 있어 그들의 언어를 배울 여유가 있는 사
람들과 의사소통을 한다. 그리고 이것은 단지 짐승이 인간보다 더
적은 이성을 가졌다는 것이 아니라 이성을 전혀 가지지 않는다는
것을 증명한다. 우리는 말을 하려면 아주 적은 이성만으로도 족하
다는 것을 알기 때문이다. 그리고 인간 사이에서뿐만 아니라 동일
한 종의 동물 사이에서도 불평등이 존재하고 어떤 것이 다른 것보
다 더 쉽게 훈련될 수 있기 때문에 자신의 종 안에서 가장 완전하다
할 수 있는 한 원숭이나 한 앵무새가, 그들의 영혼이 우리의 영혼
과 완전히 다른 본성의 것이 아니라고 한다면, 가장 우둔한 아이 혹
은 적어도 손상된 뇌를 가진 아이와 이 점에서 동등할 수 없다는 것
은 믿을 수 없는 일이다. 그리고 우리는 정념을 표현하고 기계나 동
물에 의해 모방될 수 있는 자연적 운동과 말을 혼동해서는 안 되며,
어떤 고대인들처럼 비록 우리가 그들의 언어를 이해할 수는 없지만
짐승이 말을 한다고 생각해서는 안 된다. 이것이 참이라면 짐승이
우리와 유사한 여러 기관을 가지고 있다는 것을 뜻하기 때문에 짐
승은 그들의 종족뿐 아니라 우리와도 의사소통할 수 있을 것이다.
그리고 어떤 행위에서 우리보다 더 재능 있는 여러 동물이 존재하
지만 그 동물들이 다른 많은 행위에 있어서는 전혀 그렇지 못하다
는 사실 역시 매우 주목할 만하다. 따라서 동물이 우리보다 더 잘하

[59] 는 것이 있다는 점이 동물이 정신을 가졌음을 증명하지 않는다. 만일 그렇다면 동물이 우리 중 누구보다 정신을 더 많이 갖게 될 것이고 다른 모든 것에서 우리보다 잘할 것이기 때문이다. 그러나 그것은 오히려 동물이 정신을 전혀 가지지 않는다는 점을 증명한다. 그리고 동물 안에서 기관의 배치에 따라 작용하는 것은 자연이다. 바퀴와 태엽으로만 구성된 시계가 우리가 아주 신중히 그것을 할 때보다 더 정확하게 시간을 계산하고 측정하는 것을 보는 것처럼 말이다.[31]

그다음으로 나는 이성적 영혼에 대해 서술하고 영혼은 내가 말한 다른 사물들처럼 물질의 힘으로부터 끌어내질 수 있는 것이 결코 아니라 특별히 창조된 것임이 틀림없다는 것을, 그리고 어떻게 이성적 영혼이, 아마도 신체의 부분들을 움직이기 위한 목적이 아니라면, 선장이 배 안에 있는 방식으로 인간의 신체 안에 거주하는 것으로 충분하지 못한지를,[32] 그리고 영혼이 신체의 부분을 움직이는

---

31) 여기서 데카르트는 동물의 지성과 언어 능력을 인정하는 몽테뉴의 견해를 비판한다. 실제로 그는 1646년의 한 편지에서 몽테뉴의 이 견해를 반박한다. "몽테뉴와 다른 사람들이 짐승들에게 부여하는 지성과 사유에 대해 나는 그들의 견해에 동의할 수 없습니다."(AT IV, 573) 몽테뉴는 인간중심주의적 사고를 해체하려고 인간만이 가지고 있다고 말해지는 이성과 언어 능력을 동물도 가지고 있다고 주장한다. 이에 대해서는 *Essais*, pp.453~459를 참조할 것.
32) 영혼과 신체의 관계를 선원과 배의 관계로 이해하는 이론은 플라톤주의에 근거를 둔다. 아리스토텔레스는 이 이론을 플라톤의 것으로 간주한다. "또한 영혼이 몸의 현실태인 것이 선원과 배의 관계와 같은 식인지, 명백하지 않다."(아리스토텔레스, 《영혼에 관하여》, 오지은 옮김, 아카넷, 2018, 64쪽) 데카르트는 이 비유 혹은 이론이 충분하지 않다고 말한다. 선원은 배 안에 있지만 배와 하나로 결합되어 있지 않

것 외에 우리의 것과 유사한 감정과 욕구를 가지려면, 그리고 하나의 진정한 인간을 구성하려면 영혼이 신체와 더 밀접하게 결합되고 합쳐지는 것이 필요하다는 것을 보여주었다.[33] 게다가 나는 여기서

.... 다. 그러나 데카르트에 의하면, 영혼과 신체는 하나의 단일체로 긴밀하게 결합되어 있다. 인간은 신체의 상태를 지성에 의해 인식할 수 있을 뿐 아니라 감정(affections)과 감각을 통해 파악한다. 그러나 선장은 배가 부서지거나 고장난 것을 인식하더라도 그것으로 인해 고통을 느끼지는 않는다. 또 신체와 영혼이 하나를 이루지 못한다면 우리 지성은 그 요구를 인식할 뿐 어떤 욕구도 가지지 못할 것이다.
⟨여섯 번째 성찰⟩은 이에 대해 설명한다. "또한 자연은 고통, 배고픔, 갈증 등의 감각을 통해 내가 마치 선원이 배 안에 있듯이 단지 신체 안에 있는 것이 아니라 신체에 아주 밀접하게 결합되고 섞여있어 그것과 어떤 하나의 것을 이룬다는 것을 알려준다. 그렇지 않다면 신체가 상처 입었을 때 사유하는 것인 나는 고통을 느끼지 않을 것이며, 순수 지성을 통해 상처를 지각할 뿐일 것이다. 마치 선원이 눈으로 배의 고장난 부분을 보는 것처럼 말이다. 그리고 신체가 먹을 것이나 마실 것을 필요로 할 때 나는 그것을 분명하게 인식할 뿐 배고픔과 갈증에 대한 혼란스러운 감각을 가지지 않을 것이다."(AT VII, 80~81)

33) 데카르트가 참된(진정한) 인간 혹은 "인간으로서의 인간"이라고 말할 때 가리키는 것은 신체와 영혼의 결합체로서의 인간이다. 그런데 어떻게 본성에 있어 실재적으로 구분되는 두 실체가 하나를 이룰 수 있는가? 그의 형이상학의 관점에서 이것은 불가능하지 않은가? 하지만 데카르트는 결합은 인식되지 않고 수동적 경험에서 느껴진다고 주장한다. 이것은 철학함 없이 의지와 지성의 개입 없이 수동적 사유에 주어진다. 그에 의하면, 이 결합의 사실은 결합의 경험을 통해서만 알려질 뿐이다. 인간은 감각에서 자신을 생명적 단일체로 느낀다. 그리고 데카르트는 영혼과 신체의 결합을 다른 것으로부터 연역되지 않고 그 자체로 우리 안에서 발견되는 원초적 개념 중 하나로 제시한다. 이에 대해서는 AT III, 665를 참조할 것.
그런데 이 단일체는 대상을 파악하는 지성의 관점에서 보면 모순적이다. 하지만 결합은 대상 인식에 앞서는 그리고 대상 인식에 적용되는 원리들에, 예를 들어 모순율에 종속되지 않는 원리 중 하나이다(1643년 6월 28일에 엘리자베트에게 보낸 편지, AT III, 691). 이 결합의 사실은 모순율을 위반하는 "역설적인 하나의 사실"(Maurice Merleau-Ponty, *L'union de l'âme et du corps chez Malebranche, Biran et Bergson*, Vrin, 2014, p.13)이다. 메를로퐁티(Maurice Merleau-Ponty, 1908~1961)의 표현을 빌리

영혼에 대해 자세히 설명했는데, 그것은 이 문제가 매우 중요한 문제 중 하나이기 때문이다. 신을 부정하는 사람들의 오류 다음으로, 이 오류는 내가 앞에서 충분히 논박했다고 생각하는데, 짐승의 영혼[34)]이 우리의 것과 동일한 본성의 것이라고 상상하고 그 결과 우리가 파리나 개미가 그러는 것처럼 여기 이곳에서의 삶 이후의 어떤 것에 대해서도 두려워하지 않고 희망하지도 않는 것보다 허약한 정신을 덕의 올바른 길로부터 멀리 떨어지게 하는 것은 없기 때문이다. 이와 반대로 인간의 영혼과 짐승의 영혼이 얼마나 다른지 알 때 우리는 우리의 영혼이 신체로부터 전적으로 독립적이며 따라서

면, 신체와 영혼의 결합은 애매성의 영역에 속한다. 이 결합이 가진 애매성은 대상적인 방식으로 인식될 수도 없고 개념에 의해 이해될 수도 없다. 메를로퐁티가 지적하듯이, 이 문제와 관련해서 중요한 문제는 사실적 결합과 본질의 구분을 화해시키는 것이 아니라 이해 불가능한 영역, 즉 애매성의 영역이 어떻게 존재할 수 있는가다(같은 책, p.16).
사실 데카르트 철학은 애매성으로 가득 차 있다. 이것은 데카르트의 독자들을 자주 당혹스럽게 만든다. 메를로퐁티는 다음과 같이 쓴다. "왜 데카르트는 가장 난해한 저자 중 하나인가? 왜냐하면 그는 가장 근본적으로 애매하며 가장 간접적으로 말하는 저자이기 때문이다. …… 그는 숨겨진 내용을 가장 많이 가진 저자다."(Maurice Merleau-Ponty, Notes de cours *1959~1961*, Gallimard, 1996, p.264)

34) 데카르트는 동물혼을 부정하고 영혼의 본질을 정신으로 규정한다. 그러므로 그가 "동물들의 영혼"이라고 말할 때 이 단어는 정신을 의미하지 않는다. 그는 이 책에서 영혼(anima)이라는 용어를 이의적으로 사용한다. 영혼으로 번역되는 âme는 라틴어 anima의 프랑스어 번역이다. 그런데 anima라는 용어는 물질적인 것, 즉 숨이나 숨결을 의미한다. 하지만 anima가 인간의 영혼를 가리키려고 사용될 때 그것은 물질적인 숨으로 이해되어서는 안 되고 물질로부터 독립적인 정신(mens)으로 이해되어야 한다. "이 모든 운동은 물체적이니 기계론적인 원리에서만 생길 수 있었다는 것을 명확하게 본 후 나는 짐승들 안에 사유하는 영혼이 있다고 어떤 방식으로도 증명할 수 없다는 것을 확실하고 증명된 것으로 취했다."(AT V, 276)

신체와 함께 죽지 않는다는 것을 증명하는 근거들을 더 잘 이해한
다. 그리고 영혼을 파괴하는 다른 원인들을 알지 못하는 한 우리는 [60]
자연스럽게 영혼이 불멸한다고 판단하게 된다.³⁵⁾

35) 이곳에서 데카르트는 영혼의 불멸성을 분명하게 주장하는 것처럼 보인다. 그러나
《성찰》의 요약문과 이후 텍스트들은 이 주장의 뉘앙스를 약화시킨다. 그리고 이 차
이는 《성찰》 제목의 변경과 관련이 있는 것처럼 보인다. 1641년의 제목은 "영혼의
불멸성의 증명"을 포함하지만 1642년 2판의 제목은 단지 "영혼과 신체와의 구분"을
포함할 뿐이다. 사실 데카르트는 영혼의 불멸성은 자연적 이성으로는 증명할 수 없
는 문제라고 보았다. "〈두 번째 성찰〉에서 영혼 불멸의 근거를 기대하는 사람이 있
기 때문에 나는 그들에게 다음의 것을 일러주어야만 한다고 판단한다 즉, 나는 이
논고에서 아주 정확한 증명이 없는 어떤 것도 쓰지 않으려 노력하면서 기하학자들
이 따르는 순서, 즉 탐구하는 명제로부터 어떤 결론을 내리기 전에 그 명제가 의존
하고 있는 모든 것을 제시하는 순서를 따라야만 했다."(AT VII, 12~13) 그렇지만
영혼과 신체의 실재적인 구분은 영혼의 불멸성에 대한 기대와 희망을 낳는다. 그런
데 영혼의 불멸성의 가능성을 인식하려면 무엇보다 우선 영혼과 신체 사이의 본성
의 차이가 입증되어야 한다. "영혼과 신체의 본성은 다를 뿐 아니라 어떤 방식으로
는 서로 대립된다는 점이 인정되어야 한다."(AT VII, 13)
그러나 이 구분은 영혼의 불멸성을 증명하기에는 충분하지 않다. 이 구분은 그 자체
로 영혼 불멸성의 증명은 아니다. "일곱 번째로, 나는 《성찰》의 요약문에서 왜 영혼
의 불멸성에 대해 아무것도 쓰지 않았는지에 대해 말했다. …… 그러나 당신이 덧붙
인 것, 즉 신이 신체의 삶의 끝과 함께 영혼의 삶의 지속이 끝나게 만들었다고
주장될 수 있기 때문에 영혼과 신체의 구분으로부터 영혼이 불멸한다는 결론이 나
오지 않는다는 것에 나는 대답할 것이 없다. 나는 인간 추론의 힘으로 오직 신의 의
지에만 달린 것에 대해 규정하려 시도하는 오만을 가지고 있지 않다."(AT VII, 153)
그러나 이 구분은 내세의 삶에 대한 희망을 가져다줄 수는 있다. "이것은 신체의 소
멸로부터 영혼의 죽음이 귀결되지 않는다는 것을 분명하게 보여주기에, 그리고 사
람들에게 죽음 이후의 두 번째 삶에 대한 희망을 주기에 충분하다."(AT VII, 13)

Discours de la méthode

6부

그런데 지금으로부터 3년 전 나는 이 모든 것을 담은 논고를 마무리했고 그것을 인쇄소에 넘기려고 다시 살펴보기 시작했다. 그때 나는 내가 그들의 결정에 따르며 나의 행동에 미치는 그들의 권위가 나의 이성이 나의 행위에 미치는 권위보다 적지 않았던 사람들이 어떤 사람이 얼마 전에 출판한 자연학에 관한 의견을 승인하지 않았다는 사실을 알게 되었다.[1] 내가 그 의견에 동의했다고 말하려는 것은 아니지만, 나는 그들의 금지처분 이전에는 그 의견에서 종교나 국가에 해로울 것이라고 상상할 만한 어떤 것도 발견하지 못했고, 그 결과 만약 이성이 나를 설득했다면 그것의 집필을 막았을 어떤 것도 발견하지 못했다는 점을, 그리고 나의 의견 중에서 아주 확실하게 증명된 것만 믿음 안에 새로이 받아들이고 어떤 사람에게라도 불이익이 될 수 있는 것은 쓰지 않으려고 애써왔지만, 그 금지처분은 내가 잘못 판단한 어떤 것이 있지는 않나 나를 두렵게 만들었다는 점을 말하고 싶다.[2] 이것은 내 의견을 출판하려고 한 결심

....

1) 지동설을 주장한 갈릴레이에게 내려진 유죄 선고를 가리킨다.
2) 코페르니쿠스는 태양이 아니라 지구가 운동을 하며 지구는 태양의 주변을 회전하는 별 중 하나라는 이론을 제시했다. 그런데 지동설과 지구가 세계의 중심이 아니라는 생각은 당시 교회나 스콜라 신학자들이 어느 정도는 받아들일 수 있었다. 지구가 움직인다는 생각은 그것이 가설로서 사용되는 용인된 것이었으며, 지구가 세계의 중심이 아니라는 생각은 중세 신학의 것이기도 했다. 중세적 세계관은 신중심주의이지 인간중심주의가 아니며 지구를 지양되어야 할 곳으로 간주한다. 그러므로 지구가 우주의 중심이 아니며 태양의 중심을 회전하는 별이라는 생각은 이 같은 중세 신학과 얼마든지 양립할 수 있었다. 실제로 베뮐은 태양중심설이 기독교 신학에서 받아들여질 수 있으며 기독교 신학에 유용하다고 주장했다. 실제로 그는 예수 그리스도를 부동적인 중심인 태양에 비유한다. 그래서 교회와 신학자들은 처음에는 지동설에 대해

을 바꾸게 하기에 충분했다. 예전에 내가 그 결심을 하게 한 이유는

....

민감하지 않았다. 그러나 코페르니쿠스의 우주론이 제기한 문제의 핵심은 다른 곳에 있었다. 그것은 코페르니쿠스의 우주론이 함축하고 있는 우주의 확장과 이에 따른 우주의 중성화라는 결과다. 사실 그는 우주가 무한하거나 무한정하다고 말하지 않고 다만 우주가 너무 커서 우주의 한계를 인식할 수 없다고 말한다.
그의 우주론은 지구를 중심으로 도는 천구의 운동을 제거하는 것을 가능하게 만들었고, 이를 통해 우주의 무한화를 가능하게 만들었다. 그런데 무한한 우주는 중심도 주변도 없는 중성적 공간이다. 왜냐하면 무한한 우주 안에서는 장소 사이의 질적 위계가 성립할 수가 없기 때문이다. 이 결과로 전통적 위계, 즉 부동적인 존재의 천구 영역과 변화와 생성의 지상의 질적 구분은 폐기된다. 물론 이것은 코페르니쿠스가 한 말도 그가 의도한 것도 아니었다. 그러나 코페르니쿠스의 이론은 그 자신의 말과 의도보다 멀리 나아갔다. 우주의 무한화와 함께 천상계와 지상계의 구분은 폐지되고 양자를 지배하는 법칙도 통일된다. 그리고 이 폐지는 지구와 하늘 모두에 무차별적으로 적용되는 자연법칙이라는 생각과 연결된다. 이렇게 지상계의 법칙과 천상계의 법칙이 통일되면서 아리스토텔레스적 세계는 해체된다.
이처럼 우주를 무한한 것으로 생각할 가능성은 우주의 존재론적 동질화로 이어졌다. 이것은 유한하고 닫힌 목적론적 세계에서 상위의 목적 없이 기계론적으로 움직이며 자기를 보존하는 우주로의 이행에 있어 결정적이다. 이제 무한하게 펼쳐진 단 하나의 물질의 세계만이 인정된다. 우리는 이것을 '우주의 중성화'라 부를 수 있다. 이 생각은 기독교 교리에 위협적인 것으로 간주되었다. 우리는 이것을 우주에 관한 데카르트의 이론에 대한 크리스티나 여왕의 반론에서 확인할 수 있다.
"마침내, 모든 것을 들은 후, 크리스티나 여왕은 당신의 모든 견해 중 당신이 무한하게 연장된 세계를 가정하는 한 줄을 제외하고 모든 것에 동의하셨습니다. …… 그녀의 신앙심은 기독교의 토대들을 해칠 수 있는 자연학적인 것들에 대한 어떤 추론도 허용하지 않습니다. 첫째로, 그녀는 우리가 일단 세계가 물질과 실체에 있어 무한하다고 인정한다면 …… 창조의 역사는 권위를 잃게 된다고 생각합니다. …… 세계를 완전하게 펼쳐지지 않은 엄청난 힘의 수축된 작은 작품으로 인식하는 기독교 교회에서는 세계가 시작과 끝을 갖는다고 보는 데 어떤 어려움도 없습니다. …… 그리고 만일 우리가 세계를 당신이 말한 것과 같은 광대한 연장에서 인식한다면, 인간이 거기서 영예로운 지위를 보존하는 것이 더는 가능하지 않다는 것은 확실합니다. 반대로 인간은 그가 거주하는 지구와 함께 아주 작은 구석에 우주의 나머지의 측정할 수 없는 크기와 비교도 측정도 불가능한 채로 존재하는 것으로 고려될 것입니다."(AT X, 620~621) 이에 대해서는 이재훈, 〈코페르니쿠스의 철학적 상황과 휴머니티의 문제:

충분히 강했지만 책을 내기 싫어하는 나의 경향은 이 결심을 철회할 구실을 즉시 찾아내게 했다. 그리고 책을 출판하려 한 이유와 그것을 단념한 이유를 말하는 것은 내게도 이로울 뿐 아니라 그것을 아는 것은 세상 사람들에게도 이로울 것이다. [61]

나는 내 정신에서 나온 것들을 결코 대단하게 여기지 않았다. 그리고 내가 사용한 방법으로부터 사변적 학문에 속하는 몇몇 문제와 관련해서 만족하고 내 품행을 방법이 가르쳐주는 근거에 따라 규제한 것 이외에 다른 결실을 거두지 않은 동안에 나는 이것에 대해 무엇인가를 써야 한다고 생각하지 않았다. 풍속에 관해서는 모든 사람이 각자 자신의 견해를 아주 강하게 고집하기에, 신이 백성에 대한 주권을 수여한 사람들이나 신이 예언자가 되기에 충분한 은총과 열정을 준 사람들 외에 다른 사람에게 풍속의 어떤 것이라도 변화시키는 것이 허용되면, 사람의 머릿수만큼의 개혁자들이 존재하게 될 것이기 때문이다. 그리고 나의 사변이 내게 매우 만족스러웠지만 나는 다른 사람들도 아마 자신들을 더 많이 만족시키는 사변을 가지고 있다고 생각했다. 그러나 자연학에 대한 일반 개념 몇몇을 획득하자마자, 그리고 이것들을 어려운 여러 개별적 문제에서 시험해보면서 어디까지 그것들이 나아갈 수 있고 그것들이 지금까지 사람들이 사용해온 원리들과 얼마나 다른지를 깨닫자마자, 나는

르네상스와 데카르트 그리고 그 이후〉,《철학》154집, 한국철학회, 2023a, 1~26쪽을 참조할 것.

[62] 할 수 있는 한 모든 인간을 위한 선 일반을 획득해야 한다는 의무를 우리에게 부과하는 법을 크게 위반하지 않고서는 그것들을 감출 수 없다고 생각했다.[3] 그도 그럴 것이 자연학의 이 일반 개념들은 삶에 아주 유용한 지식에 도달하는 것이 가능하다는 것을, 그리고 학교에서 가르치는 사변적 철학 대신에 우리는 하나의 실천적인 철학을 발견할 수 있다는 것을 내게 보여주었다. 우리는 이 실천적 철학을 통해 불·물·공기·별·하늘 그리고 우리를 둘러싼 다른 모든 것의 힘과 작용을 우리 장인들의 다양한 기예를 인식하는 것만큼이나 판명하게 인식하면서 이 힘과 작용을 장인들이 하는 것과 같은 방식으로 이것들이 적절하게 사용될 수 있는 목적을 위해 사용하고[4] 우

---

3) 인간이 모든 인간의 복지를 추구해야 한다는 것을 새로운 임무로 부과하는 법은 질송에 의하면, 종교적 의미에서 자비의 법으로 해석될 수도 있고 스토아적 전통에 따라 인류의 보존과 완성을 추구하는 법으로 해석될 수도 있다. Gilson(1925), p.444를 참조할 것. 데카르트는 인류의 번영과 복리, 특히 물질적 조건을 개선하려고 자신의 철학과 자연학을 사용하는 것을 자신의 임무로 간주한다. 17세기는 과학과 기술의 새로운 발견과 비약적인 발전으로 특징지워진다. 그리고 데카르트는 새로운 학문과 기술이 인간의 물질적 조건을 향상하는 데 유용하게 쓰일 수 있다는 희망을 가졌다. 그는 특히 의학이 인류의 건강과 생명의 연장 그리고 윤리적 삶을 위해 유용할 것이라고 생각했다.
4) 데카르트는 목적 개념을 배제하고 자연을 탐구한다. 그에게는 목적론 없이 고려된 자연에 의해 생산된 결과를 인간의 사용으로 데려가는 것이 중요하다. 그의 철학에서 유용성이 목적성을 대체하며 자연에 대한 목적론적 이해의 배제가 원인의 실천적 사용을 허용한다. 즉, 한 사물에 그것에 고유한 형상 혹은 목적인이 존재하지 않기 때문에 그것은 기술에 의한 자유로운 사용에 맡겨질 수 있다. 캉길렘(Georges Canguilhem, 1904~1995)에 의하면, "원인에 대한 이해를 통해 마음껏 결과를 획득하는 것, 이것이 데카르트의 야심이다."(Georges Canguilhem[1996], p.97) 이 생각은 베이컨이 말하는 과학의 이상에 데카르트가 받은 영향을 보여준다. "인간은 자연의

리를 자연의 주인과 소유자처럼 만들 것이다.[5] 이것은 지상의 열매

사용자 및 자연의 해석자로서 자연의 질서에 대해 실제로 관찰하고 고찰한 것만큼 무엇인가를 할 수 있으며 이해할 수 있다."(프랜시스 베이컨, 《신기관》, 진석용 옮김, 한길사, 2001, 52쪽) 오늘날 베이컨과 데카르트의 이 생각은 자연에 대한 무제한적인 정복과 지배를 정당화하는 것으로 간주되고 비판받는다. 그러나 곧 이어지는 문장에서 확인할 수 있듯이, 데카르트에게 과학과 기술의 목표는 주로 의학의 발달과 이것을 통한 인간의 신체적 건강의 보존이다.

5) 데카르트에 의하면, 신 혹은 자연은 무한하게 다양한 개체를 무한한 방식으로 생산할 수 있다. 그러므로 자연 안에서 지금 존재하는 것 너머 다양한 개체가 새롭게 생산될 수 있다. 그리고 자연 안의 현실적인 것과 가능한 것 모두는 신이 만든 자연법칙들에 의해 지배받는다. 하지만 데카르트에 의하면, 유한한 인간 지성은 자연의 법칙 전부를 인식할 수 없으며, 자연은 인간을 위해 존재하는 것도 아니고 인간의 관점에 따라 진행되지 않는다. 이런 이유로 인간은 자연의 지배자일 수 없다. 데카르트는 반복해서 우리는 오직 우리의 사유에 대해서만 지배자일 수 있다고 강조한다. 그가 말하는 자연의 기술적 사용은 자연에 대한 지배가 아니라 가능성에 대한 인식에 의존한다. 인간 지성은 자연에 대한 인식과 관찰을 통해 기술이 생산할 수 있는 것을 파악한다. 그러므로 지성이 획득 가능한 것으로 파악하지 않은 것을 바라는 것은 합리적이지 않다. 하지만 가능하다고 인식된 것 모두가 기술에 의해 획득될 수 있는 것은 아니다. 그러므로 각각의 인간은 자신의 사유에 대해서만 지배자가 될 수 있고 자연에 대해서는 인식과 기술을 통해 "주인과 소유자처럼" 될 수 있을 뿐이다. "자연의 주인과 소유자처럼"이라는 표현은 인간의 자연에 대한 무제약적 지배와 자연의 인간에로의 종속을 정당화지 않는다.

이 관점에서 보면 《방법서설》 3부의 임시 도덕의 세 번째 준칙이 제시하는 스토아적 자기 지배와 6부의 기술의 자연 지배는 대립하지 않는다. 임시 도덕의 세 번째 준칙, 즉 "나의 세 번째 준칙은 언제나 운이 아니라 나 자신을 지배하려고 노력하고, 세계의 질서가 아니라 나의 욕망을 변화시키려 노력하며, 전적으로 우리의 능력 안에 있는 것은 우리의 사유뿐이기 때문에 외적인 일에 최선을 다한 뒤에 성공하지 못한 것은 우리에게 전적으로 불가능한 것이었다고 믿는 것에 일반적으로 익숙해지려고 노력하는 것이었다."에 따르면, 지성이 획득 가능한 것으로 인식한 것을 얻으려고 최선을 다했지만 성공하지 못했을 경우에 우리는 그것을 우리에게 불가능한 것으로 간주하면서 우리의 욕망을 조절할 수 있다. 이처럼 임시 도덕의 세 번째 준칙은 인식에 근거해서 자아의 욕망을 조절하는 것을 목적으로 갖는다.

와 거기서 발견되는 모든 편의를 수고 들이지 않고 향유하게 해줄 무한한 장치의 고안을 위해서뿐만 아니라, 특히 의심의 여지 없이 첫 번째 선이자 이 삶의 모든 다른 선의 토대인 건강의 보존[6]을 위해서도 바라야 하는 것이다. 정신도 신체의 기질과 신체 기관의 배치에 아주 강하게 의존하기 때문에 만일 인간들을 이제까지보다 더

이와 달리 기술에 대한 《방법서설》 6부의 사유에 의하면, 기술의 목적은 자연에 대한 인식을 통해 외부 대상으로부터 가능한 유용성을 끌어내는 것이다. 도덕적인 실천에서나 기술적인 실천에서 우선 중요한 것은 가능성에 대한 인식이다. 지성이 불가능하다고 인식한 것을 욕망하는 것을 삼가야 한다. 그리고 우리는 최선을 다했으나 이루지 못한 것을 우리의 능력을 넘어서는 것으로 받아들이고 우리의 욕망을 조절해야 한다. 이 관점에서 데카르트는 우리는 아프면서 건강하길 욕망하지 말아야 하지만 아픈 사람을 치료하려고 모든 노력을 다해 의학을 연구하고 적용해야 한다고 주장하고, 우리는 하늘을 날 수 있게 해주는 날개를 욕망하지 않아야 하지만 새처럼 날 수 있는 기계를 만들 수 있다고 주장한다. 데카르트 철학에서 기술의 문제에 대해서는 Pierre Guenancia, *Lire Descartes*, Folio Essais, 2000, pp.360~362를 참조할 것.

6) 윤리의 건강에의 의존성은 몽테뉴와 데카르트의 공통적인 주제다. 몽테뉴는 다음과 같이 쓴다. "건강이 없다면 인생은 우리에게 고통스럽고 모욕적인 것이 된다. 건강이 없다면 쾌락, 지혜, 학문 그리고 덕은 퇴색되고 사라진다."(*Essais*, p.765) 데카르트에 의하면 윤리의 주된 목적은 정념의 올바른 사용에 있다. 그런데 그의 《정념론》의 기획은 "정념을 연설가로서도 아니고 심지어 도덕철학자로서도 아니며 단지 자연학자로서 설명하는 것이었다."(AT XI, 326) 그는 정념의 생리학적 원인을 탐구하고 신체적 건강이 윤리를 위해 필요하다는 사실을 강조한다. 그도 그럴 것이 만일 신체의 배치가 불완전하거나 어떤 결함을 가지고 있는 경우, 우리는 나쁜 정념이 일으킨 생리적 상태를 다른 것을 사유하는 것을 통해 벗어나는 것을 쉽게 할 수 없을 것이다. 그는 1645년에 "내 연구의 주요한 목적은 언제나 건강의 보존이었다."(AT IV, 329)라고 말하기도 했다. 이 생각은 《철학의 원리》의 프랑스어판 서문에서도 발견된다. "이 철학이라는 단어는 지혜에 대한 연구를 의미하며, 지혜는 일을 행함에 있어서의 신중함뿐 아니라 인간이 알 수 있는 삶을 인도하고 건강의 보존을 위한 모든 것에 대한 완전한 인식과 모든 기예의 고안을 의미한다."(AT IX, 2)

현명하고 더 능숙하게 만들어줄 어떤 수단을 찾는 것이 가능하다면, 나는 그것을 의학에서 찾아야 한다고 생각한다.7) 사실 현재 통

....
7) 데카르트가 의학에 기계론적 방법을 적용했다는 것은 널리 알려진 사실이다. 실제로 그는 "틀림없는 증명들에 기초한"(AT I, 106) 의학 프로그램을 기획했었다. 이 기획은 《방법서설》 6부에서 다음과 같이 분명하게 표현된다. "그러나 나는 인생의 남은 시간을 그것으로부터 이제까지 우리가 가져왔던 것보다 더 확실한 의학을 위한 규칙을 끌어낼 수 있을 자연에 대한 어떤 인식을 획득하는 데 사용하기로 결심했다는 것만을 말할 것이다."(AT VI, 78)
데카르트는 최초의 기획과 생리학과 의학의 연구가 가져온 결과 사이의 괴리를 인정했다. 그는 기계론적 의학 탐구, 즉 증명의 방식에 따른 의학을 통해서 아픈 사람의 열을 내리지 못하는 어려움을 토로했다(AT II, 525~526). 그리고 그는 1646년 6월에 샤뉘(Pierre Chanut, 1601~1662)에게 보낸 편지에서 방법에 기초한 의학 전개에 대한 자신의 불만족을 표현한다(AT IV, 440~441). 게다가 그가 기획한 의학에 대한 요약집은 빛을 보지 못했다. 이에 대해서는 1638년에 하위헌스(Constantin Huygens, 1596~1687)에게 보낸 편지(AT I, 507)를 참조할 것. 이 같은 불만족과 불충분성은 질송이 언급했듯이, 생명체의 연구와 의학 연구에 수학적이고 기계론적 방법을 적용하는 것의 한계를 의미하지 않는가? Étienne Gilson, *Études sur le rôle de la pensée médiévale dans la formation du système cartésien*, Vrin, 1967, pp.99~100을 참조할 것. 혹은 이것은 베사드가 지적하듯이, 데카르트의 기계론적 의학의 실패를 의미하는가? Jean-Marie Beyssade(1972), p.115를 참조할 것.
그러나 데카르트는, 예를 들어 그가 엘리자베트 공주에게 보낸 편지에서 볼 수 있듯이, 기계론적인 의학과 구분되는 영혼과 신체의 단일체로서의 인간에 대한 의학을 전개했다. 이에 대한 데카르트의 견해에 대해서는 AT IV, 201, AT IV, 219~220, AT V, 65~66을 참조할 것. 이 의학의 관점에서 그는 영혼이 신체 상태의 원인이 될 수 있다고, 예를 들어 슬픔이 열의 원인이 될 수 있다고 주장한다. 게루(Martial Gueroult, 1891~1976)의 해석에 의하면, 데카르트는 이 새로운 의미의 의학으로 순수하게 자연학적 의학을 대체했다. Martial Gueroult, *Descartes selon l'ordre des raisons II*, Aubier, 1991, pp.247~248을 참조할 것.
그러나 《철학의 원리》(1647) 프랑스어판 서문은 그가 엄격한 증명에 기초한 의학의 기획을 단념하지 않았다는 사실을 보여준다. 그는 의학·기계공학·윤리학을 원인에 대한 인식에서 출발해서 방법론적으로 획득될 수 있는 학문으로 고려한다. 이 학문들은 물리학이라는 줄기에서 자라난 가지와 같다(AT IX-2, 14). 요컨대 데카르

용되는 의학은 주목할 만한 유용성을 적게 포함한다. 그러나 나는 이 의학을 무시할 의도는 없으며, 우리가 아는 모든 것은 알아야 할 것으로 남아있는 것에 비교할 때 거의 아무것도 아니고, 그것들의 원인과 자연이 제공하는 모든 치료법에 대한 충분한 지식을 가진다면 신체뿐 아니라 정신의 무수한 질병으로부터 또 아마도 노화로 인한 쇠약으로부터도 우리가 벗어날 수 있을 것이라는 사실을 인정하지 않는 사람은 아무도 없다고, 심지어 의학에 종사하는 사람 중 [63] 에도 그런 사람은 아무도 없다고 확신한다.[8] 그런데 나는 인생 전

트 철학에는, 즉 영혼과 신체의 단일체로서의 인간에 대한 의학이 기계론적 의학과 공존한다. 이 주제에 대해서는 Claude Romano(2002), pp.675~696과 H. Dreyfus-Le Foyer(1937)를 참조할 것. 데카르트에게 의학의 궁극적 대상은 신체-기계가 아니라 영혼과 신체의 단일성으로서의 인간, 즉 "순수하게 인간으로서의 인간"(AT VI, 3, 22)이다. 그리고 의학의 대상인 영혼과 신체의 결합으로서의 인간은 확실성의 영역 외부에 위치한다. 또한 의학은 건강이라는 유용성을 목적으로 갖는데, 유용성의 문제는 기계론으로 설명되지 않는다. 이런 이유로 데카르트 철학에서 의학은 생리학으로 환원되지 않는다. 데카르트의 의학 철학에 대해서는 특히 Vincent Aucante, *La philosophie médicale de Descartes*, PUF, 2015를 참조할 것.
데카르트 철학에서 의학은 주변적인 주제가 아니다. 그의 저작 중 의학에 대한 텍스트는 전체—편지글을 제외한—의 5분의 1을 차지한다. 하지만 오랜 기간 그의 의학에 대한 텍스트는 데카르트 전집에 분산된 채로 수록되어 있었다. 2000년에 오캉트(Vincent Aucante, 1964~)에 의해 데카르트의 생리학과 의학에 대한 글들이 새롭게 편집되었다. René Descartes, *Écrits physiologiques et médicaux*, présentation, textes, traductions, notes et annexes de Vincent Aucante, PUF, 2000. 그리고 2013년에 출판된 데카르트 전집(René Descartes, *Œuvres complètes*, Sous la direction de Jean-Marie Beyssade et Denis Kambouchner, Gallimard, 2013)의 VIII권(Correspondance Volume 2)은 의학 문제를 다루는 그의 편지들을 모아 따로 편집했다. 이것들과 함께 데카르트의 의학의 전모를 연구할 유용한 수단이 마련되었다.

8) 데카르트의 의학 연구는 생명 연장의 기획으로 이어진다. 그는 질병에서 자유롭고

체를 그렇게 꼭 필요한 학문을 탐구하는 것에 바칠 의도를 가지고 있었고, 인생의 짧음과 경험의 부족에 의해 방해받지만 않는다면 그것을 따르면서 틀림없이 이 학문을 발견하게 될 하나의 길과 마주쳤다. 그러면서 이 두 장애물에 대한 가장 좋은 처방으로 내가 발견한 아주 작은 것이라도 대중에게 충실하게 알리고, 좋은 정신을 가진 사람들에게 각자가 자신의 성향과 능력에 따라 필수적인 관찰에 기여하고 또한 대중에게 그들이 배운 모든 것을 알리면서 더 전진하려고 노력할 것을 권하는 것보다 좋은 것은 없다고 판단했다. 이것은 후대 사람들이 선대 사람들이 이루어놓은 것에서 시작하고

행복한 노년의 가능성을 의학을 통해 실현하기를 기대했다. 그는 1638년 1월 25일에 하위헌스에게 보낸 편지에서 다음과 같이 말한다. "삶의 식이요법에서 범하고는 하는 어떤 잘못을 방지하기만 하더라도 우리는 다른 발명품들 없이도 지금보다 더 길고 더 행복한 노년에 도달할 수 있을 것임은 내게 매우 분명해 보입니다. 그러나 이 문제에 도움이 될 모든 것을 검토하려면 많은 시간과 실험들이 필요하기 때문에 나는 지금 의학에 대한 요약집을 작성하고 있습니다."(AT I, 507) 더 나아가, 피코(Picot) 신부의 증언에 따르면, 그는 의학의 발전이 인간의 수명을 500세까지로 늘려놓을 수 있다고 주장했다(AT XI, 671).
그러나 이 같은 낙관주의는 오래 지속되지 못했다. 그의 딸 프랑신(Francine)이 1640년에 병으로 세상을 떠나게 된다. 자신의 딸을 괴롭히던 열병조차 치료할 수 없었던 데카르트는 딸의 사망 후 의학과 기술을 통한 생명 연장이 가능하다고는 생각했지만, 이 문제에 대해 이전보다 훨씬 신중한 태도를 취하게 되었다. 실제로 데카르트는 1645년 에그몽(Egmond)에서 뉴캐슬 후작에게 보낸 편지에서 이전에 가졌던 확신을 보여주지 않는다(AT IV, 329~330). 마찬가지로 1646년 6월 15일에 샤누에게 보낸 편지에서도 의학 연구에 대해 느끼고 있는 불만족을 표현한다(AT IV, 441~442). 이처럼 그가 《방법서설》에서 보여주었던 의학을 통한 생명 연장에 대한 확신은 점차 약화되었다. 이 주제에 대해서는 이재훈, 〈데카르트의 죽음: 소문과 조롱〉,《어떤 죽음 3. 죽음에 대한 인문학 이야기: 철학자편》, 모시는사람들, 2024, 45~64쪽을 참조할 것.

이렇게 다수의 삶과 작업을 결합하는 것을 통해 각자가 개별적으로 할 때보다 더 멀리 전진할 수 있기 위해서다.

관찰과 관련해 나는 그것이 우리가 인식에서 진보할수록 더욱 필요하다는 것에 주목했다. 처음에는 아주 드물고 일부러 고안한 관찰을 찾는 것보다는 감각에 저절로 나타나고 우리가 조금만 반성해 보아도 무시할 수 없을 그런 관찰만을 사용하는 것이 더 좋다. 우리가 더 공통된 것의 원인을 아직 모를 때에는 아주 드문 관찰이 우리를 자주 속이기 때문이며, 그것이 의존하는 상황이 거의 항상 너무 [64] 특수하고 사소해서 알아차리기 쉽지 않기 때문이다. 그러나 내가 이것에서 취한 순서는 다음과 같다. 첫 번째로, 나는 세계 안에 있거나 있을 수 있는 모든 것의 원리 내지는 제일원인을 일반적으로 발견하려 노력했다. 이를 위해 나는 세계를 창조한 신 외에 다른 어떤 것도 고려하지 않았고, 이것들을 우리 영혼 안에 자연적으로 있는 진리의 어떤 씨앗[9] 외 다른 것으로부터 끌어내지 않으려고 했다. 다음으로 나는 이 원인으로부터 연역해낼 수 있는 첫 번째 그리고 가장 일상적으로 접하는 결과가 무엇인지 검토했다. 그리고 이

---

9) "영혼 안에 자연적으로 있는 진리의 어떤 씨앗"이라는 생각은 《규칙》과 데카르트의 초기 텍스트에서 발견된다. "사실 인간 정신은 무엇인지 모를 신성한 것을 가지고 있다. 그 안에 유용한 인식의 첫 번째 씨앗들이 뿌려져 있다."(AT X, 373) "내 안에 있는 지혜의 씨앗"(AT X, 184), "학문의 씨앗"(AT X, 217), "자연에 의해 인간 정신에 새겨진 첫 번째 진리의 씨앗"(AT X, 376). 진리의 씨앗이라는 생각은 1619~1620년의 보편 학문에 대한 영감과 관련이 있다. 진리의 씨앗이라는 생각은 스토아주의와 신플라톤주의에 그것의 기원을 갖는다.

를 통해 나는 하늘·별·지구 그리고 지구 위에 있는 물·공기·불·광물 그리고 모든 사물 중 가장 공통적이고 가장 단순해서 그 결과 가장 인식되기 쉬운 것들을 발견한 것 같았다. 그리고 내가 더 특수한 사물들로 내려가길 원했을 때 아주 다양한 것이 내게 나타났기 때문에 나는, 결과로부터 원인으로 나아가고[10] 또 특수한 많은 관찰을 사용하지 않는다면, 땅 위에 있는 물체의 형상들 또는 종들을 신이 원했다면 지구에 있을 수 있는 다른 가능한 무한한 것과 구분하는 것이 인간 정신에 가능하다고 생각하지 않았고, 그 결과 그것들을 사용하는 것도 가능하다고 생각하지 않았다.[11] 이어서 나의 감

10) 아프리오리한 연역은 원인에서 출발하여 결과를 증명한다. 그러나 구체적인 한 사물이 어떻게 생산되었는지를 설명하려고 제일원인에서 출발하여 무수한 원인을 거쳐 구체적인 결과로 하강하는 방법은 유한한 인간 지성에게는 가능하지 않다. 그러므로 순서를 역전하여 결과에서 원인으로 상승하는 방법이 필요하다. 그런데 주어진 하나의 구체적인 결과에 대한 가능한 설명은 다수이기 때문에 하나의 구체적인 결과가 어떻게 생산되었는지를 설명하려면 어떤 하나의 가설에서 출발해야 한다. 실제로 데카르트 자연학에는 많은 가설이 존재한다. 그런데 가설은 일반 원리로부터 끌어낸 것이 아니다. 그러므로 가설로부터의 설명은 원인으로부터의 엄밀한 연역이라고 볼 수 없다. 이 방법은 결과를 설명하기 위한 실천적 요구에 따른다. 따라서 이 설명은 형이상학적 확실성(certitude métaphysique)이 아니라 개연적임을 포함하는 실천적 확실성(certitude morale)만을 가진다. 비록 가설이 엄밀한 연역을 통해 얻은 참된 원인이 아닐지라도 그것을 통해 결과로 주어진 현상이 설명될 수 있다면 그것은 유용하며 실천적인 확실성을 가진다.
11) 데카르트의 자연학은 신의 무한성을 형이상학적 토대로 갖는다. 이 토대로부터 자연의 법칙들과 일반 원리들이 연역된다. 그런데 신의 무한한 힘 내지는 자연의 풍부한 힘은 이 법칙들을 따르면서 무한한 방식으로 세계와 사물들을 생산할 수 있다. 그도 그럴 것이 일반 원리들에서 시작해서 구체적 사물에 이르는 길은 무한하며 일반 원리들로부터 연역될 수 있는 것에는 현실적으로 존재하는 것들뿐 아니라 가능적으로 존재할 수 있는 것들도 포함된다. 가능한 것 중 어떤 것이 현실적인 것으로

[65] 각에 나타났던 모든 대상을 검토해보자면, 나는 내가 발견한 원리들을 통해 아주 간단하게 설명할 수 없는 것은 아무것도 없었다고 감히 말한다. 그러나 자연의 힘은 아주 풍부하고 방대하며 이 원리들은 매우 단순하고 일반적이어서 이 원리들로부터 여러 다양한 방식으로 연역될 수 있다는 것을 내가 바로 알 수 없는 어떤 특수한 결과를 거의 발견하지 못한다는 점을[12], 그리고 나의 큰 어려움은 대개는 이 방식 중 어떤 방식으로 그 결과가 원리들에 의존하는지를 발견하는 것이라는 점을 인정해야 한다. 나는 그것을 이 방식 중 하나의 방식으로 설명해야 할 때와 다른 방식으로 설명해야 할 때 그것들의 결과가 같지 않은 어떤 관찰을 더 찾는 것 말고는 이 발견을 위한 수단을 알지 못한다. 게다가 나는 어떤 방식으로 이것을 위해 유용한 대부분의 관찰을 해야 하는지를 충분히 알게 되는 지점

.... 선택되는가? 왜 무한하게 가능한 방식 중 이 방식으로 세계가 만들어졌는가? 이 선택에 인간이 이해할 수 없는 신의 의도나 목적이 포함되어 있는가? 이것은 데카르트 자연학이 제기하는 주요한 물음이다. 또한 우리는 왜 가능한 것 중 다른 것이 아니라 이것이 현실에 존재하는지, 그리고 왜 다른 방식의 세계가 아니라 우리가 살아가는 세계가 존재하게 된 것인지를 일반 원리들로부터 구체적 사물들로 하강하는 길을 통해서는 설명할 수가 없다. 여기서 관찰의 중요성이 따라 나온다. 관찰의 기능은 실재하는 것을 가능한 것으로부터 구분하는 일이다. 관찰은 원리들로부터 동등하게 연역 가능한 것 중에서 어느 것이 사실에 적합한 것인지를 증명한다.

12) 데카르트의 자연학을 따르면, 일반 원리들로부터 구체적 사물에 이르는 길이 무한히 다양할 뿐만 아니라 하나의 개체가 생산되는 방식도 다양하다. 예를 들어, 겉으로 보기에 똑같은 시계들의 내적 구성과 배치도 다양할 수 있다. "한 명의 기술자가 시각을 정확히 가리키고 겉으로는 모양이 같지만 내부의 톱니바퀴는 전혀 다르게 구성된 두 개의 시계를 제작할 수 있는 것처럼 모든 사물의 최고의 장인은 우리가 보는 모든 것을 여러 다른 방식으로 만들 수 있었다."(AT VIII, 327)

에 이르렀다. 그러나 나는 이 관찰이 아주 많은 수의 것이어서 나의 재주나 나의 수입(지금보다 1,000배나 더 많다고 하더라도)은 이 모든 관찰을 위해서 충분하지 않다는 것 또한 안다. 그러므로 나는 이제부터 관찰을 위한 편의를 더 또는 적게 가지는가에 따라 자연에 대한 지식에서도 더 또는 적게 전진할 것이다. 이것이 내가 쓴 논고에서 알려주려고 했던 것이다. 그리고 거기서 세상 사람들이 그 관찰에서 얻을 유용성을 아주 분명하게 보여주었기 때문에 이는 인간들의 선을 일반적으로 원하는 모든 사람에게, 즉 꾸며낸 것으로도 아니고 단지 의견에 따라서도 아닌 실제로 덕을 가진 사람들에게 그들이 이미 한 관찰을 내게 알려주고 또 앞으로 해야 할 관찰의 탐구에서 나를 도와야 한다는 의무를 지울 것이다.

그러나 그 이후로 나는 의견을 바꾸고 내가 중요하다고 판단하는 모든 것을—이것들에서 진리를 발견함에 따라—계속해서 써야만 한다고 생각하게 하고, 출판하려고 할 때와 마찬가지로 이것에 대해 쓰는 것에 수고를 들여야 할 이유들을 가지게 되었다. 이는 그 [66] 것을 잘 검토할 기회를 가지기 위해서다. 틀림없이 우리는 여러 사람에게 보여질 것으로 생각하는 것을 우리 자신을 위해서만 하는 것보다 언제나 더 자세하게 살펴보기 때문이며, 파악하기 시작했을 때에는 참된 것으로 보였던 것이 우리가 그것을 종이 위에 쓰려고 할 때에는 자주 거짓된 것으로 보였기 때문이다. 또한 이는 내가 할 수 있다면 대중을 이롭게 할 어떤 기회도 잃지 않기 위해서이며, 내 글들이 어떤 가치가 있다면 내가 죽은 후에 내 글들을 가진 사람들이 그것들을 가장 적절하게 사용할 수 있게 하기 위해서다. 그러나 내 글들에 대해 혹시나 제기될 반대와 논쟁 그리고 그것들이 내게 가져다줄 수도 있을 명성이 나를 지도하는 데 사용하려고 계획한 시간을 잃어버리게 할 어떤 기회도 주지 않으려고 나는 내가 살아있는 동안에 그것들이 출판되는 것에 전혀 동의할 수가 없었다. 각각의 사람은 타인의 선을 위해 애쓸 의무가 있고 아무에게도 이롭지 않은 것은 가치가 전혀 없다는 것이 참이지만, 그럼에도 우리의 배려가 우리가 살아가는 현재의 시대 너머로 확장되어야 한다는 것, 그리고 우리가 후대 사람들에게 더 큰 이익을 가져다줄 다른 것들을 하려는 의도를 가지고 있을 때에는 현재를 사는 사람들에게 아마도 어떤 이익을 가져다줄 것을 생략해도 좋다는 것 또한 참이다. 내가 지금까지 배운 약간의 것은 내가 알지 못하지만 배우기를 바라는 것과 비교했을 때 거의 아무것도 아니라는 것을 사람들이

[67]   알아주길 나는 바란다. 그도 그럴 것이 학문에서 진리를 조금씩 발견해가는 사람들은 가난했을 때는 더 적은 부를 획득하는 것에서도 큰 고생을 했지만 부자가 되기 시작하면서는 더 큰 부를 획득하는 것에 있어 예전보다 덜 고생하는 사람들과 같다. 혹은 그들은 힘이 승리에 비례해서 증가하고 전투에서 승리한 후 마을과 지방을 정복하는 것에서보다 전투에서 패한 후에 군대를 유지하려고 더 많은 방책이 필요한 군대의 지휘관에 비교될 수 있다. 우리가 진리의 인식에 도달하는 것을 방해하는 모든 어려움과 오류를 극복하려 노력하는 것은 진짜 전투를 하는 것과 다름없으며, 다소 일반적이고 중요한 문제에 관한 어떤 거짓된 의견을 받아들이는 것은 한 전투에서 패배하는 것이기 때문이다. 이후에 이전과 같은 상태로 되돌리

려면 확실한 원리를 이미 가지고 있을 때 큰 진보를 이루기 위해서 보다 더 큰 솜씨가 필요하다. 나에 대해 말하자면, 내가 이전에 학문에서 몇몇 진리를 발견했다면(이 책이 사람들에게 내가 이것들을 발견했다고 판단하게 만들기를 희망한다), 나는 그것들이 내가 해결했으며 행운이 내 편에 있었던 전투로 간주하는 대여섯 가지 주요한 난점들에 뒤따라오거나 의존하는 것 외에 다른 것이 아니라고 말할 수 있을 것이다. 나는 내 기획을 완수하려면 이와 유사한 두 가지 혹은 세 가지의 다른 전투들에서 이기는 것만이 필요하다고 생각한다는 것을, 그리고 내 나이가 자연의 통상적인 흐름에 따르면 그것을 이루기 위한 충분한 여유를 갖지 못할 만큼 그렇게 많지는 않다고 감 [68] 히 말한다. 그러나 나는 내게 남은 시간을 잘 활용할 수 있다는 더 큰 희망을 갖고 있는 만큼 그것을 잘 활용해야만 한다고 생각한다. 내가 내 자연학의 토대들을 출판한다면 틀림없이 그것은 그 시간을 잃어버리는 계기가 될 것이다. 실제로 이 토대들은 너무나 명백해서 듣기만 해도 그것들을 믿을 수 있으며 그것들 중에는 증명할 수 없는 어떤 것도 없지만, 그럼에도 그것들이 다른 사람들의 다양한 의견 모두와 일치하는 것은 불가능하기 때문에, 나는 그것들이 야기할 대립에 의해 나의 주의를 빼앗기게 될 것이라고 예상한다.

  나의 잘못을 인식하거나 만약 내가 어떤 좋은 것을 안다면 다른 사람들이 그것에 대해 더 잘 이해하게 하려고도 이 대립이 유용할 것이라고 사람들이 말할 수 있다. 그리고 단 한 사람보다 여러 사람이 더 많은 것을 보기 때문에, 다른 사람들이 지금부터 내가 아는 것을 이용하기 시작하면서 그들의 발견을 통해 나를 도울 것이라고 사람들이 말할 수도 있다. 그러나 내가 쉽사리 오류를 저지른다는 것을 인정하며 내게 떠오르는 첫 번째 생각을 전혀 신뢰하지 않음에도, 내게 제기된 반대에 대한 경험은 내가 대립에서 어떤 이로운 것을 기대하지 못하게 한다. 나는 내가 친구로 여겼던 사람들, 내가 그들에 대해 무관심하다고 생각했던 사람들, 그리고 내가 알기에, 내 친구들이 나와의 우정 때문에 드러내지 않고 있었던 것을 악의와 질투로 드러내려고 아주 애를 쓴 사람들의 판단을 이미 자주 겪었기 때문이다. 그러나 나의 주제에서 아주 멀리 떨어진 것이 아니라면 내가 전혀 예상하지 못했던 어떤 것에 대해서는 아주 드물 [69] 게만 반론이 제기되었다. 그러므로 나는 내 의견에 대한 나만큼이나 엄격하고 공정한 검열관을 전혀 만나지 못했다고 할 수 있다. 나는 사람들이 학교에서 연마되는 논쟁을 통해서는 이전에 알지 못했던 어떤 진리도 발견하지 않았다는 점만을 주목했다. 사람들은 논쟁에서 각자가 이기고자 애쓰면서 양쪽의 근거를 검토하기보다는 그럴듯한 것을 내세우는 것을 연습하기 때문이다. 오래도록 좋은 변호사였던 사람들이 오래 변호사 생활을 했다는 이유로 나중에 아주 좋은 판사가 되는 것은 아니다.

  내 생각을 전달하는 것을 통해 다른 사람들이 얻을 유용성에 대해 말하자면, 내가 내 생각을 아직은 그렇게 멀리까지 이끌지 못했기에 내 생각을 실천에 적용하기 전에 그것에 많은 것을 덧붙일 필요가 있는 만큼, 그 유용성 또한 아주 크지 않을 것이다. 그리고, 자랑은 아니지만, 그것을 할 수 있는 어떤 사람이 있다면 그것은 다른 누구도 아닌 바로 나라고 말할 수 있다고 생각한다. 세상에 나보다 비교할 수 없을 정도로 뛰어난 여러 정신이 존재하지 않기 때문이 아니라, 한 사물을 아주 잘 인식하거나 자신의 것으로 만들려면 그것을 다른 사람에게서 배우기보다 스스로 고안해야 하기 때문이다. 이 주제에서 아주 참된 것은 내가 내 의견 중 몇몇을 아주 좋은 정신을 소유하고 있고 내가 말하는 것을 아주 판명하게 이해하는 것처럼 보이는 사람들에게 자주 설명했음에도 그들이 그것을 다시 말할 때면 거의 항상 왜곡한다는 것을 발견했기에 나는 그것을 나의 것이라고 더는 인정할 수가 없었다는 사실이다. 이 기회에 나는 [70] 여기서 우리의 후대 사람들에게 내가 직접 밝힌 것이 아닌 사람들이 말하는 것들을 내게서 나온 것으로 결코 믿지 말라고 부탁하고 싶다. 우리가 그들이 쓴 글을 가지고 있지 않지만 고대 철학자들의 것이라 사람들이 간주하는 과장된 생각은 내게 전혀 놀랍지 않으며, 나는 그들이 당대 최고의 정신이었다는 사실을 고려한다면 그들의 생각이 아주 이치에 맞지 않는 것이었다고 판단하지 않는다. 나는 단지 사람들이 우리에게 그것들을 잘못 전해주었다고 판단한다. 우리는 그들의 신봉자 중 어떤 사람이 그들을 능가하는 일이 거의 일어나지 않았다는 것 또한 본다. 그리고 나는 지금 아리스토텔레스를 가장 열렬하게 따르는 사람들은 만일 그들이 아리스토텔레스가 가졌던 것만큼의 자연에 대한 지식을 가진다면 그 이상의 지식을 가질 수는 없다는 조건에서라도 스스로가 행복하다고 믿을 것이라고 확신한다. 그들은 나무 꼭대기에 도달한 후에는 자신을 지탱하고 있는 나무보다 더 높은 곳으로 올라가려 하지 않고 심지어 자주 내려오기도 하는 담쟁이덩굴과 같다. 실제로 아리스토텔레스의 추종자들도 다시 내려간다. 그들이 아리스토텔레스 안에서 이해할 수 있게 설명되는 모든 것을 아는 것에 만족하지 않고 이것 이상으로 아리스토텔레스가 전혀 말하지도 않았고 그것에 대해 아마도 전혀 생각하지도 않았을 여러 문제의 해결책을 찾길 원할 때, 그들의 학식은 연구를 그만두었을 경우보다도 어떤 방식으로 줄어든다. 그럼에도 그들이 철학하는 방식은 아주 조야한 정신을 가진 사람들에게는 매우 편리하다. 그들이 사용하는 구분들과 원리들의 애매함은 그들이 모든 것을 알고 있을 때만큼이나 모든 것에 대해 대담하게 말할 수 있게 만드는[13] 원인이고, 가장 예리하고 영리한 사람 [71] 들을 설득할 수단도 가지고 있지 않으면서 이들에 대항해 모든 것에 대해 자신들이 말한 것을 내세울 수 있게 하는 원인이기 때문이다. 이 점에서 그들은 정상적인 시각을 가진 사람에 대항해 어떤 불이익 없이 싸우려고 아주 어두운 동굴 바닥으로 이 사람을 오게 하는 한 시각장애인과 비슷해 보인다. 그리고 내가 사용한 철학의 원리들을 출판하지 않는 것이 그들에게는 이익이 된다고 나는 말할 수 있다. 매우 단순하고 분명한 이 원리들을 출판한다면 그것은 내가 창문을 열고 그들이 싸우려고 내려간 동굴 안으로 빛이 들어가게 만드는 것과 거의 같은 일일 것이기 때문이다. 그러나 가장 훌륭한 정신마저 나의 원리들을 알고 싶어할 이유를 갖지 않는다. 그들이 모든 것에 대해 말할 수 있기를 원하고 박식하다는 명성을 획득

---

13) 구분들과 원리들이 애매하기 때문에 사실은 잘 알지도 못하면서.

하기를 원한다면, 그들은 몇몇 분야에서 조금씩만 발견되고 다른 분야의 것들에 대해 말해야만 할 때는 솔직하게 알지 못한다고 고백해야만 하는 진리를 찾을 때보다는 큰 수고 없이 모든 종류의 분야에서 발견될 그럴듯한 것에 만족하면서 자신의 목적에 더 쉽게 도달할 것이기 때문이다. 만일 그들이 몇 가지 적은 수의 진리에 대한 인식을 모르는 것이 없는 것처럼 보이게 하는 허영보다 선호하고—의심의 여지 없이 이것이 더 바람직하기 때문에—나의 것과 유사한 기획을 따르기를 원한다면, 내가 이 서설에서 이미 말한 것 이상을 말할 필요가 없다. 만일 그들이 내가 한 것보다 더 나아갈 수 있다면 그들은 당연히 내가 발견했다고 생각하는 모든 것을 그들 스스로 발견할 수 있을 것이기 때문이다. 모든 것을 순서에 따라서만 검토했으므로 내게 여전히 발견되어야 할 것으로 남아있는 것은 본래 내가 이제까지 발견할 수 있었던 것보다 더 어렵고 더 감춰 [72] 져 있다는 것이 확실하며, 그들은 자신이 아니라 내게 그것을 배우는 것에 더 작은 즐거움을 가질 것이다. 게다가 그들이 첫 번째로는 쉬운 것을 탐구하고 점점 단계적으로 더 어려운 것으로 나아가면서 얻게 될 습관은 나의 모든 가르침보다 그들에게 더 도움이 될 것이다. 나에 대해 말하자면, 만약 내가 청년기 때부터 그 이래로 그것의 증명을 찾은 모든 진리를 다른 사람들에게서 배웠더라면, 그리고 이 진리를 배우는 것에 어떤 수고도 필요하지 않았더라면, 나는 아마도 다른 어떤 진리도 알지 못했을 것이며, 진리를 찾으려 전념함에 따라—내가 가지고 있다고 생각하는—언제나 새로운 진리를 찾는 습관과 용이함도 획득하지 못했을 것이라고 확신한다. 간단히 말해, 세계에 그것을 시작한 사람에 의해서만 잘 완수될 수 있는 어떤 작업이 있다면 그것은 바로 내가 하고 있는 작업일 것이다.

그 작업에 도움이 될 관찰에 대해 말하자면, 사실 혼자서는 그것 전부를 해내기에 충분하지 않다. 그러나 이 한 사람은 관찰에—장인의 손이나 그가 돈을 주고 일을 시킬 수 있는 사람의 손, 그리고 아주 효과적인 수단인 소득에 대한 희망으로 인해 그가 지시한 모든 것을 정확하게 해내게 만드는 사람들의 손이 아니라면—다른 사람들의 손을 자신의 손만큼 유용하게 사용할 수는 없을 것이다. 호기심 혹은 배우려는 욕망으로 그를 자발적으로 돕고자 하며 어쩌면 그를 도울 수도 있을 사람들에 대해 말하자면, 그들은 통상적으로 결과보다 더 많은 약속을 하며 전혀 성공을 가져오지 못하는 화려한 제안만을 할 뿐 아니라, 분명히 몇몇 어려움을 설명한 것에 대한 대가를 원할 것이고, 적어도 시간 낭비에 불과한 불필요한 찬사나 대화에 대한 대가를 원할 것이다. 다른 사람들이 이미 한 관찰에 대해 말하자면, 그들이 그에게 그 관찰에 대해 알려주길 원할지라도—그 관찰을 비밀이라고 부르는 사람들은 결코 그렇게 하지 않겠지만—그것들은 대개 불필요한 상황과 요소로 이루어져 있어서 그것으로부터 진리를 알아내는 것은 너무 어렵다. 그뿐만 아니라 그는 이 관찰의 거의 모든 것이—이 관찰을 한 사람들이 그것을 자신들의 원리에 적합하게 보이게 만들려고 노력하기 때문에—아주 부적절하게 혹은 틀리게까지 설명되어 있다는 것을 발견할 것이어서, 그 관찰 중에 그에게 도움이 될 어떤 것이 있다 하더라도 그것 중에서 도움이 될 만한 것을 고르려고 시간을 들일 만큼의 가치가

[73]

있을 수 없다. 그 결과 만약 공중에게 가장 중요하고 유용한 것을 발견할 능력이 있다고 사람들이 확실하게 아는 어떤 사람이 세상에 있다면, 그리고 이 이유로 다른 사람들이 모든 수단을 동원해 그가 목표에 도달하도록 그를 도우려고 노력한다면, 나는 이 수단은 그가 필요로 하는 관찰에 필요한 비용을 제공하는 것 외에, 더 나아가 그의 여가가 어떤 사람의 성가시게 구는 행동에 의해 빼앗기는 것을 막는 것 외에 다른 것일 수 있다고 생각하지 않는다. 그러나 나는 특별한 어떤 것을 약속할 만큼이나 나 자신을 과대평가하지 않으며, 공중이 나의 계획에 크게 관심을 가져야만 한다고 상상할 만큼 헛된 생각에 골몰하고 있지 않다. 이뿐 아니라 나는 어떤 사람에게든지 사람들이 생각하길 내가 그것을 받을 자격이 없는 어떤 호의를 받기를 원할 만큼 천박한 영혼을 가지고 있지도 않다. [74]

이 모든 고찰이 종합되어, 3년 전 내가 손에 들고 있던 논고를 출판하지 않기로 한 원인이 되었으며, 마찬가지로 살아있는 동안에는 아주 일반인 논고도, 그리고 그것으로부터 사람들이 내 자연학의 토대들을 이해할 수 있을 다른 어떤 것도 세상에 내놓지 않겠다고 결심하게 된 원인이 되었다. 그러나 그 이후로 다시 여기에 몇 가지 특수한 에세이를 내놓게 하고 내 행위와 계획에 대한 설명을 공중에게 제공하게 만든 두 가지 다른 이유가 있었다. 첫 번째 이유는 내가 그렇게 하지 않으면 예전에 가지고 있던 몇몇 글을 인쇄하려는 의도를 알고 있었던 여러 사람이 내가 그것을 인쇄하는 것을 단념하게 한 원인이 실제로 그러한 것보다 내게 더 불명예스러운 것이라고 생각할 수도 있다는 것이다. 나는 명예를 지나칠 정도로 좋아하지는 않지만, 혹은 감히 말하자면, 내가 모든 것보다 중요한 것으로 여기는 평안함에 대립한다고 판단되는 한 그것을 싫어한다고까지 말할 수 있음에도, 나는 내 행위가 마치 범죄인 양 감추려 하지 않았고 알려지지 않으려고 많은 주의를 기울이지도 않았기 때문이다. 만약 그렇게 했더라면, 내 생각에 그것은 스스로에게 잘못을 저지르는 일이 되었을 것이기 때문이며, 또 내가 추구하는 정신의 완전한 평안에 다시금 반대되는 어떤 종류의 동요를 자신에게 주었을 것이기 때문이다. 그리고 항상 이처럼 알려지려는 염려와 그렇지 않으려는 염려 사이에 무관심하게 나를 두면서, 나는 어떤 종류의 명성을 얻는 것을 막을 수는 없었고, 적어도 나쁜 명성을 얻지 않기 위해서 최선을 다해야만 한다고 생각했다. 내가 이것을 써야만 했던 다른 이유는, 내가 필요로 하지만 타인의 도움 없이는 해낼 수 없는 무한한 관찰 때문에 나를 지도하려는 나의 기획이 매일 점점 늦춰지는 것을 보면서, 공중이 나의 관심을 공유하기를 희망할 정도로 그렇게 자만하지 않음에도, 나는 스스로에게 불충실하고 싶지 않았고 또 후대 사람들이 그들이 무엇에서 나의 기획에 기여할 수 있는지를 알려주는 것에 내가 소홀하지 않았더라면 내가 그들에게 훨씬 더 좋은 여러 가지의 것을 남겨줄 수 있었을 것이라는 이유로 언젠가 나를 비난할 기회를 주고 싶지도 않았다는 것이다.

그리고 나는 크게 논쟁적이지도 않으면서, 내가 원하는 것 이상으로 나의 원리에 대해 말하게 만들지 않으면서도 내가 학문에서 할 수 있거나 그렇지 못하는 것을 아주 분명하게 보여줄 수 있는 몇몇 주제를 선택하는 것이 내게 편리하다고 생각했다. 나는 이 점에서 내가 성공했는지 그렇지 않은지를 말할 수는 없으며, 나의 글들에 대해 말하면서 다른 어떤 사람의 판단도 예상하고 싶지 않다. 그러나 나는 사람들이 내 글들을 검토한다면 기쁠 것이다. 그리고 사람들이 이를 위한 기회를 더 많이 가지게 하려고 나는 내 글들에 관해 반대할 것을 가진 사람들이 있다면 그 반론들을 수고스럽더라도 나의 출판사로 보내주시기를 간청한다. 출판사가 내게 그 반론들을 알려준다면 나는 나의 답변을 거기에 동시에 첨부하려고 애쓸 것이다. 이를 통해서 독자들은 두 가지를 함께 보면서 그만큼 더 쉽게 진리에 대해 판단할 것이다. 실제로 나는 답변을 길게 하지 않을 것을 약속하고, 내가 나의 오류를 인식한다면 그것을 아주 솔직하게 인정하겠다고 약속하며, 내 오류를 깨닫지 못한다면 내가 쓴 것을 [76] 변호하기 위해 요구된다고 생각하는 것을—하나의 주제에서 다른 주제로 끝없이 들어가지 않으려고 어떤 새로운 주제에 대한 설명을 덧붙이지 않으면서—간단하게 말할 것이라고 약속한다.

만약 《굴절광학》과 《기상학》의 첫 부분에서 내가 말했던 어떤 것을 가설이라 부르고 그것을 증명할 생각이 없는 것처럼 보이기 때문에 놀라워하는 사람들이 있다면, 나는 그들이 전체를 끝까지 집중해서 읽는다면 만족할 것이라고 기대한다. 근거들은 서로 잇따라 연결되어 있어 마지막 것이 그것의 원인인 첫 번째 것에 의해 증명되는 것처럼, 이 첫 번째 것이 역으로 그것의 결과인 마지막 것에 의해 증명되기 때문이다. 그리고 사람들은 내가 이것에서 논리학자들이 순환이라 부르는 오류를 저질렀다고 생각해서는 안 된다. 관찰은 결과의 대부분을 아주 확실하게 만들기 때문에 그로부터 이 결과를 연역한 원인은 이 결과를 설명하는 데 쓰이지 증명하는 데 쓰이지 않기 때문이다. 그러나 반대로 결과에 의해 증명되는 것은 원인이다. 그리고 나는 이 원인을 가설이라 불렀는데, 이는 오직 내가 그것을 앞서 설명한 첫 번째 진리로부터 연역할 수 있다고 생각하면서도 일부러 그렇게 하지 않았다는 점을 사람들이 알게 하기 위해서다.[14] 내가 이것을 하지 않은 이유는 어떤 사람이 그들에게

---

14) 여기서 데카르트의 방법은 경험적이고 관찰적인 방법이다. 예를 들어 빛이 굴절된다는 사실은 우선 결과로 간주된다. 이 사실은 주어진 사실이기 때문에 증명될(prouver) 필요가 없다. 그것은 경험과 관찰을 통해 사실로서 확립된다. 그러나 이 사실은 원리들로부터 설명되어야(expliquer) 한다. 그런데 원리들은 우선 가설로 나타난다. 그리고 원리들은 사실에 의해 증명된다. 데카르트는 이 방법에 어떤 순환도 존재하지 않는다고 주장한다. 그는 무엇을 근거로 이 방법이 논리적 순환이 아니라고 주장하는가? 그는 《방법서설》이 출판된 이후 이 문제에 대해 모랭(Jean-Baptiste Morin, 1583~1656)에게 다음과 같이 설명한다. "또 당신은 결과를 하나의 원인을 통해 증명하고 이 원인을 같은 결과로 증명하는 것은 논리적 순환이라고 말한다. 그러나 나는 결과를 하나의 원인을 통해 설명하는 것과 그 원인을 이 결과를 통해 증명하는 것은 하나가 아니라고 생각한다. 실제로 '증명하다'와 '설명하다' 사이에는 큰 차이가 있다. 이것에 나는 'démontrer'라는 말은 '증명하다'와 '설명하다' 모두를 의미하려고 사용할 수 있다는 점을 덧붙인다."(AT II, 197~198) 이 설명에 근거해 위의 문장 "근거들은 서로 잇따라 연결되어 있어 마지막 것이 그것의 원인인 첫 번째 것에 의해 증명되는(démontrer) 것처럼, 이 첫 번째 것이 역으로 그것의 결과인 마지막 것에 의해 증명되기(démontrer) 때문이다."(AT VI, 76)를 "근거들은 서로 잇따라 연결되어 있어 마지막 것이 그것의 원인인 첫 번째 것에 의해 **설명되는**(expliquer) 것처럼, 이 첫 번째 것이 역으로 그것의 결과인 마지막 것에 의해 **증명되기**(prouver) 때문이다."로 변형할 수 있다. 여기서 설명은 원인으로부터의 설명을 의미한다. 그러나 원인은 그것의 실재성이 확실하지 않기 때문에 단지 가설로 제시된다.
하지만 가설로 제시된 원인의 실재성은 실험과 관찰의 결과에 의해 증명된다. 데카르트에 의하면, 원인에 의해 결과를 설명하고 결과를 통해 원인을 증명하는 것은 논리적 순환이 아니다. 그리고 가설이라는 이름을 가진 특별한 원리들은 제일원리

단지 두세 마디를 건네자마자 그 사람이 20년 동안 생각한 모든 것을 알 수 있다고 생각하는, 그리고 통찰력이 있고 민첩할수록 더 잘못을 저지르기 쉽고 진리에 더 무능한 어떤 정신의 소유자들이 그들이 나의 원리라고 믿는 것 위에 어떤 터무니 없는 철학을 세우는 [77] 기회를 취하는 것을 막고 또 사람들이 그 오류의 책임을 내게 전가하는 것을 막기 위해서다. 전적으로 나의 것인 의견에 대해 말하자면, 나는 그것이 새로운 것이라고 내세우지 않는다. 나는 사람들이 그것의 근거를 잘 검토할수록 내 의견이 아주 단순하고 상식에 적합해서 그들이 같은 주제에 대해 가질 수 있는 다른 의견보다 덜 기이하고 덜 낯설다는 것을 발견하리라고 확신한다. 그리고 나는 어떤 의견에 관해서도 그것의 첫 번째의 고안자라고 전혀 자랑하지도 않는다. 그러나 나는 내가 그것들을 받아들인 것은 그것들이 다른 사람들에 의해 말해졌거나 전혀 말해지지 않았기 때문이 아니라 오직 이성이 나를 설득했기 때문이라고 자부한다.

와 다르다. 무한한 신이라는 제일원리에서 다른 모든 원리와 결과가 연역될 수 있다. 그러나 데카르트는 모든 원리를 제일원리로부터 연역하려 하지 않는다. 왜냐하면 그것은 너무 복잡하고 어렵거나 실천적으로는 불가능한 작업이기 때문이다. 이런 이유로 그는 자연학에 가설적 원리를 도입한다. 가설은 그것으로부터 연역되는 혹은 그것에 의존하는 원리들과 결과에 의해 증명된다. 그리고 이 원리들과 결과는 가설에 의해 설명된다. 가설은 그것이 (가능한) 사실 모두를 설명하는 한 사실 혹은 결과에 의해 증명된다. 이와 반대로, 가설을 위반하는 사실이 관찰된다면 가설은 타당성을 잃게 된다. 이 설명을 통해 데카르트는 자신이 《굴절광학》과 《기상학》의 첫 부분에서 사용한 방법이 논리적 순환이 아니라고 말한다. 이처럼 자연학자들의 방법에 데카르트는 가설의 이론을 도입했다. 이 주제에 대해서는 이재훈, 앞의 글, 같은 곳을 참조할 것.

장인들이 《굴절광학》에서 설명된 발명품을 즉시 제작할 수 없다고 해도 나는 그것에 어떤 결함이 있다고 말할 수는 없다고 생각한다. 왜냐하면 어떤 부분도 빠뜨리지 않고 내가 묘사한 기계들을 만들고 조립하려면 솜씨와 익숙함이 필요한 만큼 그들이 한번에 성공한다면 나는 어떤 사람이 좋은 악보에만 의지해서 하루 만에 류트를 탁월하게 연주하는 것을 배울 때만큼이나 놀랄 것이다. 그리고 내가 스승들의 언어인 라틴어가 아니라 모국어인 프랑스어로 쓰는 이유는 옛 책만을 믿는 사람들보다 완전히 순수한 자연적 이성만을 사용하는 사람들이 나의 의견을 더 잘 판단할 것이라고 기대하기 때문이다.[15] 양식을 가지고 연구하는 사람들에 대해 말하자면 — 나

---

15) 학교에서 배운 지식으로 정신을 가득 채운 사람보다 자신의 이성을 순수하게 사용할 수 있는 문외한(Idiot), 즉 무지한 자가 진리 탐구에서 더 성공할 수 있다는 생각은 쿠자누스와 몽테뉴 그리고 데카르트가 공통적으로 가지고 있는 생각이다. 쿠자누스는 대화편 〈지혜로운 문외한〉에서 박학한 학자가 아니라 자연의 기술적 과정에 대해 능통하며 학문에서 얻은 편견에 사로잡혀 있지 않은 문외한이 어떻게 진리에 도달하는지 보여준다. 그는 학문을 배우지 않은 숟가락을 만드는 장인이 자연의 기술적 과정을 학자들보다 더 잘 이해할 수 있다고 생각했다. Nicolas de Cues, Idiota de sapientia I, *Dialogue de l'Idiot. Sur la sagesse et l'esprit*, PUF, 2011을 참조할 것. 몽테뉴는 남에게서 빌려온 학문을 전혀 가지지 않은 문외한이 자기 본성의 풍요로운 힘으로 삶의 많은 문제를 해결하는 데 필요한 훌륭한 판단력을 키울 수 있다고 주장한다. "거기에는 기예와 학문으로부터 빌려온 것이라고는 하나도 없다. 가장 단순한 사람들도 거기에서 그들의 수단과 힘을 알아낼 수 있다. …… 그는 인간 본성에 자신이 스스로 얼마나 해낼 수 있는지를 보여주는 호의를 베풀었다."(*Essais*, p.1038) 그리고 데카르트는 자신의 대화편 《자연의 빛에 의한 진리 탐구》에서 학교에서 배우지 않은 문외한 에우독소스가 자연의 빛만을 따르면서 진리를 발견해 나가는 과정을 보여준다. 문외한의 지혜라는 주제에서 데카르트는 쿠자누스와 몽테뉴와 만난다. 흥미롭게도 데카르트와 쿠자누스 모두 이 주제를 주로 대화편에서 전개한다.

는 이들만이 나의 의견에 대한 판단자이기를 바라는데—나는 그들이 내가 내 의견을 일상 언어로 설명했다는 이유로 나의 논거를 듣길 거부할 만큼 라틴어만을 편애하지는 않을 것이라고 확신한다. [78]

게다가 나는 여기서 미래에 학문에서 이루어질 진보에 대해 구체적으로 말하고 싶지도 않고 내가 실행할 수 있을지 확신하지 못하는 어떤 약속도 세상 사람들에게 하고 싶지 않다. 그러나 나는 인생의 남은 시간을 그것으로부터 이제까지 우리가 가져왔던 것보다 더 확실한 의학을 위한 규칙을 끌어낼 수 있을 자연에 대한 어떤 인식을 획득하는 데 사용하기로 결심했다는 것만을 말할 것이다. 그리고 나의 성향은 나를 다른 모든 기획으로부터, 특히 어떤 사람에게는 유용하지만 다른 사람에게는 해가 되는 기획으로부터 아주 멀리하게 만들기 때문에, 어떤 상황이 그러한 것을 수행하도록 나를 강요한다면 나는 그 기획에서 성공하리라고 생각하지 않는다. 이것으로 나는 여기서 하나의 선언을 하는 것이다. 이것이 나를 세계에서 존경받는 사람으로 만들 수 없다는 것을 잘 알고 있으나 나 또한 그렇게 되고 싶은 욕망이 전혀 없다. 그리고 나는 내게 지상에서 가장 명예로운 지위를 제공할 사람보다 내가 방해 없이 나의 여가를 즐길 수 있도록 호의를 베풀어줄 사람을 언제나 더 고맙게 여길 것이다.

옮긴이 해제

휴머니티의 원리를 새롭게 사유하는 하나의 길, 《방법서설》

1. 《방법서설》의 출판에 대해

1637년 마흔한 살의 데카르트는 자신의 이름을 감추고 네덜란드의 레이던(Leiden)에서 《방법서설》을 출판한다. 1637년까지 이 책의 저자는 침묵 속에서 홀로 진리 탐구의 길을 걷고 있었다. 그는 마치 가면을 쓴 사람처럼 걷고 있었다. "나는 가면을 쓰고 나아간다(Larvatus prodeo)."(AT X, 213) 하지만 그는 자신이 발견한 현재와 미래의 인류에게 유용한 진리들을 세상에 알려야 한다는 의무에 따라 이 책을 출판하기로 결심한다. "⋯⋯ 할 수 있는 한 모든 인간을 위한 선 일반을 획득해야 한다는 의무⋯⋯."(AT VI, 61) 그러나 이 의무의 수행에는 위험이 따랐다. 갈릴레이에게 내려진 유죄 선고의 여파로 데카르트가 1637년까지 발견한 자연학적 진리들을 공개적으로 말하는 것은 위험한 일이 되었기 때문이다.

《방법서설》은 데카르트가 1637년 이전에 수행한 탐구의 결실이다. 이 시기에 작업한 텍스트로는 1619년부터 작성되었다고 일반적으로 추정되고, 미완으로 남은 《정신지도규칙》과 1629년에 작성된

《세계》와 이것에 수록된 《인간》이 있다. 그리고 그는 갈릴레이에 대한 유죄 선고 이전까지 《굴절광학》과 《기상학》 논고를 계획하고 있었다. 그러나 종교재판소가 갈릴레이에게 유죄 선고를 내린 1633년 6월 22일 이후, 데카르트는 《세계》의 출판을 포기한다. 그가 발견한 자연학의 근본 원리들은 갈릴레이에게 내려진 유죄 선고의 근거인 코페르니쿠스적 우주론의 관점을 전제하기 때문이다. 대신에 그는 《방법서설》과 세 개의 에세이, 즉 《굴절광학》과 《기상학》 그리고 《기하학》을 묶어 한 권의 책으로 출판하기로 결심한다. 그리고 출판을 위해 이 세 개의 에세이에서 자연학의 토대들에 대한 논의를 생략하거나 암시적으로만 제시한다. 이 같은 방식으로 자신의 연구를 검열에 대한 두려움 없이 출판할 수 있었다.

그러므로 《방법서설》은 사실 네 권의 에세이로 구성된 한 권의 책의 일부분이다. 《방법서설》은 그것을 따르는 세 개의 에세이들과 분리되어 기획되지 않았다. 《방법서설》 외 다른 에세이들은 방법의 적용으로 간주된다. 그러나 19세기부터 《방법서설》을 에세이들과 따로 출판하는 것이 관례가 되었고, 오래전부터 이 책은 독립적이고 자기 충족적인 텍스트로 간주되고 읽혀왔다.

2. 《방법서설》의 새로움

《방법서설》이 그것에 뒤따르는 에세이들과 독립적으로 읽힐 수 있는 것은 그것이 에세이들의 서문 이상의 의미를 갖기 때문이다. 이 책은 몇 가지 점에서 새로운 작품이다. 첫째, 이 책은 종교나 신학적 문제로부터 자유롭게 자신을 소재로 쓴 책이라는 점에서 새롭다. 데카르트의 지적 성장 과정 혹은 그의 철학의 형성 과정을 설명하는 자서전 격인 작품인 것이다. 하지만 이 책은 이 새로운 종류의 첫 번째 책이 아니다. 그것은 몽테뉴의 《에세(Essais)》를 선행자로 갖는다. 둘째, 《방법서설》은 학자들의 언어였던 라틴어가 아니라 프랑스어로 작성되었다는 점에서 전통과 단절했다. 그러나 이 또한 첫 번째 시도는 아니다. 뒤플렉스(Scipion Dupleix)는 1602년에 프랑스어로 《철학에 대한 전체 강의(Un cours complet de philosophie)》를 출판했다. 또 이것에 앞서 몽테뉴는 《에세》를, 샤롱은 《지혜에 대하여(De la Sagesse)》를 프랑스어로 작성했다.

셋째, 《방법서설》은 새로운 과학에 대한 작품이다. 하지만 새로운 과학 탐구는 데카르트에 앞서 베이컨의 《신기관(Novum Organum)》 (1620)과 갈릴레이의 《두 우주 체계에 대한 대화(Dialogo sopra i due massimi sistemi del mondo)》(1623)에서 시도되었다. 넷째, 《방법서설》의 또 다른 그리고 가장 주목할 만한 새로움은 그것이 신학과 종교로부터 독립적인 "순수하게 인간적인 일들"(AT VI, 3), 즉 휴머니티에 대한 철학 작품이라는 점에 있다. 그러나 이러한 철학은 《에세》의 저자 몽테뉴와 《지혜에 대하여》의 저자 샤롱을 선행자로 갖는다.

이처럼 데카르트의 철학은 르네상스 이래 형성된 지적 토양 위에서 자라났다. 하지만 데카르트를 그의 선행자들과 구분해주는 《방법서설》의 독창성은 그것이 이 새로운 점들을 동시에 담고 있는 첫 번째 작품이라는 데에 있으며,[1] 이 책의 가장 중요한 의미는 그것이 새로운 과학과 휴머니티에 대한 철학을 새로운 형이상학적 토대들 위에 세우려는 야심 찬 기획이라는 데에 있다.

데카르트는 《방법서설》에서 자신이 걸어온 새로운 철학으로의 길을 자서전의 형태로 서술한다. 그는 이 책을 우화라고 부른다. 우화로서의 자서전은 삶을 그대로 기록하지 않는다. 우화의 저자 데카르트는 자신의 지적 여정을 이해 가능한 것으로 나타내고자 한다. 이를 위해 그는 자신이 걸어온 전부를 보여주려 하지 않고, 화가가 그림을 그릴 때처럼, 어떤 것을 두드러지게 하고 어떤 것을 그늘지게 하거나 생략한다. 그는 이 우화에서 세 가지 에피소드를 두드러져 보이게 한다.

3. 1619~1620년의 새로운 시작: 1~3부

《방법서설》 1부는 책들의 세계가 모순으로 가득 차 있다는 사실을 깨닫고 그곳을 떠나 세계라는 커다란 책을 여행하면서 진리를 찾기로 결심한 데카르트를 그린다. 그리고 2부는 그가 독일의 한 마을의 난로 방에서 발견한 것을 방법의 네 가지 원칙으로 정리해서 보여준다. 그가 1619~1620년 겨울에 발견한 것은 무엇인가? 그것은 방법에 국한되는가? 《방법서설》은 이 시기의 또 다른 중요한 사건을 생략한다. 《올림피카(Olympica)》는 1619~1620년의 겨울에 데카르트가 발견한 놀라운 학문의 토대들(mirabilis scientiae fundamenta)에 대해 이야기한다. 이 시기에 그가 영감에 사로잡혀 발견한 놀라

---

1) Jean-Marie Beyssade, *Etudes sur Descartes: L'Histoire d'un esprit*, Points, 2001, p.27. 베사드는 《방법서설》이 새로운 휴머니티에 대한 철학을 담고 있다는 사실을 간과한다.

운 학문은 모든 학문의 단일성에 대한 학문이며, 모든 학문의 첫 번째 원리에 대한 보편 학문이다. "……함께 모인 모든 학문……모든 인간의 정신에 있는 지혜의 씨앗."(AT X, 184)

사실 1619~1620년의 보편 학문은 방법을 비롯한 모든 학문의 씨앗을 품고 있는 정신의 존재에 대한 학문이다. 그러므로 이 첫 번째 학문은 방법에 선행하고 방법을 넘어서는 방법의 형이상학적 토대로 이해될 수 있다. 그러나 1619~1620년의 형이상학은 불충분했고, 데카르트 자신의 고유한 형이상학적 언어로 전개되지도 못했다. 이는 1619~1620년의 보편 학문의 발견에 대해 《방법서설》이 침묵하는 이유일 것이다.

이 시기 이래 데카르트는 철학의 원리들을 세우는 것을 자신의 과제로 설정한다. 따라서 이 과제는 1619~1620년의 새로운 시작을 반복하면서 다시 시작하는 것으로 이해될 수 있다. 그는 이 과제를 수행하려면 당시의 나이 스물세 살보다 더 성숙한 나이에 이르러야 한다고 생각했다. 3부에서 데카르트는 모든 나쁜 의견을 정신에서 제거하면서 새로운 철학의 확실한 원리들을 찾는 동안에도 삶을 잘 인도하는 데 필요한 임시 도덕을 제시한다.

4. 1629년의 형이상학, 새로운 시작의 반복: 4부

데카르트 철학의 형성에서 가장 주목할 만한 사건은 그가 네덜란드에서 머문 첫 9개월 동안 수행한 형이상학적 탐구다. "이 나라에 머무른 9개월 동안 나는 다른 것을 하지 않았다."(AT I, 144) 이 9개월은 1628년 11월에서 1629년 8월 사이의 기간을 가리킨다. 그가

수행한 1629년의 첫 번째 형이상학적 성찰은 그가 연구한 자연학과의 관계에서 고려되어야 한다. 그는 1630년 4월 15일에 메르센 신부에게 보낸 편지에서 어떻게 "자연학의 토대들"(AT I, 144), 즉 "형이상학적 진리들을 기하학의 증명들보다 더 분명한 방식으로 증명할 수 있는지를 발견했습니다."(AT I, 144)라고 말한다. 이 편지에서 그는 자신이 시작하는 형이상학이 계시 진리가 아니라 인간 이성에만 의존한다는 점을 분명하게 밝힌다.

데카르트는 형이상학의 시작을 "작은 논고"(AT I, 170~171)의 형태로 작성했다. 그는 1630년 11월 25일에 메르센 신부에게 보낸 편지에서 이 형이상학 논고의 주요한 부분이 신과 영혼의 현존을 증명하는 것이라고 밝힌다(AT I, 182). 이 논고는 미완으로 남았고, 우리에게 전해지지 않는다. 데카르트는 라틴어로 작성된 이 형이상학 논고를 《방법서설》의 4부가 아니라 그것의 라틴어 번역에 결합하려는 계획이 있었지만, 이 계획은 새로운 책 《제일철학에 대한 성찰》의 구상으로 대체된다.

《방법서설》의 형이상학은 1630년과 1636년 사이에 전개된 형이상학적 사유의 결실이다. 그러나 데카르트는 이 책에서 지나치게 형이상학적인 내용은 대중을 위해 생략한다. 그리고 그는 《방법서설》 4부에서 전개된 형이상학의 불충분성을 여러 차례 인정한다. 사실 이 책은 가장 대중적으로 알려진 데카르트의 텍스트이지만 그의 본질적인 텍스트는 아니다.

그렇지만 이 점이 1637년의 데카르트 철학이 기계론과 기하학적 사유에 지배되었으며 아직 그의 고유한 형이상학적 사유와 존재 사유에 도달하지 못했다[2])는 것을 의미하지는 않는다. 그는 이미 1630년에 신의 무한성과 신적 자유에 대한 자신의 고유한 형이상학적 견해를 소유했을 뿐 아니라,《방법서설》4부의 방법적 회의는 감각의 오류와 꿈의 환영을 의심의 근거로 삼는 전통적인 회의주의를 넘어서며, 약한 정신의 소유자들에게는 적합하지 않은 형이상학적인 논의를 포함한다. 여기서 기하학적 증명의 모든 근거는 전적으로 거짓인 것으로 간주되며 나는 육체를 전혀 가지지 않고 내가 있는 장소도 존재하지 않는 것처럼 가정된다. 물론 여기에는 〈첫 번째 성찰〉의 기만하는 신과 악령 가설이 부재하고, 코기토 이후 다시 명석하고 판명한 지각을 위협하는 의심으로의 복귀도 존재하지 않는다.

《방법서설》4부에서 데카르트는 생각하는 나를 곧바로 생각하는 실체로 정의한다. 그러나《성찰》의 논의 전개는 이것과 다르다.《성찰》에서 생각하는 실체가 등장하는 맥락은 오직 관념의 실재성을 인과성의 관점에서 비교하는 〈세 번째 성찰〉에서뿐이다. 이 관점 밖에서 사유하는 나는 결코 실체로 고려되지 않는다. 그리고 그는 사유하는 나를 자아(le moi, l'ego)로 명사화하지 않는다. 그가《방법서설》4부에서 "이 나(ce moi), 즉 나를 나로 만들어주는 영혼"(AT VI, 33)이라 쓸 때 "이 나"는, 몽테뉴에게서와 마찬가지로, 생각하고 말하는 나를 의미하지, 파스칼적 의미의 자아(le moi)를 의미하지 않는

---

2) 이것은 알키에의 견해다. Ferdinand Alquié, *La découverte de l'homme chez Descartes*, PUF, 1950, pp.81~83을 참조할 것.

다. 또 데카르트는 생각하는 **나**를 기체(subiectum) 혹은 주체(sujet)로 정의하길 거부한다.[3] 오히려 그는 이 용어가 인간 정신을 지시하기에 부적절하다고 주장한다.[4] 이처럼 데카르트의 생각하는 **나**는 몽테뉴적이다. 그리고 그것은 파스칼의 자아와 칸트적 의미의 주체와 구분된다.

    데카르트는 "나는 생각한다, 그러므로 나는 존재한다."라는 철학의 제일원리로부터 다른 진리들 내지는 원리들을 끌어낸다. 정신이 명석하고 판명하게 인식하는 것은 모두 참이라는 일반 규칙은 이 제일원리에 대한 반성을 통해 파악된다. 그리고 사유하는 **나**는 정신에서 발견하는 관념들로부터 연장·형태·위치·운동과 같은 물체에 대한 관념들을 연역하고 **내**가 가진 "나보다 더 완전한 한 존재에 대한 관념"과 생각하는 **나**의 현존에서 출발해서 신의 현존을 증명한다. 사유하는 **나**의 정신은 다른 모든 인식이 거기에 의존하는 첫 번째 원리이며 제일철학 혹은 보편 학문의 대상이다. 이 점에 대해 데카르트는 《자연의 빛에 의한 진리 탐구》에서 에우독소스의 입을 빌려 다음과 같이 말한다. "나는 고정되고 움직이지 않는 한 점과 같은 이 보편적 의심으로부터 신에 대한, 당신 자신에 대한, 그리고 끝으로 자

---

[3] 기체로 번역되는 라틴어 단어 'subiectum'은 어떤 것들의 아래에 놓여있는 토대와 같은 것을 의미한다. 근대 철학에서 인간 혹은 인간 정신이 주체가 되었다고 말해진다면, 이는 근대에 이르러 인간 혹은 인간 정신이 존재하는 것의 의미를 결정짓는 토대, 즉 기체가 되었다는 것을 의미한다. 그러나 엄밀히 말해, 이 해석은 데카르트 철학에 대해서는 타당하지 않다.

[4] 《세 번째 반박들에 대한 답변들》, AT VII, 174를 참조할 것.

연에 존재하는 모든 사물에 대한 인식을 끌어내기를 원한다."(AT X, 515) 나의 정신의 자연적 비옥함과 풍부함에서 출발하는 데카르트의 형이상학은 1619~1620년 겨울 데카르트가 영감에 사로잡혀 발견한 보편 학문이라는 새로운 시작을 재개한다.

5. 단죄받은 새로운 과학과 인류의 공공선: 5~6부

데카르트는 《방법서설》 6부의 도입부에서 1629년에 쓰기 시작한 《세계》의 출판을 단념한 이유가 1633년 6월에 갈릴레이에게 내려진 유죄 선고 때문이라고 말한다. 갈릴레이의 유죄 선고는 《방법서설》의 기획에 큰 영향을 주었다. 코페르니쿠스에서 시작된 우주론에서의 혁명은 데카르트 철학의 중요한 배경 중 하나다. 1633년에 로마교회는 코페르니쿠스적 지동설을 가르치거나 믿는 것을 금지했다. 데카르트는 지동설을 지지한 갈릴레이가 유죄 선고를 받았다는 소식을 듣고 1633년에 메르센 신부에게 보낸 한 편지에서 자신의 자연학 논고 《세계》를 출판하는 것을 단념한다고 밝히고, 만약 지동설이 옳지 않다면 자기 철학의 모든 토대도 그렇게 된다고 쓴다.[5] 그는 갈릴레이에 대한 유죄 선고가 취소되어 논고 《세계》를 출판할 수 있기를 기대했다.[6] 《방법서설》 5부는 출판을 포기한 《세계》의 요약이다.

---

5) AT I, 270을 참조할 것.
6) AT I, 288을 참조할 것.

심장 운동에 대한 설명이 5부의 절반을 차지한다. 여기서 심장 운동에 대한 설명이 그의 방법의 가장 우선적인 예로 제시되기 때문이다. 그는 심장의 운동과 혈액의 순환을 기계론적 방식으로만 설명한다. 이 심장 이론은 기계론적 방법을 통해 생명이라는 복잡한 현상을 설명하려는 그의 생리학 기획에 속한다. 이는 신체가 그 자체로 고려했을 때 영혼과 같은 다른 원리에 의해 기능하지 않고 오직 기관들의 배치에만 의존해 작동하는 기계라는 것을 의미한다. 그러나 동시에 데카르트는 인간 신체를 영혼과 긴밀하게 결합된 것으로 고려한다. 사실 그는 인간에 대한 탐구를 세 부분으로 나눈다. "나는 당신들에게 먼저 신체를 따로, 그리고 나중에 영혼을 따로 묘사해야만 한다. 그리고 끝으로 나는 당신들에게 이 두 본성이 어떻게 서로 연결되고 결합되는지를 보여줘야만 한다."(AT XI, 119~120) 데카르트는 영혼과 신체의 결합체로서의 인간을 '참된 혹은 전체로서의 인간'이라 부른다.

데카르트는 자연학 탐구의 실천적 유용성을 강조한다. 그는 《방법서설》 6부에서 건강과 인류의 공공선을 위해서는 자연에 대한 탐구와 기술을 통해 자연을 사용하는 것이 필요하다고 말한다. 이것은 특히 윤리의 조건인 건강을 위해서다. 데카르트는 윤리와 지혜를 위해서는 건강이 필요하고 의학과 기계의 발명 그리고 기술이 인간의 첫 번째 선인 건강한 삶을 위한 수단이 되어야 한다고 생각했다. 그에 의하면, 과학과 기술이 "우리를 자연의 주인과 소유자처럼"(AT VI, 61) 만드는 것은 건강의 보존과 의학과 관련해서다.

6. 신학과 분리된 철학

1637년 출판된《방법서설》의 제목은 "이성을 잘 인도하고 학문에서 진리를 찾기 위한 방법서설"이다. 그러나 1636년에 메르센에게 보낸 편지에서 데카르트가 밝힌 앞으로 출판될《방법서설》의 제목은 훨씬 대담한 생각을 포함하고 있었다. "우리의 본성을 가장 높은 정도의 완전성으로 높여줄 수 있는 보편 학문의 기획."(AT I, 339) 그러나 이 제목은 출판 시에 생략된다. 이 같은 제목의 변경은 아마도 신학자들에 의해 단죄당할 위험을 피하기 위해서였을 것이다. 실제로 데카르트는《방법서설》이 논쟁을 일으키지 않을까 몹시 걱정했다. 철학의 목표가 인간의 완전성이라는 생각은 인간을 원죄로 인해 근본적으로 불완전하고 타락한 존재로 고려하는 신학과 가톨릭 교리와 충돌했기 때문이다. 이런 이유로 그는《방법서설》의 철학을 승인해줄 권위 있는 조력자가 필요했다. 그래서 그는 1637년 6월 14일《방법서설》의 복사본을 자신의 스승이었고 라플레슈(La Flèche) 학교의 총장이 된 에티엔 노엘(Etienne Noel)에게 보내 검토해줄 것을 요청했다.

인간의 완전성은 "순수하게 인간적인 일들"(AT VI, 3)이며 중세 신학의 초자연적 계시로부터 독립적이다. 데카르트에게 철학은 종교와 스콜라철학의 권위에서 벗어나 "전적으로 순수하고 종교나 철학으로부터 도움 받지 않는 자연의 빛에 의한 진리 탐구"(AT X, 494)를 의미한다. 그리고 그에 의하면, "철학자에게는 인간을 현재 그의 자연적 상태에 있는 그대로 고려하는 것으로 충분하다."(AT V, 159) 그는 자신의 철학이 신학과 분리된 것임을 분명하게 밝힌다. "나는 신학에 연루되고 싶지 않습니다."(AT I, 150) 그가 신학과 공유하는 문제를 다루는 것은 오직 그것이 자연적 이성에 의해 검토될 수 있는 한에서다.

그런데 신학과 구분되는 철학은 몽테뉴와 샤롱의 생각이기도 하다. 몽테뉴는 자신의 《에세》가 "순수하게 인간적이고 철학적인, 신학과 섞이지 않은"[7] 작품이라고 말한다. 그에 의하면, 철학은 인간적인 것들에 관한 의견이다. "철학에 관한 의견 중 나는 기꺼이 가장 견고한 것들, 다시 말해 가장 인간적이고 우리에게 알맞은 것을 받아들인다."[8] 이런 의미에서 몽테뉴는 《에세》를 휴머니스트적 작품으로 고려한다.[9] 마찬가지로 샤롱도 자신의 철학을 신학과 구분되는 "인간에 대한 참된 학문"[10]으로 정의한다.

질송(Étienne Gilson)은 데카르트가 말하는 인간 본성의 높은 정도의 완전성과 인간적 지혜가 르네상스, 정확히 말해 기독교적 스토아주의와 몽테뉴의 유산이라고 올바르게 지적한다.[11] 하지만 그는 르네상스적 지혜를 학문과 대립하는 내용 없는 지혜로 규정하고 데카르트 철학의 형성에 르네상스 철학이 미친 영향에 관한 연구를

---

7) *Essais*, I, p.322.
8) *Essais*, III, p.13, 113.
9) *Essais*, I, p.322.
10) Pierre Charron, *De la sagesse*, Fayard, 1986, p.33
11) René Descartes & Étienne Gilson, *Discours de la méthode: texte et commentaire par Étienne Gilson*, Vrin, 1925, pp.79~80

더 발전시키지 않았다. 1998년에 출판된 화이(Emmanuel Faye)의 책 《철학과 인간의 완전성: 르네상스에서 데카르트로》[12] 이래 데카르트 철학의 르네상스적 유산의 문제가 주목받기 시작했다. 사실 그의 철학이 르네상스와 맺는 관계는 잘 알려지지 않았거나 오해받았다. 우선 그의 사유가 반르네상스적인 것으로 평가된다면 그것은 그가 자연과학과 학문 일반 그리고 이성의 확실성에 대해 르네상스 인문주의자들과 동일한 태도를 취하지 않았기 때문일 것이다. 이런 이유로 구이에(Henri Gouhier)는 청년 데카르트가 르네상스의 정신에 격렬하게 저항했다고까지 주장한다.[13] 그러나 데카르트의 철학적 기획은 르네상스 철학, 특히 보벨(Charles de Bovelles)과 몽테뉴와 샤롱에게서 물려받은 인간적 지혜와 인간의 완전성에 대한 사유를 새로운 과학과 새로운 형이상학 위에 세우는 것이었다. 《방법서설》은 이 기획의 전모를 보여주는 중요한 텍스트다.

7. 신학적 절대주의에서 휴머니티에 대한 철학으로

근대 철학은 위기에 대한 자각과 함께 형성되었다. 중세 세계의 붕괴와 함께 근대인은 옛 질서 안에서 자신이 차지했던 자리가 사라졌다는 사실을 깨달았다. 근대의 기계론적 자연이 과거의 의미 있는 장소를 대신했다. 이제 사물들은 기계론적 인과관계에 종속되

---

12) Emmanuel Faye, *Philosophie et perfection de l'homme. De la Renaissance à Descartes*, Vrin, 1998.

13) Henri Gouhier, *Les premières pensées de Descartes*, Vrin, 1979, p.9.

는 것으로 나타난다. 세계는 의미의 장소가 아니라 사물들의 우연적이고 중립적인 상호 연관의 공간이 되었고, 인간은 옛 질서가 보증하던 자신의 고유한 자리와 내용 없이 살아가는 존재가 되었다. 기계론적 자연의 위력은 인간을 하나의 문제로 만들었다. 데카르트는 외적 위력에 의한 인간의 위기를 형이상학적 회의의 형태로 전개한다. 그가 《제일철학에 대한 성찰》에서 제시한 신적 기만 가설에 의하면, 모든 것을 할 수 있는 신의 절대적인 힘은 대상의 가능한 모든 규정을 불가능하게 만들 수 있다.

블루멘베르크(Hans Blumenberg)는 후기 스콜라학파의 신의 전능함에 대한 사유를 '신학적 절대주의'라고 부른다.[14] 신학적 절대주의에 의하면, 신의 전능함이 인간의 운명을 완전히 지배한다. 모든 것을 할 수 있는 신은 모든 것을 자의에 따라 생산할 수 있는 절대적 힘을 가진 제작자다. 이 힘 아래에서 모든 존재하는 것의 본질은 '제작되어 있음'의 사실이 된다. 인간도 이 절대적 힘에 전적으로 종속된다고 가정된다. 《방법서설》 4부의 방법적 회의는 이 절대적인 힘이 불러일으키는 인간의 위기를 불충분하게나마 주제화한다.

데카르트는 방법적 회의를 통해 모든 것을 생산할 수 있다고 말해지는 절대적 힘이 인간을 지배하지 못하는 상황을 연출한다. 생각하는 **나**는 이 절대적인 힘이 지배할 수 없는 존재다. 《방법서설》 4부의 "나는 생각한다, 그러므로 나는 존재한다." 그리고 두 번째 성

---

14) Hans Blumenberg, *Die Legitimät der Neuzeit*, Suhrkamp, 1996, 2부를 참조할 것.

찰의 "나는 존재한다, 나는 현존한다(Ego sum, Ego existo)."는 이 절대적 힘으로부터 자유로운 사유하는 나의 자기 긍정을 표현한다. 데카르트 철학의 제일원리는 절대적 테크네(techne)[15]의 위력에서 자유로운 휴머니티의 자기주장이다.

사유하는 나의 현존이 철학의 제일원리라는 생각은 인간의 정신이 존재하는 모든 것을 결정짓는 주체 혹은 자연을 구성하고 지배하는 주체라는 것을 의미하지 않는다. 만약 그렇다면 사유하는 나는 신이 소유하던 절대성을 건네받은 절대적 주체일 것이며, 데카르트의 코기토 이론은 신학적 절대주의의 세속화된 형태일 것이다. 그러나 생각하는 나는 신을 대신해 절대성의 자리를 차지하지 않는다. 데카르트 철학에서 확실한 인식은 존재에 대한 의미 규정이 아니다.[16] 그리고 그가 말하는 확실한 인식은 사물과 모든 면에서 일치하는 충전(充全)적인(adaequatus) 인식이 아니다. 그에 의하면, 인간 정신은 "그 안에 인식되는 사물들 안에 있는 모든 속성을 포함하는 사물에 대한 충전적인 인식"(AT VII, 220)을 소유할 수 없으며, 우주에는 인간이 그것에 대한 어떤 관념도 가질 수 없는 사물이 무한히

---

15) 고대 그리스어 단어 테크네(techne)는 기술이라는 단어의 뿌리가 되는 말이다. 기술은 수공예적 기술을 뜻하는 테크닉(technic)과 기계 및 과학기술을 뜻하는 테크놀로지(technology) 모두를 의미한다.
16) 이에 대해서는 이재훈, 〈데카르트의 제1 철학: 하이데거의 존재론적 해석에 대한 반론〉, 《철학논집》 43권, 서강대학교 철학연구소, 2015, 231~257쪽을 참조할 것.

존재한다.[17] 흔한 오해와 달리, 데카르트 철학에서 인식의 확실성은 인식의 절대성도, 지성과 사물의 일치(adaequatio)도 의미하지 않는다. 그에 의하면, 절대적이고 충전적인 인식은 신적 지성에만 가능하다.[18] 데카르트적 확실성의 배후에는 인간 이성에 의해 불가능한 무한의 그림자가 드리워져 있다.

또한 데카르트는 인간이 기술을 통해 자연을 전적으로 지배할 수 있다고 생각하지 않았다. 그는 인간 지성이 자연의 법칙 전부를 인식할 수 없고, 자연은 인간을 위해 존재하는 것도 아니며 인간의 관점에 따라 진행되지도 않는다고 생각했다. 그에 의하면, 자연의 기술적 사용은 지성에 의한 획득 가능성에 대한 인식, 즉 우리에게 가능한 것과 불가능한 것에 대한 인식에 의존한다. 《방법서설》 6부의 "자연의 주인과 소유자처럼"이라는 표현은 자연에 대한 인간의 무제약적 지배와 인간에 대한 자연의 종속을 정당화하지 않는다. 데카르트는 인간이 자신의 사유, 더 정확히 말해 의지에 대해서만 지배자일 수 있다고 반복해서 강조한다. 데카르트 철학은 과학기술을 신이 가졌다고 말해지는 절대적 테크네의 세속적 형태로 고려하지 않는다. 오히려 데카르트 철학은 절대성의 자리를 지워버린다. 그의 휴머니티에 대한 철학은 무한의 관점에서 인간을 고찰할 것을 요구한다.

---

17) 이에 대해서는 AT VII, 60을 참조할 것.
18) 데카르트의 《네 번째 반박들에 대한 답변들》, AT VII, 220~221를 참조할 것.

8. 휴머니티의 정당성

오늘날 과학기술(technology)에 의해 가능해진 물질의 위력은 전능한 것으로 여겨진다. 인간도 과학기술에 의해 생산될 수 있는 물질적 과정의 일부로 고려된다. 인간은 자연의 기술적 과정으로부터 자유로운 고유한 본성을 가지지 않는다고 말해진다. 이와 함께 존재의 본질을 기술(techne)로 이해하는 철학적 경향[19]이 큰 영향력을 갖게 되었다. 이에 의하면, 인간은 자연 혹은 존재의 기술적 과정의 산물에 불과하다. 이 철학적 경향은 기술적 절대주의로 불릴 수 있으며 신학적 절대주의, 즉 신적 테크네의 절대성과 인간이 그것에 종속되는 것에 대한 이론의 세속화된 형태로 이해될 수 있다. 기술적 절대주의에 의하면, 인간은 고유한 휴머니티를 가지지 않으며 다른 모든 사물과 마찬가지로 어떤 외적인 힘에 의해 제작된 존재다. 흥미롭게도 오늘날 기술적 절대주의는 인간주의 내지는 인간중심주의에서 벗어나고자 하는 이론적 시도와 연결된다.

지금 우리는 다음의 중요한 철학적 질문 앞에 서 있다. 인간을 물질의 위력으로부터 파악해야 하는가? 인간은 자기 외부 것들과의 관계 속에서 구성되는 개체인가? 아니면 데카르트처럼, 자연의 물질적 위력을 포함해 가능한 모든 외적인 힘으로부터 자유로운 거리, 즉 인간에게 고유한 휴머니티의 원리로부터 철학을 다시 시작해야 하는가? 데카르트는 신학적 절대주의에 맞서 휴머니티에 대한

---

19) 니체와 하이데거 그리고 이들의 에피고넨(epigonen)들이 이 철학적 경향에 속한다.

철학을 기획했다. 그리고 그가 생각한 휴머니티에 대한 철학은 몽테뉴와 샤롱의 휴머니티에 대한 사유와 마찬가지로, 인간중심주의와 무관하다. 《방법서설》은 데카르트의 철학적 기획이 르네상스 휴머니스트적 사유의 유산이라는 사실을 잘 보여준다. 기술적 절대주의에 맞서 휴머니티의 정당성을 옹호하는 것은 오늘날 철학의 과제다. 데카르트의 물음들을 반복하고 변형하는 것은 휴머니티의 원리를 새롭게 사유하는 하나의 길이 될 수 있을 것이다.

옮긴이의 말

이 책은 데카르트의 《방법서설》(1637)을 옮긴 것이다. 《방법서설》은 데카르트가 생전에 출판한 네 권의 주저 중 프랑스어로 쓰인 가장 대중적인 저서이고, 그의 가장 잘 알려진 텍스트다. 《방법서설》은 그의 방법에 대한 이론, 자연학, 형이상학 그리고 윤리학의 관점에서 보았을 때 본질적인 텍스트는 아니다. 그럼에도 이 책은 데카르트 철학의 형성 과정과 전모를 보여준다는 점에서 매우 중요하다.

데카르트 철학을 이해하려면 데카르트 이후의 근대 철학자들이나 근대 철학에 비판적인 현대 철학자들의 눈을 통해 회고적으로 그의 텍스트들을 읽는 것으로는 부족하다. 데카르트 철학뿐 아니라 근대 철학을 이해하려면 데카르트가 시작했다고 말해지는 근대 철학의 형성 과정과 그가 처해 있던 철학적 상황에 관한 질문들을 이해하는 것이 무엇보다 중요하다. 《방법서설》은 이 질문들을 이해하는 데 유용한 텍스트다.

나는 유럽인문아카데미에서 2020년 가을학기와 2020~2021년 겨울학기, 두 학기에 걸쳐 《방법서설》에 대해 강의했다. 강의 자료로 사용하려고 《방법서설》의 주요 부분을 번역하고 해설을 덧붙인 것이 이 책의 시작이 되었다. 그리고 2023년 1학기에 국립 창원대학교 철학과에서 데카르트에 대해 강의하면서 《방법서설》의 전문을 번역하고 해설을 보충했다. 기존의 좋은 번역들이 있지만, 《방법서설》에 담겨있는 다양한 문제를 이해하는 데 도움이 될 만한 주해와 함께 번역서를 내놓고 싶었다.

유행하는 철학 사조와 대중의 관심과 수요를 넘어 유럽 인문학 전반을 균형 있게 공부할 기회를 제공하는 유럽인문아카데미 덕분에 이 번역과 주해가 태어날 수 있었다. 유럽인문아카데미를 지원하고 있으며 박사과정 때부터 내게 큰 힘이 되어준 김희경유럽정신문화장학재단에 큰 감사의 마음을 전한다. 번역에 재주가 없음을 잘 알고 있었기에 휴머니스트 출판그룹의 제안이 없었더라면 이 책을 만들 생각을 쉽게 하지 못했을 것이다. 옮긴이의 모자란 능력을 채워주시고 거친 번역문을 이해 가능한 말로 만드는 데 큰 도움을 주신 휴머니스트 편집부 여러분께 감사드린다. 앞으로 발견될 오류와 부족한 점은 계속해서 수정해 나가겠다.

퇴촌동 연구실에서
이재훈

참고 문헌

단행본

가다머, 한스 게오르크, 《진리와 방법 1》, 이길우·임호일·이선관·한동원 옮김, 문학동네, 2000.

니체, 프리드리히, 〈반시대적 고찰 III. 교육자로서의 쇼펜하우어〉, 《비극의 탄생·반시대적 고찰》, 이진우 옮김, 책세상, 2011.

데카르트, 르네, 《철학의 원리》, 원석영 옮김, 아카넷, 2002.

레비나스, 에마뉘엘, 《전체성과 무한》, 김도형·문성원·손영창 옮김, 그린비, 2018.

베이컨, 프랜시스, 《신기관》, 진석용 옮김, 한길사, 2001.

여인석, 《의학사상사》, 살림, 2007.

Alquié, Ferdinand, *La découverte de l'homme chez Descartes*, PUF, 2000(1950).

_____, *OEuvres philosophiques de Descartes*, Tome 3, Garnier, 1963.

Aucante, Vincent, *La philosophie medicale de Descartes*, PUF, 2015.

Beyssade, Jean-Marie, *Etudes sur Descartes: L'Histoire d'un esprit*, Points, 2001.

Blumenberg, Hans, *Die Legitimität der Neuzeit*, Suhrkamp, 1996.

_____, *Die Lesbarkeit der Welt*, Suhrkamp, 2020.

Cassirer, Ernst, *Descartes*, Cerf, 2011.

Charron, Pierre, *De la sagesse*, Fayard, 1987.

Cues, Nicolas de, *Dialogue de l'Idiot. Sur la sagesse et l'esprit*, PUF, 2011.

_____, *La docte ignorance*, GF Flammarion, 2013.

Curtius, Ernst Robert, *Europäische Literatur und lateiniches Mittelalter*, Francke Verlag, 1993.

Descartes, René & Gilson, Etienne, *Discours de la méthode: texte et commentaire par Gilson*, Vrin, 1925.

Descartes, René, *Discours de la methode, OEuvres*, publiées par Charles Adam et Paul Tannery, nouvelle présentation en coédition avec le CNRS, 11 tomes, Vrin, 1964~1974.

_____, *Ecrits physiologiques et medicaux*, présentation, textes, traductions, notes et annexes de Vincent Aucante, PUF, 2000.

_____, *Œuvres complètes*, sous la direction de Jean-Marie Beyssade et Denis Kambouchener, III : Discours de la méthode/Dioptrique/Météores/La Géométrie, Gallimard, 2009.

_____, *Regulae ad directionem ingenii: An Early Manuscript Version*, edition and translation by Richard Serjeantson and Michael Edwards, Oxford, 2023.

Duchesneau, François, *Les modèles du vivant de Descartes à Leibniz*, Vrin, 1998.

Faye, Emmanuel, *Philosophie et perfection de l'homme*, Vrin, 1998.

Friedrich, Hugo, *Montaigne*, Gallimard, 1984.

Gouhier, Henri, *Les Premières pensées de Descartes*, Vrin, 1979.

Guenancia, Pierre, *Lire Descartes*, Folio Essais, 2000.

Gueroult, Martial, *Descartes selon l'ordre des raisons II*, Aubier, 1991.

Heidegger, Martin, *Nietzsche: Der europarische Nihilismus*, GA 48, Vittoria Klostermann, 1986.

Kant, Immanuel, *Kritik der reinen Vernunft*, Suhrkamp, 1974.

Lelong, Frederic, *Descartes et la Question de la Civilité*, Honoré Champion, 2020.

Maurice Merleau-Ponty, *Notes de cours 1959~1961*, Gallimard, 1996.

Mehl, Edouard, *Descartes en Allemagne*, Presses universitaires de Strasbourg, 2001.

_____, *L'union de l'âme et du corps chez Malebranche, Biran et Bergson*, Vrin, 2014.

Montaigne, Michel de, *Essais*, PUF, 2004.

Pascal, Blaise, Pensées, *Oeuvres completes*, Seuil, 1963.

Rodis-Lewis, Geneviève, *Le developpement de la métaphysique de Descartes*, Vrin, 1997.

Roger, Jacques, *Les sciences de la vie dans la pensee francaise du XVIIIe siècle*, Albin Michel, 1953.

Weber, Jean-Paul, *La constitution du texte des regulae*, Sedes, 1964.

논문

백주진, 〈데카르트 『정신지도규칙』에서 '보편 수리학'(Mathesis universalis)과 순수 지성의 자율성〉,《철학연구》122권, 철학연구회, 2018, 209~233쪽.

이재훈, 〈데카르트의 제1 철학: 하이데거의 존재론적 해석에 대한 반론〉,《철학논집》43권, 서강대학교 철학연구소, 2015, 231~257쪽.

_____, 〈데카르트 윤리학에서 행복과 최고선의 문제: 인간의 완전성과 행복〉,《철학》132집, 한국철학회, 2017, 31~56쪽.

_____, 〈데카르트의 두 번째 성찰(Meditatio II, AT VII, 25, 513)에서 "나는 존재한다(ego sum)"와 "나는 현존한다(ego existo)"가 이중적으로 말해지는 이유에 대하여〉,《철학》140집, 한국철학회, 2019, 23~45쪽.

_____, 〈데카르트의 생리학에서 기계와 기술(technique)의 문제〉,《철학탐구》65집, 중앙대학교 중앙철학연구소, 2022, 93~119쪽.

_____, 〈코페르니쿠스의 철학적 상황과 휴머니티의 문제: 르네상스와 데카르트 그리고 그 이후〉,《철학》154집, 한국철학회, 2023a, 1~26쪽.

_____, 〈데카르트『방법서설』1부의 책 은유와 르네상스 철학: 세계라는 책과 나라는 책〉,《철학》156집, 한국철학회 2023b, 27~48쪽.

_____, 〈데카르트의 죽음: 소문과 조롱〉,《어떤 죽음 3. 죽음에 대한 인문학 이야기: 철학자편》, 모시는사람들, 2024, 45~64쪽.

Adam, Michel, "René Descartes et Pierre Charron," *Revue philosophique de la France et de l'Étranger* 182(4), 1992, pp.467~483.

Beyssade, Jean-Marie. "Descartes," *Histoire de la philosophie*, sous la dir. de F. Chatelet, Hachette, 1972.

_____, "La problematique du cercle et la metaphysique du Discours," *Problématique et réception du Discours de la méthode et des Essais*, Vrin, 1988.

Canguilhem, Georges, "Descartes et la technique," *communication publiée dans les Travaux du IXe congrès international de philosophie*, Paris, Hermann, 1937, tome I, fascicule II, pp.77~85. Republié dans les Cahiers philosophiques, 1996, n° 69, pp.93~100.

Foyer, H. Dreyfus-Le, "Les conceptions médicaLes de Descartes," *Revue de Métaphysique et de Morale*, 1937, 44(1), pp.237~286.

Kambouchner, Denis, "De la prud'homie à la générosité," *Cheminer avec Descartes: Concevoir, raisonner, comprendre, admirer et sentir*, Garnier, 2018.

Martinet, Simone, "Rôle du problème de la lumière dans la construction de la science cartésienne, Matière et lumière au XVII siècle," *Dix-Septième Siècle* 136, Paris, 1982, pp.285~309.

Romano, Claude, "Les trois médecines de Descartes", *XVIIe siècle* 4, n° 217, 2002, pp.675~696.

르네 데카르트 연보

1596년

3월 31일, 프랑스 투렌(Touraine)과 푸아투(Poitou)의 경계에 있는 작은 마을인 라에(La Haye, 현재는 '데카르트시'로 이름이 바뀜)의 법관 귀족 가문에서 출생하다. 1597년 5월, 데카르트가 태어나고 약 1년 뒤 어머니가 세상을 떠나다.

1600년(4세)

아버지가 재혼하고 할머니의 손에 자라다.
이탈리아 철학자 조르다노 브루노(Giordano Bruno), 로마 가톨릭교회와 우주론으로 갈등하다 화형당하다.

1606년(10세)~1614년(18세)

앙리 4세가 설립한 라플레슈 예수회 학교에 입학해 수학과 과학을 처음으로 배우다. 평생 학업적 동반자로 교류하게 되는 메르센 신부를 만나다. 갈릴레오 갈릴레이의 이론을 접하다. 입학 후 5년 동안 라틴어와 수사학, 고전 수업을 듣고, 이후 3년은 자연철학과 형이상학, 윤리학을 포함한 철학 전반을 배우다. 이 시기의 배움은《방법서설》에 많은 영향을 미친다.
1610년, 갈릴레오 갈릴레이가 망원경으로 목성의 위성을 발견하다.

1615년(19세)~1616년(20세)

졸업 후 변호사가 되라는 아버지의 권유로 푸아티에대학에서 법학 학사를 취득하다. 이후 "세계라는 커다란 책"을 여행하기로 마음먹고 프랑스 파리로 떠나다.

1618년(22세)

전문 군 장교가 되겠다는 꿈을 안고 네덜란드군에 자원 입대하다. 시장에서 수학 문제를 풀다가 네덜란드 학자 아이작 비크만(Isaac Beeckman)과 인연을 맺다. 음악에 관한 짧은 논문이자 첫 작품《음악 개론(Compendium Musicae)》을 집필하고 1650년에 출판하다. 보헤미아의 공주 엘리자베트 폰 데어 팔츠(Elisabeth von der Pfalz)가 태어나다.

1619년(23세)

바이에른의 선제후 막시밀리안 1세(Maximilian I)의 가톨릭 군대에 합류하려고 30년전쟁이 발발한 독일로 가다. 11월, 프라하 인근에서 벌어진 백산 전투에 참전하다. 전투 중 추위를 피하려고 몸을 숨긴 난로 방에서 새로운 수학적·과학적 체계에 대한 비전을 갖게 되다.

1620년(24세)

제대 후 독일과 네덜란드를 여행하다. 수학과 자연학 그리고 광학의 문제들에 자신의 방법을 적용하다.
프랜시스 베이컨의《노붐 오르가눔》이 출간되다.

1623년(27세)

고향인 라에로 돌아와 전 재산을 채권에 투자해 평생의 수입원을 만들다.

1625년(29세)~1627년(31세)

파리에 체류하면서 장-루이 게즈 드 발자크(Jean-Louis Guez de Balzac)와 메르센 신부, 기욤 지비외프(Guillaume Gibieuf) 등과 교류하다. 특히 지비외프는 데카르트 형이상학의 형성에 큰 영향을 주다.

1628년(32세)

자유로운 학문을 추구하던 네덜란드로 돌아가 1649년까지 거주하며 철학 연구에 몰두하다. 이곳에 머문 첫 9개월 동안〈형이상학 논고〉를 작성하다. 이 논고는 우리에게 전해지지 않는다. 약 20년간 머무르며《방법서설》(1637),《성찰》(1641),《철학의 원리》(1644),《정념론》(1649) 등을 저술하다.

1629년(33세)
《세계(Le Monde)》 작업을 시작하다. 이 책에서 지동설을 바탕으로 세계에 대한 자신의 견해를 개진하다.

1630년(34세)
4~5월 메르센 신부에게 영원진리 창조론을 비롯한 자신의 형이상학 이론을 담은 편지들을 쓰다.

1630년(34세)~1631년(35세)
기상학과 해부학, 생리학 그리고 기계학과 수학에 대한 여러 문제를 탐구하다.

1631년(35세)~1632년(36세)
파푸스(Pappus)의 문제를 해결하고 대수기하학을 고안하다.

1633년(37세)
갈릴레오에 대한 재판이 이루어지고 그의 지동설 관련 저작이 모두 불태워지다. 이를 알게 된 후 《세계》 출판 계획을 포기하다. 《세계》는 사후 1701년에 출간된다.

1635년(39세)
8월 7일, 가정부 헬레나 얀스(Helena Jans)와 데카르트 사이에 외동딸 프랑신(Francine)이 태어나다.

1637년(41세)
레이던에서 익명으로 《굴절광학》과 《기상학》, 《기하학》이 포함된 《방법서설》을 출판하다. 하위헌스(Constantin Huygens)의 요구에 따라 기계학에 대한 짧은 논고 〈그것의 도움으로 아주 무거운 짐을 들 수 있는 엔진에 대한 설명〉을 작성하다.

1637년(41세)~1640년(44세)
《굴절광학》과 《기상학》, 《기하학》의 출판을 계기로 서신을 통해 수학과 의학에 대한 논쟁을 벌이다.

1640년(44세)

9~10월에 딸 프랑신과 아버지 조아킴(Joachim)이 사망하다. 계획했던 프랑스 여행을 포기하다. 11월에 메르센 신부에게《성찰》의 수고와 그에 대한 카테루스(Johan Caterus)의 반박들과 이에 대한 자신의 답변을 함께 보내다.

1641년(45세)

1~7월, 출판 전에 학자들 사이에서 수고 내지는 복사본 형태로 읽히며 토론의 대상이 된《성찰》에 대한 다섯 개의 반박을 받고 이에 대한 답변을 작성하다. 8월, 총 여섯 개의 반박과 이에 대한 답변을 담은《제일철학에 대한 성찰. 여기서 신의 현존 및 인간 영혼의 불멸성이 증명됨》이 파리에서 출판되다.

1642년(46세)

위트레흐트(Utrecht)대학 전 총장 보에티우스(Voetius)의 선동으로 위트레흐트대학의 총장이 된 데카르트의 제자 레기우스(Henricus Regius)와 데카르트의 새로운 철학이 단죄되다. 5월,《성찰》의 제2판인《제일철학에 대한 성찰. 여기서 신의 현존 및 인간 영혼의 불멸성이 증명됨》이 일곱 개의 반박과 이에 대한 답변, 그리고 디네(Dinet) 신부에 보내는 편지와 함께 암스테르담에서 다시 한번 출판되다.

1643년(47세)

보에티우스와의 길고 논쟁적인 서신이 라틴어로 출판되다. 네덜란드의 이탈리아 장군 알폰소 폴로티를 통해 엘리자베트 공주와 7년간의 서신 교환을 시작하다.

1644년(48세)

7월, 암스테르담에서 엘리자베트 공주에게 헌정하는《철학의 원리》를 출판하다.《방법서설》이《굴절광학》,《기상학》과 함께 라틴어로 번역되어 출판되다. 5월에서 11월, 프랑스를 여행하다.

1645년(49세)

스웨덴 주재 프랑스 대사로 임명된 샤뉘(Hector-Pierre Chanut)와 교류하다. 엘리자베트의 질문을 받고《정념론(Les passions de l'âme)》의 집필을 계획하게 되다.

1647년(51세)

파리에서《성찰》의 프랑스어 번역이 출판되다.《철학의 원리》의 프랑스어 번역이 번역자 피코(Claude Picot)에게 보내는 편지와 함께 출판되다. 스웨덴의 여왕 크리스티나와 서신을 주고받기 시작하다. 레이던대학의 반데카르트주의자들과 논쟁하다. 6~11월 프랑스를 여행하며 파스칼을 만나 진공 문제에 대해 토론하다.

1647년(51세)~1648년(52세)

〈인간 신체에 대한 묘사〉라는 작은 논고를 작성하다. 여기서 태아 형성의 문제를 다루다.

1648년(52세)

레기우스를 비판하면서《어떤 게시물에 대한 주석(Notae in programma quoddam)》을 출판하다.《버만(Burman)과의 대화》에서 자기 철학 작품 전체에 대한 질문에 답하다.

1649년(53세)

레이던에서《기하학》의 라틴어 번역이 출판되다. 스웨덴의 크리스티나 여왕의 초청으로 스웨덴 스톡홀름으로 이주하다. 엘리자베트 공주에게 헌정하는《정념론》을 출판하다.

1650년(54세)

2월 11일, 스톡홀름에서 폐렴에 걸려 54세의 나이로 세상을 떠나다. 그의 유고는 샤뉘가 보관하다가 이후 클레르슬리에(Claude Clerselier)에게 전달되다.

찾아보기

ㄱ

개혁 6, 39~42, 72, 79
건강 25, 62~63, 68, 144~146, 148
관념 46, 51, 82, 85~89, 91~93, 98~101, 106, 114, 129
규칙 5, 16, 44~46, 50~52, 58, 60, 71, 84, 90, 97~99, 105, 128, 147, 167

ㄷ

도덕 5, 22, 24, 57, 66
동물 정기 122, 127~129

ㅁ

몽테뉴, 미셸 드 13, 15~21, 23, 25, 28~31, 39~42, 58, 61~62, 81, 100, 110, 134, 146, 166
무한 38, 66, 88~90, 93, 99, 110, 142, 145~146, 151~152, 162, 165
무한성 88, 90, 106, 151

무한정 89~90, 108, 110, 142
무한정성 90

ㅂ

방법 5~6, 15~16, 19, 40, 44, 46~48, 50~54, 57, 66, 71, 105, 107, 109, 115, 118, 123, 132, 143, 147, 151, 164~165
방법(론)적 회의 64, 78~79, 85
《방법서설》 6~7, 14~19, 21, 29, 41, 52, 57, 64~65, 68, 72, 77~81, 83~84, 88, 91, 96~98, 100, 105~108, 114, 117~118, 129, 132, 145~147, 149, 159, 164
보편 수리학 24~25, 49~50
보편 학문 15~16, 24, 36, 45, 50, 54, 72, 150
본유관념 93, 106

ㅅ

샤롱, 피에르 17~18, 21, 23, 36, 38~39,

찾아보기   197

42, 58, 60~62, 81
《세계》106~109, 114~115, 118
세계라는 (커다란) 책 27, 29~31
실재성 83, 86, 92, 98, 164

ㅇ
양식 7, 13, 15, 36~37, 60, 67, 166
양심 20, 61~62
여행 23, 28~31, 43, 45, 69
영혼 5, 7, 14, 17, 20, 25, 42, 65~66, 68, 72, 81, 83, 88, 92~95, 99, 105~106, 109, 114, 116~118, 129~130, 133~137, 147~148, 150, 161
오류 7, 20~21, 30~31, 38, 65, 67, 69~70, 78~80, 86, 95, 97, 99~100, 136, 154, 156, 163, 165
완전성(인간의 완전성) 6~7, 14~17, 60, 66, 85~89, 99, 109~110
의심 18, 21, 26, 41, 43, 45, 47, 49, 60~61, 65, 68, 70, 73, 78~81, 83, 85, 88, 96~99, 101, 105~106, 109~110, 129, 146, 159
의지 14, 37~38, 60, 62~63, 65~69, 79, 86, 129, 135
의학 5, 22, 118, 144~149, 167
이성 6, 13~15, 17~19, 26, 30~31, 37~40, 43~44, 47, 50, 53, 57~58, 61~62, 64~67, 69, 83, 96, 98, 100~101, 110,

116~118, 130~134, 137, 141, 165~166
《인간》108, 114~115, 117~118, 124, 128~129
인식 16~17, 20, 23, 25, 27, 38, 41~42, 44, 46~54, 58~59, 66~68, 71~72, 79, 82~85, 88~95, 97~101, 105~106, 109, 114, 117, 122, 127, 129, 131, 135~137, 142, 144~147, 150~151, 155, 157, 159, 163, 167
임시 도덕 16, 57, 66, 145

ㅈ
자연의 빛 13, 18, 22, 27, 30~31, 42, 67, 85~86, 166
《자연의 빛에 의한 진리 탐구》18, 22, 27, 38, 41~42, 67, 70, 79, 81, 166
자유의지 7, 65, 79
《정념론》65, 118, 129, 146
《정신지도규칙》(《규칙》) 6, 13, 16, 24~25, 36, 44, 47~50, 68, 72, 132, 150
제일원리 64, 66, 79, 81~82, 84, 96~98, 164~165
《제일철학에 대한 성찰》(《성찰》) 6~7, 14, 38, 65, 77~83, 85~89, 91, 94~96, 98, 118, 129, 135, 137
지성 25~26, 46, 51, 63, 67~69, 89, 92~95, 99, 109, 123, 134~135, 145~146, 151

지혜 13, 16~18, 21~22, 27~28, 35~36,
38, 42, 58, 60, 65, 146, 150, 166
진리 6, 18, 22, 26~27, 29~31, 37, 40,
44~47, 49, 51~52, 61, 65~69, 71~72,
77~79, 81~82, 84, 89, 93~95, 97~99,
101, 105~106, 109, 114, 132, 150, 153
~156, 159~160, 163~166

71~72, 77~78, 80, 83, 88, 96, 135, 151
확실성 24, 52, 67, 79, 81, 84, 90, 96~98,
148, 151
휴머니스트 13, 52
휴머니티 62, 142

ㅊ

책 16~17, 20~23, 27~31, 37, 42, 45, 71,
143, 166
《철학의 원리》 6, 81, 106, 109, 114,
146~147

ㅌ

토대 5, 17, 24, 27, 35, 38~40, 42, 50, 53,
70~72, 78, 96, 101, 106, 142, 146, 151,
155, 161

ㅍ

판단 7, 13, 17~19, 21~23, 26~27, 29~30,
38, 42, 45, 47, 52, 57, 59~63, 65, 67~
70, 78, 80, 82, 84~85, 89, 100, 105,
108, 118, 132, 137, 141, 149, 153,
155~157, 162~163, 166~167

ㅎ

형이상학 5, 13, 17, 21, 36, 53~54, 65, 68,

이성을 잘 인도하고 학문에서 진리를 찾기 위한

방법서설

1판 1쇄 발행일 2024년 9월 30일

지은이 르네 데카르트
옮긴이 이재훈

발행인 김학원
발행처 (주)휴머니스트출판그룹
출판등록 제313-2007-000007호(2007년 1월 5일)
주소 (03991) 서울시 마포구 동교로23길 76(연남동)
전화 02-335-4422 **팩스** 02-334-3427
저자·독자 서비스 humanist@humanistbooks.com
홈페이지 www.humanistbooks.com
유튜브 youtube.com/user/humanistma **포스트** post.naver.com/hmcv
페이스북 facebook.com/hmcv2001 **인스타그램** @humanist_insta

편집주간 황서현 **기획** 최현경 **편집** 임미영 김주원 **디자인** 김태형
조판 아틀리에 **용지** 화인페이퍼 **인쇄·제본** 정민문화사

ⓒ 이재훈, 2024

ISBN 979-11-7087-244-3 93160

- 이 책은 저작권법에 따라 보호받는 저작물이므로 무단 전재와 무단 복제를 금합니다.
- 이 책의 전부 또는 일부를 이용하려면 반드시 (주)휴머니스트출판그룹의 동의를 받아야 합니다.